Michel Tremblay:
Plays in Scots

Michel Tremblay:
Plays in Scots

Translated by Martin Bowman
and Bill Findlay

Edited by Martin Bowman

Volume 1

Published in Great Britain, 2023
by the Association for Scottish Literature
Scottish Literature
University of Glasgow
7 University Gardens
Glasgow G12 8QH

ASL is a registered charity no. SC006535

www.asls.org.uk

ISBN: 978-1-906841-52-2

Content Warning
The texts in this volume contain themes and language
which some readers may find distressing.

All rights reserved. No part of this book may be reproduced, stored in a retrieval system, or transmitted in any form or means, electronic, mechanical, photocopying, recording or otherwise, without the prior permission of the Association for Scottish Literature.

Volume 1
The Guid Sisters (*Les Belles-Soeurs*)
– by kind permission of Nick Hern Books Ltd
The Real Wurld? (*Le Vrai Monde?*)
– by kind permission of Leméac Éditeur
Hosanna (*Hosanna*)
– by kind permission of Gestions Michel Tremblay Inc.
Forever Yours, Marie-Lou (*A toi, pour toujours, ta Marie-Lou*)
– by kind permission of Gestions Michel Tremblay Inc.

All the above plays are copyright © Michael Tremblay
Copyright in these translations © Martin Bowman and the Estate of Bill Findlay
The author and translators have asserted their moral rights

Play Introductions © Martin Bowman, 2023

Excerpts from letters published by kind permission of the correspondents

A catalogue record for this book is available from the British Library.

Typeset by Mark Mechan, Red Axe Design

Contents

Performance Rights	viii
Acknowledgements	ix
Foreword by Michael Boyd	xi
A Note on the Introductions	xv
The First Translation	1
Introduction to *The Guid Sisters*	17
THE GUID SISTERS	29
Introduction to *The Real Wurld?*	103
THE REAL WURLD?	117
Introduction to *Hosanna*	169
HOSANNA	181
Introduction to *Forever Yours, Marie-Lou*	239
FOREVER YOURS, MARIE-LOU	251
Bibliography	295

The two volumes of *Michel Tremblay: Plays in Scots* are dedicated to the memory of Bill Findlay (11 June 1947–15 May 2005), formerly Reader in Drama at Queen Margaret University, Edinburgh. His love of the Scots language enriched the Scottish cultural landscape.

Martin Bowman and Bill Findlay, Tron Theatre, Glasgow 1992

Performance Rights

CAUTION
All rights for the plays in this volume are strictly reserved. Requests to perform the plays, in whole or in part, in any medium by any group, should be addressed to the relevant rights holders. For professional performance rights of the Scots translations, contact Jessica Burns by email at jessicaburns565@gmail.com or by post to 4 Beaumont Gate, Glasgow G12 9EE, UK.

The Guid Sisters
Applications for performance in excerpt or in full by non-professionals in English throughout the world (and for stock performance in the United States of America and Canada) should be addressed to Nick Hern Books Ltd, Theatre Publishers and Performing Rights Agents, The Glasshouse, 49a Goldhawk Road, London, W12 8QP, UK. Applications for performance by professionals in any medium and in any language throughout the world except the UK (excluding stock productions in the USA and Canada) should be addressed to The Goodwin Agency, 839 Sherbrooke St East, Montreal, Quebec H2L 1K6, Canada. For UK professional rights, apply to Alan Brodie Representation, 14 The Barbon Buildings, Red Lion Square, London, WC1R 4QH, UK.

The Real Wurld?
Applications for performance in excerpt or in full by professionals and non-professionals in any medium and in any language throughout the world except the UK should be addressed to Leméac Éditeur, 4609, rue D'Iberville, 1er étage, Montréal, Québec H2H 2L9, Canada. For UK professional rights, apply to Alan Brodie Representation, 14 The Barbon Buildings, Red Lion Square, London, WC1R 4QH.

Hosanna and *Forever Yours, Marie-Lou*
Applications for performance in excerpt or in full by professionals and non-professionals in any medium and in any language throughout the world except the UK should be addressed to Gestions Michel Tremblay Inc., c/o The Goodwin Agency, 839 Sherbrooke St East, Montreal, Quebec H2L 1K6, Canada. For UK professional rights, apply to Alan Brodie Representation, 14 The Barbon Buildings, Red Lion Square, London, WC1R 4QH.

Acknowledgements

Martin Bowman

It had long been my dream that the eight Scots translations of Michel Tremblay which Bill Findlay and I translated would be published. As the years had passed, it became ever more urgent in my mind that a publisher be found. Only three of the translations had been published, and the other five lay around in various versions and forms, including paper copies, and were in danger of being lost. In December 2019 I heard from Jessica Burns, Bill Findlay's widow, that the Association for Scottish Literary Studies, soon to become the Association for Scottish Literature (ASL), had agreed to publish the eight plays in two volumes. I begin with my thanks to Ian Brown, Duncan Jones, and Philippa Osmond-Williams of the ASL for all the work they have done in preparing the scripts and introductions for publication. Ian saw the proposal through to the decision by the Publication Board to publish. Since then, he has given his wholehearted support as I prepared the scripts for publication and wrote the introductions. In particular, I would like to thank Ian for his invaluable editing of my work as well as the comprehensive foreword he has provided for the second volume.

I also thank my wife Gillian Horgan for her extraordinary contribution to this project. I could not have done this work without her. Some years ago, Jessica Burns had most of the scripts scanned as PDFs from her paper originals. Gillian converted these files to Microsoft Word which allowed for the final editing of the scripts. It was a complicated process. The conversion software had not been developed with the Scots language in mind, and so there was an enormous amount of work to do to eradicate erroneous decisions by the software and the automatic 'correction' of Scots words into English. A particular favourite of mine was the correction of 'oot' into 'oat' which reminded me of Samuel Johnson's definition of oats and seemed to suggest some resistance to the hypercorrection into English in the software. Throughout the more than two years of work, Gillian never hesitated to come to the rescue whenever I needed her, for encouragement, editing, and proofreading as well as helping me with the software whenever Word made life difficult for me.

I also thank Jessica Burns for her support throughout two long years of the pandemic. My phone calls to her in Glasgow always buoyed my spirits. Thanks also to Jessica for her help with various aspects of putting together the material for publication including finding resources in Bill's archive. I also thank my friend Rachel Killick, eminent Tremblay scholar and Professor Emerita of Leeds University. Her enthusiasm for the project and her encouragement inspired me. The introductions to the second volume are vastly improved by her comments, corrections, and suggestions. I extend a special thanks to my neighbour Julie McDonald, who, notwithstanding her Scottish name, is a francophone Quebecer who spent several years of her childhood as a resident of Verdun, Quebec, where I grew up. Julie never tired of my questions concerning the nuances of words and phrases in Michel Tremblay's plays.

I thank Michel Tremblay for his generous support of the publication. I also thank his agent, Nathalie Goodwin of Agence Goodwin in Montreal, for her enthusiastic support of the project, and in particular for organising the license to publish the scripts. I thank Nick Hern for agreeing to the inclusion in these volumes of the two plays he had previously published (*The Guid Sisters* and *Solemn Mass for a Full Moon in Summer*). I also thank Michael Boyd for writing the special foreword to the first volume. Without his productions of *The Guid Sisters* and *The Real Wurld?*, it is unlikely that the Scots Tremblays would ever have been produced.

Several other people helped me sort out details as I worked my way through the introductions. It was wonderful to get in touch again with people who contributed to the success of the Scots Tremblay translations: the late Ian Lockerbie, without whose vision and support the whole project would never have happened; his daughter Catherine Lockerbie; our agent Pauline Asper; directors John Binnie, Caroline Hall, Graham Johnston, and Muriel Romanes; and Colin Hicks, who as Cultural Attaché for the Quebec Government in London supported the translations. I also thank Stephen Greenhorn for providing me with a video recording of The Gathering.

I thank Ian Lockerbie, Pauline Asper and Graham Johnston for permission to publish their letters and above all thank Jessica Burns for her permission to publish Bill's remarkable letters so that his voice – so committed, so witty, so intelligent – could be heard again in these pages.

Foreword
Martin Bowman

Bill Findlay and Martin Bowman were ahead of the game with the first draft of their translation of Michel Tremblay's Québécois masterpiece *Les Belles-Sœurs* into the Scots vernacular of *The Guid-Sisters* in 1980. It was the rest of us that took our time to catch up, fully appreciate the brilliance and cultural resonance of what they had achieved, and finally get it onto the stage in 1989.

1979 had not only seen the defeat of a referendum campaign to achieve a devolved parliament in Scotland, but also the election of a right wing and centralising UK government under Margaret Thatcher that would rule Scotland for the next eighteen years despite being consistently and emphatically rejected by the Scottish people at the polls.

Not seeing themselves reflected in government, Scots sought other mirrors in which to see what life in Scotland really was, or might be. They turned to the novels of Alasdair Gray and Jim Kelman, the comedy of Billy Connolly, the films of Bill Forsyth, the paintings of the 'New Glasgow Boys', the poems of Eddie Morgan, Tom Leonard and Liz Lochhead, and to the songs of spectacularly successful Scottish bands from Simple Minds to Deacon Blue.

Scottish theatre, too, was resurgent: The Traverse Theatre in Edinburgh had been nurturing a generation of first-rate Scottish writers such as John Byrne, Marcella Evaristi, Peter Arnott and Chris Hannan since the mid-seventies, the Citizens in Glasgow was arguably the most exciting theatre in Britain, and companies like 7:84, Wildcat, David Greig's Suspect Culture, and Gerry Mulgrew's Communicado were all making Scottish life and Scottish history more vivid for a widening audience.

When I started work in 1985 as the first full time Artistic Director with the fledgling Tron Theatre in Glasgow, we looked first to the indigenous tradition of Scottish Variety of Stanley Baxter, Rikki Fulton and Walter Carr in an attempt to find a contemporary and accessible Scottish theatrical voice. Craig Ferguson, Peter Capaldi, Alan Cumming, and Forbes Masson wrote and performed in a seminal series of Tron alternative pantomimes that renewed the template of Scottish theatrical comedy. We also looked abroad to Russia and Ireland with major seasons of international exchange and coproduction, including Ludmilla Petrushevskaya's *Cinzano* in a Glasgow vernacular translation by Stephen Mulrine. In 1986 we hosted the first reading of Tony Roper's glorious comic celebration of working-class womanhood, *The Steamie*, which Wildcat started touring in 1987, and later that year I read Martin and Bill's *The Guid-Sisters* for the first time.

I remember the night vividly. It was the last performance of my 1987 production of *Dr Faustus* by Christopher Marlowe which we had superstitiously come to call 'the German play' after a series of mishaps which left us with a leading man in prison, and his understudy in hospital. Thankfully it was nearly over and here was this magical script in front of me that brought together everything that we were trying to achieve: the raucous, shared comedy of recognition, the farcical mayhem and direct address of Scottish Variety, together with high poetic drama and a sophisticated theatricality, not to mention the cultural politics of a people looking to speak in their true voice. It was utterly true to the Scottish experience while also escaping the claustrophobia of a small nation by coming from Quebec.

I knew immediately that I wanted to stage it, and soon, and that working on it would make me and fifteen Scottish actresses very happy.

At times of political frustration, Scots have often turned to French ideas and language as a way of bypassing their governing neighbour, and Scottish theatre had in particular embraced the satires of Molière in Scots vernacular translation as their own. Robert Kemp's translation of *A School for Wives* as *Let Wives Tak Tent* (1948) and Victor Carin's version of *Le Malade Imaginaire* as *The Hypochondriack* (1977) had both enjoyed a popular success that paved the way for an 80s MacMolière boom including the Rikki Fulton version of *Bourgeois Gentilhomme* as *A Wee Touch of Class* (1983), Liz Lochhead's vivid and playful Scots version of *Tartuffe* (1986), and Hector MacMillan's new version of *The Hypochondriack* (1987). Edwin Morgan's vernacular Scots translation of Rostand's *Cyrano de Bergerac* (1996) would later eclipse even Anthony Burgess's excellent English version.

Audiences were recognising themselves in this Franco-Scottish mirror. West coast Scots in particular have also enjoyed bypassing English culture by looking directly west for inspiration, not just to Ireland but beyond; to New York, to Hollywood, and Nashville.

The Guid-Sisters allowed us to look in the mirror not just of the French, but of a North American version of the French, and it turned out that Les Québécois, dominated as they were by Les Anglais (anglophone Canada, including Scottish emigrants), and whose joual dialect of French was considered peripheral and inferior to European French, also preferred American to both Anglo Canadian and mainstream French culture, and could hold up a uniquely revealing mirror, or hall of mirrors, to contemporary Scottish culture.

Martin and Bill unlocked the door to that hall of mirrors. Martin's love and deep understanding of the thriving and confident French Canadian theatre scene, and Bill's profound knowledge of and investment in Scottish theatre, together with their shared revelling in the expressive possibilities of Scots as it is spoken, made possible what the *Scotsman* newspaper called one of the most significant moments of Scottish theatre.

By the time fifteen brilliant female artists, led by Una McLean as Germaine Lauzon, had taken their bows at the end of Bill and Martin's faithful version of *Les Belles-Sœurs* on opening night, the audience knew they had witnessed a powerful, hilarious and theatrically sophisticated event. Maybe more importantly, there was also a sense in the theatre that night that 'We are not alone. We may be a small nation but we are in no way provincial, and we should have the confidence that our experience speaks to others, and the grace and curiosity to listen to theirs'.

Universal truths are present and important in Tremblay's work, but for him it's equally important that they emerge from the specific detail of lived experience. Martin and Bill's translations of his plays removed one more excuse that Scottish theatre makers may have once had for retreating behind the narrow blinkers of 'wha's like us' parochialism. Their work, like Tremblay's, sought out the truth and gave no room for sentimentalism or cultural self-pity.

Tremblay had been translated into English before, but I think he felt something reciprocal when he saw the show, and said 'I didn't understand much of what they were saying, but I could hear the laughter of recognition in all the right places and see the performances were strong and true'. I don't know how he feels about the German, Polish, Italian, and Yiddish translations this play has received, but I do suspect Tremblay felt truly recognised and heard by the 'English-speaking world' for the first time in Glasgow.

As a translating team, Bill and Martin were a great gift. Open hearted but rigorous, they made adjustments in rehearsals as they heard the words being spoken aloud. They were responsive like Tremblay to women, and to our actors, but they kept us all honest and faithful to the rhythms and intentions of Tremblay's original *joual* French. They kept each other honest too. Martin carried the understanding of *joual* and the confidence of having witnessed the play so many times in its original language, while Bill was pulling Martin back across the Atlantic to the common understood language of the Scottish theatre. Occasionally, Bill would pull us as far east as his native Fife and the cast would then tug us back at least to Cumbernauld.

The love that both translators had for the spoken word gave us the grim and joyful rhythms of the choral sections and the courage to persevere for instance with the extraordinary theatrical cheek of Yvette Longpré's seemingly interminable list of names of guests invited to her 'guid-sister's birthday pairty'. They were also endlessly inventive with the cussing and swearing of the original *joual*.

The popular and critical success of *The Guid-Sisters* led to two swift revivals; for the Edinburgh Festival, and The Du Maurier World Stage Festival in Toronto in 1990, with Elaine C. Smith as Germaine, and then in 1992 with Dorothy Paul, for the 350th birthday celebrations in Montreal. The Tron's partnership with Martin and Bill blossomed with three further successful productions of Tremblay's work. I staged their version of *The Real Wurld?* at the Tron and for the Stony Brook International Theatre Festival, New York, and Caroline Hall directed Peter Mullan and Benny Young in their *Hosanna*, both in 1991. We later collaborated with LadderMan productions in 1994 on Graham Johnston's production of *Forever Yours, Marie-Lou*.

The Guid-Sisters turned out to be the inspiration of a golden period of confident success for the Tron. Everything seemed to click from then on: we were recognised nationally and internationally, and productions of *Macbeth, Cinzano,* Ted Hughes's *Crow,* C. P. Taylor's *Good,* David Kane's *Dumbstruck,* and my dramatisation of Janice Galloway's *The Trick is to Keep Breathing* went on to receive funding and invitations from festivals at home and abroad, gathering garlands and awards as they went.

Bill and Martin enjoyed great success with new translations for other Scottish theatres and, thanks to them, the cultural traffic between Quebec and Scotland has remained busy and fruitful. I returned to the Traverse Theatre myself five years ago with Maureen Beattie (oddly never a Guid-Sister) in a production of Catherine-Anne Toupin's *A Present*, translated by Chris Campbell as *Right Now*.

In the meantime, thanks again to Martin and Bill, Tremblay had joined Molière as one of Scotland's favourite 'native' playwrights.

A Note on the Introductions

When the Association for Scottish Literature (ASL) proposed that I write the introductions to the two volumes of *Michel Tremblay: Plays in Scots*, the original conception was that there would be two such introductions, one for each volume. As I went through my extensive archive about the translations in 2020, I realised that I had a resource that would allow me to tell the story of the eight translations of Michel Tremblay into Scots that Bill Findlay and I completed and that were first produced professionally in Scotland in the years from 1989 to 2003. This archive consists of twenty large folders mostly sorted by play and containing correspondence, newspaper articles, reviews, programmes, tickets, photographs and other memorabilia as well as various drafts of each script, beginning with my literal versions and culminating in the post-rehearsal final scripts that saw the stage.

The chief jewel of this material is without a doubt the letters that Bill Findlay wrote to me as we worked our way through each translation. In these letters we get a detailed account of the collaborative translation process that rendered these plays into twentieth-century Scots from the vernacular French of working-class Montreal. As I read Bill's letters, I became aware that I did not have to write these introductions by myself. Bill was there in his letters and what he had to say as we worked together would make the whole process come alive in these introductions. It soon became obvious that I could not do justice to all this material in only one introduction for each of the two volumes. So I proposed to ASL that I would write five introductions, one at the beginning and then one for each of the four plays in the volume. My hope is that these ten introductions provide a comprehensive work on the subject of translation for the theatre. When read chronologically, they tell the story of how it was that Michel Tremblay became an important Scottish playwright during those years when eight of his plays were produced in Scotland.

Wanting to avoid a formulaic approach which would treat all the plays in a similar way, I let my archive determine the focus of each of the introductions. One of my goals was to familiarise readers about Quebec history and geography. I set out to identify places in Montreal mentioned in the scripts, explaining their particular resonance for someone who does not know the city, and I also discussed aspects of architecture and other particularities of the city that are pertinent to an understanding of the scripts.

As far as the plays were concerned, I aimed to concentrate on structural and dramatic aspects and in particular on the various ways Tremblay handles time. Only one of the eight plays tells its story in a straightforward narrative, and even in that play, Tremblay disrupts the single narrative line with simultaneous speeches. Each of these eight plays offers a different example of the way time exists within a dramatic structure.

The First Translation
Martin Bowman

> "What on earth did we unleash that night in the Falcon pub in Bruntsfield a decade ago?"[1]

My diary for Thursday, 2 November 1978 says only: 'Bill Finlay [sic] 6:30 p.m.'

Bill and I met for the first time in the Edinburgh New Town and became acquainted as we walked to Bruntsfield where we settled in the Falcon Pub for a meal. There we had the idea that would have a profound effect on both our lives. Bill asked me, 'Is there a Quebec playwright we might translate into Scots?' 'Yes,' I said, 'Michel Tremblay, and I know the play, *Les Belles-Sœurs*'.

I suggested *Les Belles-Sœurs* because it was the first play in Quebec theatre history to put ordinary Montrealers on the stage speaking their own French vernacular, which at the time was referred to as *joual*, a derogatory term to denigrate how they spoke French. *Joual* was the way they pronounced *cheval*, the French word for horse.

And there the story began. It would take until 1989 for *The Guid Sisters*, as *Les Belles-Sœurs* in Scots would be called, to receive a full professional production – at the Tron Theatre in Glasgow. Over the next fourteen years, eight plays by Michel Tremblay in their Scots translations were produced in Scotland and beyond, touring to Toronto, Montreal, London, and Stony Brook, New York. It has been said that during those years Michel Tremblay became the most frequently produced contemporary playwright in Scotland.

The writer that brought Bill and me together was the early nineteenth-century novelist John Galt. It was our mutual interest in the Scots language that had brought us both to Galt. Bill was from Culross in Fife, and my parents, who immigrated to Canada, settling in Verdun, Quebec, were from Angus. My father, a blacksmith, was on his way to Manitoba. He arrived by ship at Quebec City and took the train to Montreal where he stayed with friends from Forfar who persuaded him to settle in Verdun. They even found him a job. That was in the autumn of 1929 just after the stock market had crashed. I would grow up in Verdun hearing Scots as my parents' social circle was mostly made up of Scottish immigrants, many from Angus.

It was the Canadian connection that brought both Bill and me to Galt. Having graduated from McGill University in Montreal, in 1967–68 I spent a year at Glasgow University as the McGill Exchange Scholar. Philip Drew, my advisor in the Department of English, introduced me to Galt and thought he might be a good fit with my interest in nineteenth-century fiction, the Scots language, and the fact that Galt, in his other life than as a novelist, became Secretary of the Canada Company and founded the cities of Guelph and Goderich in Ontario. Bill found Galt in a similar way when Ian Campbell, his Ph.D. advisor in the Department of English at Edinburgh University, learned that Bill had twice been to Canada and suggested he look into Galt. Bill even had a cousin who lived, and still lives, in Guelph. I returned to Scotland in 1978 to complete my research on John Galt for the Ph.D. that I was doing at the Université de Montréal. John MacQueen, my advisor in the School of Scottish Studies, suggested I meet Bill to find out whether we were encroaching on one another's academic territory. Happily, we were not.

It was during my two years in Edinburgh that Bill and I worked on the first version of the translation of *Les Belles-Sœurs*. I made a literal translation, and Bill set it into Scots. We then talked our way through the Scots version line by line, as I answered Bill's queries. Neither of us had any experience in literary translation. Yet from the beginning we had a *modus operandi* that would remain basically the same throughout our collaboration. We knew from the beginning that we wanted to translate the play, keeping it in its Quebec context. Our goal from that first night was clear in our minds: this translation would show that the Scots language could support a translation of a contemporary playwright, and that adaptation to a specifically Scottish situation would be an admission that the Scots language could not accommodate a contemporary play set in another country. Bill knew that such a translation would be a first. Bill suggested the translation be in his own West Fife Scots, and with my Angus roots I was happy to go along with that. *The Guid Sisters* would be in an east coast Scots. At least that was the plan. When *The Guid Sisters* was given its first full production, however, it would be in Glasgow Scots.

Before I left Edinburgh and returned home to Montreal in June 1980, Bill had already submitted an early draft of the script to the Traverse Theatre. For the first few years, we kept in touch through letters. Bill's provide a vivid account of his determination to find a place for *The Guid Sisters* in a theatre, but none was forthcoming. In fact, it would be more than seven years until

Bill and I would meet again, in Edinburgh, because the break that would lead eventually to a production had come at last. The first reading of the translation would not take place until the summer of 1987 at the Edinburgh Fringe. Despite Bill's persistence in getting the script out to theatres, it took extraordinary coincidences for that to happen.

In 1980 Bill submitted an excerpt of our translation from the beginning of the play, still called *Les Belles-Sœurs,* to *Cencrastus,* which published it in their Summer 1980 issue. He introduced Michel Tremblay to Scottish readers and outlined why we had chosen this play as our first translation in the first of many articles and papers that he would write over the years of our collaboration:

> Michel Tremblay is Quebec's ... leading contemporary playwright.
> [...]
> Tremblay was born and brought up in a working-class district of East Montreal [Plateau Mont-Royal] and his upbringing has strongly influenced the direction his writing career has taken. The influence is particularly apparent in the kind of language he employs and the general concerns he writes about, as can be seen from his best known work *Les Belles-Sœurs.*
>
> Although Tremblay wrote *Les Belles-Sœurs* in 1965 it was rejected by the Dominion Drama Festival and failed to secure a production till 1968 when it immediately became the theatre event of the sixties in Quebec. The play aroused violent controversies concerning its linguistic, social, and political aspects. Tremblay had dared to make serious use of joual, the socially stigmatised language of Francophone Quebec, and in so doing he had exploited to the full its speakers' rich vocabulary of blaspheming and relish of vulgarity and crudeness. Complementary to this linguistic realism, although Tremblay made telling use of theatricalism in the play, his representation of life among the working class of East Montreal was starkly naturalistic and shocked audiences by its verisimilitude. Moreover, all the characters in the play were women, 15 in all, who asserted themselves without compromise in a way which had never been experienced on stage before in Quebec. Through them Tremblay bleakly exposed the frustrations and miseries, the petty jealousies and feuding which characterised his people's lives, the political implications of which were not lost

on his audience. *Les Belles-Sœurs* is not a political play in the didactic sense but it can be read as a kind of political allegory. The sixties in Quebec saw the rise of political and cultural nationalism and, whilst sympathising with this development, Tremblay boldly attributed Quebec's difficulties less to outside forces than to the Québécois themselves.

It should not be necessary to labour the social and political reasons why this play should strike a special chord with post-[1979-] Referendum Scottish audiences (though it should be emphasised that *Les Belles-Sœurs* works on a multiplicity of levels of meaning and possesses an enduring universal appeal). But Tremblay's use of joual – or *québécois* as he now prefers to dignify it – is worth elaborating on with reference to Scotland, particularly as it stands in something of the same relationship to standard French as contemporary Scots does to Standard English.

[...]

In choosing to write in *québécois* Tremblay also encountered technical problems familiar to writers using Scots. Since *québécois* is a very fluid language, in part the consequence of the encroachment of anglicisms which often change meanings and pronunciation, and since there is no set method of rendering the language, Tremblay had to develop his own orthography. Also, and again like spoken Scots, *québécois* possesses a number of linguistic registers which are difficult to transcribe satisfactorily but which, as Tremblay has shown, can prove a rich field for dramatic exploration if transcription is attempted. Despite the particularism of his language Tremblay has found that francophone non-Québécois audiences understand about 80% of his dialogue [...].

[...]

Given the extent of the initial hostility to Tremblay's use of *québécois*, the quality and scope of his achievement and the growing recognition of his international stature should prove an encouragement to those writers in Scotland similarly working with a déclassé, minority language. Certainly, in one specific regard I believe his example should be emulated in Scotland. Until Tremblay, Quebec audiences were conditioned to receiving translations of foreign plays in Standard French, which were often, absurdly, adapted for France too.

Tremblay rightly saw that this had to change and set about translating foreign works into *québécois*. Because of the conditioning to which his audience have been subjected over the years and their mental inability to dissociate *québécois* from Quebec, he at first had to adapt the plays to a Quebec setting. However, eventually his audience came to accept non-adapted translations into their language just as they had previously done with standard French ones. Indeed it was found that in translating, for example, American plays, *québécois* got much closer to the spirit of the original and spoke more directly to Quebec audiences than Standard French translations which Tremblay accused of 'disfiguring' American theatre.

To date, translations of plays into Scots have largely concentrated on 17th and 18th-century European drama, such as Molière and Goldoni, and have invariably been adapted to a Scottish setting. With the advances which have been made in Scottish drama in the seventies there is every reason why we should now begin forging our own direct contacts with contemporary happenings in foreign drama by fashioning Scots translations of foreign plays wherever appropriate. Of course, to say this is not to deny that there is also a need for translations of contemporary foreign drama by Scottish writers into English, for translations into both Scots and English and mixtures thereof of older classics, and for adaptations wherever necessary. But it seems logical at this juncture that we should further explore, through attempting translations of contemporary foreign material, the dramatic potentialities inherent in the language which has characterized the major successes in Scottish drama in the last decade, such as *The Bevellers, The Jesuit, Willie Rough, The Hard Man, The Slab Boys* and so on. Such a challenge should not only allow us to 'stretch' the language but should suggest new ways in which we could use Scots for more experimental dramatic purposes.

It is with this broad aim in mind that we have translated *Les Belles-Sœurs* into Scots and hope to find a Scottish theatre company prepared to mount a production. In making the translation it was edifying to discover how Scotland's peculiar social, political, and linguistic circumstances could conspire to create such a close sense of affinity with another people's predicament. And it was particularly edifying for the translators (one from Scotland, one from Quebec of Scottish parentage) to discover that by using Scots as the medium of translation one could get much closer to both the letter and the spirit of the original play than would have proved possible using Standard English.[2]

It would take another seven years before the hope expressed by Bill in the *Cencrastus* article would begin to be realised.

Fast forward from Bill's first public thoughts on Tremblay to his last: In February 2005, just three months before he died, Bill, Professor Ian Brown and Christopher Deans organised *The Gathering*, held at the Gateway Theatre in Edinburgh on behalf of the Scottish Society of Playwrights and Queen Margaret University, as a public event celebrating through the memories of four panels of playwrights the thirty-five years since 1970, seen as a key date in the modern Scottish theatrical renaissance. The 1970s panel consisted of Bill Findlay as moderator, Hector MacMillan, David McLennan, Sue Glover, Stuart Conn and Ian Brown. Bill talked about how the playwrights of the 1970s had inspired him in his work as a translator of plays into Scots. What he said offers some explanation why it would take so long for *The Guid Sisters* to be produced:

> I speak with the hat of a practitioner, translator and adapter of foreign drama into Scots. In 1979 I completed my first translation, *The Guid Sisters* by Québécois playwright Michel Tremblay, but it was 1989 before it was staged. [...] A translation that could not find a theatre for ten years proved a hit once staged by Michael Boyd at the Tron Theatre. The Tron revived it twice, took it to the Edinburgh Festival and on tour in Scotland and also to Toronto in 1990 and Montreal in 1992.
>
> The play *The Guid Sisters* has an all-women cast of fifteen which was then very uncommon. The play represented women in a coarse matter including coarseness in speech, and this, I know from a reader's report, was a barrier to production. Also, the translation retained the Quebec setting and names which, again, I know from a reader's report, would, because of the language of Scots, require a suspension of disbelief by audiences that it was thought would not be forthcoming. Well times change indeed.
>
> The translation had not changed in ten years, but Scottish theatre had. There are many examples of how, in different ways and

in different generations, a particular theatrical, social and political context has impacted on the development of writers. In my case for example, there were a number of factors at work. At that time no contemporary foreign play had been translated into Scots, though that changed in the 1980s with, for example, Scots versions of Dario Fo's plays.

In being inspired to embark on a translation of a contemporary play into Scots I was directly influenced by the work of 1970s playwrights. I grew up in a mining village in Fife in a Scots-speaking working-class family and community. My only experience of live theatre was the likes of the Women's Rural Institute taking us to a pantomime in Glasgow or Edinburgh. Serious theatre, 'Shakespeare and stuff, ken', wasn't for the likes of us and anyway wasn't it middle-class and English just like those Brian Rix farces we grew up watching on television?

Well once I started to darken the doors of the theatres in Edinburgh in the early 1970s when I was a student, it was a revelation to hear plays about Scottish life, usually working class and written in the words of the people, plays with contemporary and historical relevance [...].

Exciting times for a young laddie! And certainly I wouldn't have done the dozen or more translations into Scots that I now have nor have developed an interest in Scottish theatre as an academic interest were it not for the deep effect on me of those 1970's playwrights, the breakthrough generation we might call them, and whom I'm happy to pay homage.[3]

Bill sent the script to various theatres including the Scottish Theatre Company and the Tron Theatre. In a letter to me of 15 February 1981 he transcribed readers' reports that had given 'the thumbs down' to *The Guid Sisters*. They wouldn't be the last. In Bill's phrase, 'Scotland had some catching up to do!' *Les Belles-Sœurs* had also been rejected as Michel Tremblay describes in *Un Ange cornu avec des ailes de tôle*, his memoir about the books he read while growing up in Montreal: 'I had just finished writing a play, *Les Belles-Sœurs*, which Brassard [André Brassard, future director of Tremblay's plays] was trying in vain to impose on a few people he knew in the theatre world of Montreal – the Dominion Drama Festival had just refused it: two of the three members of the reading committee had found it to be monstrous and vulgar – so that I began seriously to think of giving up [...].'[4] The response of the Canadian judges would be echoed fifteen years later in the response of the Scottish Theatre Company management to *The Guid Sisters*. The reader, Tony Paterson, called the translation 'very accomplished', but thought the women's conversational style 'may sound even rawer in Scots than [...] in its original Quebecois' [sic]. He recommended that the plot and characters should be 'translated' because 'the elaborate French names and the dialogue spoken seem strange bedfellows'. The rejection letter of Ewan Hooper, the director, described reading the play as 'rather a disturbing experience'. While he agreed with Bill's and my suggestion that it should be possible to equate Scots and most other languages, particularly Québécois, he felt that in this case 'it was somehow not completely appropriate'.

Bill reflected on these reports in his covering letter to me:

> So, it would seem that the play rather than our skill as translators has let us down! I take exception though to the suggestion that we've 'brutalised' the rawness of the dialogue and that an adaptation would be preferable. [...] However no point in crying over spilt milk. I'll press ahead with offering it to other theatres and, if you don't mind, indicate that, whilst we prefer if the play were produced as it stands, we'd be prepared to consider adapting it in some regards (i.e. names, cultural references). If that's going to prove a stumbling block to a production then what the hell. Be glad of your approval.

I was surprised to see that Bill was willing to consider changes to names and cultural references. I haven't got my letter in response, but in retrospect I hope that I argued against such alterations to the script as defeating our purpose. Eventually, we would have to show some flexibility as to language and register, but fortunately we never had to go as far as Bill suggested in this letter. Given the overwhelmingly male focus evident in the plays of the 1970s Bill mentioned in the 1980 *Cencrastus* article and in his remarks at 2005's *The Gathering*, and also the sentiment expressed by the reader's report vis-à-vis the supposed inappropriate handling of female characters, the essential problem in getting *The Guid Sisters* produced may well have been that it is about women and to a considerable extent about the woeful treatment of women by men.

Two theatrical events in Scotland in the 1980s may signal the beginning of the change that would open the door to allow *The Guid Sisters* its chance on a Scottish stage. The first of these is the revival of Ena Lamont Stewart's *Men Should Weep* in 1982, though it is interesting to note that Stewart revised the play with a 'happy' ending, as Randall Stevenson notes[5] in Bill Findlay's 2008 edition of *Scottish People's Theatre: Plays by Glasgow Unity Writers*.

It is thanks to Bill's decision to publish the original 1947 version in his collection of Glasgow Unity plays that we have this darker version of the play, unpublished until 2008. There are striking similarities with *The Guid Sisters*. The entire action of the play takes place in a kitchen. There are ten women characters covering the same generational range as in Tremblay's play including an unwanted grandmother, several married women all dissatisfied with their lives, and young women rebelling against the conditions of their mothers' generation. And in both plays there is mention of the sharp contrast between the harsh reality of these women's lives and their counterparts in romantic films. *Men Should Weep* and *The Guid Sisters* seem cut from the same cloth despite the gap of forty-two years between their first productions. It may be that the revival of Stewart's play paved the way in Scotland for Tremblay's play about working-class women in the Plateau Mont-Royal.

The other theatrical event that may have helped to open the door to *The Guid Sisters* was the runaway success of Tony Roper's musical comedy *The Steamie*, premièred in 1987, which focuses on four women who share their lives as they work on their laundry in a washhouse. Roper's play does not have the darkness of either the original production of *Men Should Weep* or *The Guid Sisters*, but its popular success should not be underestimated as a breakthrough event in Scottish theatre.

The early rejections of *The Guid Sisters*, especially in light of Bill's comments at *The Gathering*, offer a clue as to why we had to wait so long for acceptance of the script. Michel Tremblay's early plays, *The Guid Sisters* (1965), *Forever Yours, Marie-Lou* (1970), and *Hosanna* (1971), all of which are published in their Scots translations in the first volume of this collection, provide a rich diet of rage and despair, of shattered illusions and tragic loss. It may well be that the darkly realistic depiction of society in Tremblay's early plays stalled our project as we waited for the theatrical climate in Scotland to change.

Throughout the early 1980s Bill had continued to try without success to find a theatre willing to produce our translation of *Les Belles-Sœurs*.

On 16 March 1981, Bill wrote: 'The play is now off to a number of theatres so let's hope for the best.' So, even without any takers for our first translation, Bill was ready to continue with our project: 'Yes, *Les Belles-Sœurs* is in the can and recently sent out to a few theatres'. On 26 May 1982, Bill wrote that selling *The Guid Sisters* wasn't getting any easier: 'No luck with *Les Belles-Sœurs* yet. Things are gey dire in the theatre here just now, e.g. the Traverse was dark for months and is still limping along. What chance a 15-part play?'

That was the last letter I received for the better part of four years. When Bill's letter of 26 January 1986 arrived, it brought the news that the break we were waiting for all those years was finally on the horizon:

> However, as an earnest of my continuing commitment to our translation I enclose a copy of a heartening letter I got from Prof. Ian Lockerbie at Stirling University. His daughter [Catherine Lockerbie] writes for The Scotsman and she did a short piece in the Arts one day on Tremblay. Unbeknown to me, the Dept of Can Studies at Edinburgh had invited him to give a talk but did not publicise the fact in advance or at least, not in Glasgow, or I'd have gone along. She drew parallels between Tremblay's concerns and the Scottish situation and suggested Scottish theatre might fruitfully look at his work. She obviously didn't know about our translation so I wrote to her. She, in turn, passed my letter on to her father, hence the letter from him. It would be ideal if a production could tie in with the planned conference in 87, if it comes off.

Ian Lockerbie wrote to Bill about his correspondence with Catherine Lockerbie on 12 June 1985:

> I was impressed and delighted to discover the existence of your translation. To cut a long story short, I have been planning for some time to stage a conference on Quebec and Scotland which would cover political, cultural and linguistic parallels. But I must say that I have met nothing yet that came as close to my own interests as the line that you took in your *Cencrastus* piece introducing your translation of *Les Belles-Sœurs*'.

And so, the Scots Tremblay phenomenon got a kickstart after so many years of trying and waiting, thanks to Ian Lockerbie's initiative. What a thin thread of chance it was that opened the door. Ian suggested a reading of the script at the conference and invited Bill and me to give papers on our work, the first of many. Soon came mention of the possibility of a production at the Traverse Theatre, and while that did not materialise, a rehearsed reading took place as part of the Edinburgh Fringe at the Little Lyceum Theatre, produced by Tom McGrath. The reading was part of a series called New Scottish Theatre. As Ian Lockerbie wrote in a letter to me dated 15 June 1987: 'Good news: there is a possibility that there will be a low profile Festival production of your translation, done by Tom McGrath at the Little Lyceum. It will be a modest effort, because he has few funds, and in a slot devoted to new young dramatists – in this case, these will be you and Bill rather than Tremblay!'

So it was that I returned to Scotland for the first time since the spring of 1980 when Bill and I had finished our revisions to the play that would become *The Guid Sisters*. In my diary I reported on our reunion as the two most extraordinary days so far in our collaboration:

> Wednesday, 12 August 1987: A great day with *The Guid Sisters*. I was down at the Lyceum Studio for 10 and met Lizzie Scott, our Yvette Longpré, who is raving about the script and lamenting the cut of her catalogue of names [one of the ground-breaking speeches in the play]. Soon Bill arrived and it was wonderful to see him again after seven years and under such circumstances. We are both fair chuffed. The day was spent in rehearsal, the reading quite wonderful and working perfectly. Gabrielle, Rose, Germaine, and Linda are wonderful, the ending excellent. I had to get the words to 'O Canada' [for the final scene] from the School of Canadian Studies, which the secretary there provided with great delight. The whole thing is marvellous. And Bill and I had a great day thegither. We had lunch at the Filmhouse and in the evening were unable to get into three events, Ian Heggie's A Wholly Healthy Glasgow, Liz Lochhead's Mary Queen of Scots Got Her Head Chopped Off and the Easy Club, a Scots folk jazz group. Somehow it didn't matter, and we had pints at Waverley Market, and I walked back through the gardens with Bill, the castle in the air in the rain. We talked of past, present, and future as we ate a pizza at Dario's, dessert at the Filmhouse, and drank malts at the Caledonian Hotel.

And then the next day and the première of the reading of *The Guid Sisters*:

> Thursday, 13 August 1987: The second day in Edinburgh with Bill and *The Guid Sisters*, one of the most satisfying days of my life. The script came more and more alive, and the entire process of reducing the playing time to 95 minutes and discussing characters and language was wonderful. There were two read-throughs, the second on the stage of the Lyceum Studio which we taped. Bill and I ate lunch at the Filmhouse, going over the script for some final emendations, sitting there, part of the Festival Fringe, a taste of an exciting life. At 5 I went [...] for a rest and some food. A wild stormy shower blew over Edinburgh to the south on an otherwise sunny day. At 6 I took the car to Castle Terrace and then meeting Bill and Jessica [Bill's wife], and Ian, Rowena [Ian's wife], and Catherine Lockerbie, it was time for the world première of *The Guid Sisters* by Michel Tremblay, translated by Bill Findlay and Martin Bowman. There was an audience of 33 people, a good number for an unknown piece on The Fringe and the actresses did a wonderful job and the audience brought them back on for a curtain call. Afterwards in the lobby there was a great deal of relief and excitement. Irene Sunters, who plays Angéline Sauvé, wants to take the show to Canada, and Tom McGrath seems interested enough in the text to try to organize a production. He likes the text and sees it as a great opportunity for 'these fine Scottish actresses'.

The conference, *Image and Identity: Theatre and Cinema in Scotland and Quebec* took place at Stirling University 4–6 September 1987, three weeks after the reading in Edinburgh. Bill and I gave our papers in the morning session on the Saturday, Bill's paper 'The Use of Scots in the Theatre' and mine 'The Language Issue in Michel Tremblay's *Les Belles-Sœurs*'. Later, Tom McGrath made a presentation which I described in my diary as an 'anti-talk, a kind of performance against interpretation looking for that moment of recognition and acknowledging it when it happens'. In a way, this is exactly what Bill and I felt about these first public airings of *The Guid Sisters*. We were on our way at last and meeting all kinds of people from both Scotland and Quebec and beginning to be known. One of the people I met who would offer his full support of our project was Marc T. Boucher, the Quebec cultural attaché in London. Later I would learn that Marc's mother was from Newtyle in Angus and her birth name was Thomson. My maternal grandmother was a Thomson from Angus as well and Marc and I were both delighted by the connection. The Saturday session ended with a 'Dramatic Reading of *Les Belles-Sœurs /The Guid Sisters*'. This was followed by a discussion with the translators, actors, film makers and dramatists about writing and acting in the vernacular. The reading presented an edited version of selected scenes from the Scots translation, all but one of the performers having taken part in the reading in Edinburgh three weeks earlier.

The two events in Edinburgh and Stirling proved a turning point in our efforts to find a producer for a full production of our script. As we were leaving the conference, Bill reported to me that Tom McGrath had told him that the Traverse, The Tron, and 7:84 were all interested in the play, and that Mayfest, the Glasgow festival, was a possibility. Two years later, Michael Boyd's production would be the Tron's contribution to this event.

The conference was 'inspirational', as Bill wrote in his first letter to me once I was back in Canada (25 September 1987). Even without a production of *The Guid Sisters*, we decided to move on to our next Tremblay translation. *Les Belles-Sœurs* was Tremblay's first play to be produced. Our choice for our next translation was *Le Vrai Monde?*, his most recent play, which premièred in Canada in April 1987, just four months before the reading of *The Guid Sisters* in Edinburgh.

Buoyed by the reception of *The Guid Sisters* in Edinburgh and Stirling, we were moving on without waiting for further developments. The conference had changed Bill's thinking about the language we had used in *The Guid Sisters* in our West Fife Scots version. So, in the same letter he proposed a change in the way we were thinking about language:

> Oh, Martin, by the by, I've been thinking I should say to Tom [McGrath] that if it'd make any difference to his attempts to get a Mayfest production off the ground, I'd be prepared to 'Glaswegianise' the Scots by the simple expedient of removing the 'dinnae kens' and replacing them with 'don't knows'. I think it would require little other change to achieve a script which would be acceptably Glaswegian. It'd be an interesting experiment, to look at the matter positively, as I suspect Glaswegians wouldn't notice anything in the language that was strange to them once the 'dinnae kens' had been taken out which would, of course, be a neat way of making an important point about

Glasgow Scots being part of the commonwealth of Scots dialects. (...) I know the arguments against changing the language and amorphous location but, despite having argued otherwise at the rehearsals and conference, the rehearsals and readings have led me to believe that there are valid alternative ways in which the script could be approached and the language 'adjusted'.

In December we heard from Michael Boyd that he was close to firming up doing *The Guid Sisters* at the Tron Theatre, possibly during the autumn season in 1988. Those were nail-biting times as we waited for confirmation that the production would go ahead. In early June 1988 Michael Boyd called Bill to confirm that he was going ahead with *The Guid Sisters*, not in 1988 but as the Tron Theatre's main contribution to Mayfest 1989. This was welcome news as Mayfest had become the second biggest arts festival in Britain after Edinburgh. Boyd had been in touch with Quebec and Canada about financial support for the production. I was in Scotland in July 1988 and met Michael Boyd at the Tron as I recorded in my diary: 'In Glasgow I had an hour with Michael Boyd who showed me the great extent to which he has gone concerning *The Guid Sisters* for next Mayfest. It was good news indeed. And he showed me the theatre and the contact in person was excellent.'

On 19 January 1989 Bill wrote to say that he had met Michael Boyd. The letter is overflowing with information: 'Got back from my two-day sojourn in Glasgae. Had a long blether with Boyd. Yes, it's definitely going ahead'. We were informed about the finances, the dates for rehearsals beginning in March, possible future plans for London and Canada depending on the reception at Mayfest. Michael Boyd was eager for information about Montreal as he'd never been there, he had questions about the ending of the play with the national anthem 'O Canada' and about music. The letter ended with the following salutation: 'In muckle haste, but with a hip-hip-hooray that we're at last on our way! Bill'.

All this came together more than eleven years after Bill and I began the translation.

What was ahead was more than Bill and I could have imagined after ten years of working to get *The Guid Sisters* produced. The Tron revived the production twice, taking the play to Toronto and, most wonderfully, home to Montreal. In the meantime, the Tron produced two more plays by Michel Tremblay, *The Real Wurld?* and *Hosanna*. In 1994, with Michael Boyd still at the helm of the Tron, *Forever Yours, Marie-Lou* in Graham Johnston's production premièred at the Tron before transferring to the Red Lion in London. *The Guid Sisters* was published in both Canada and the United Kingdom. In 1994 *Theatre Scotland* magazine published a list of one hundred scripts that could serve as 'the foundation of a Scottish national theatre'. There were fourteen translations on the list including *The Guid Sisters, The Real Wurld?*, and *The House among the Stars*.[6] In 2007 *The Scotsman* included the première of *The Guid Sisters* as one of the top twenty events in Scottish theatre history.[7] In June of the same year the Université de Montréal awarded me the medal of the Faculty of Arts and Science principally in recognition of the work I did with Bill Findlay on the translations into Scots of Michel Tremblay and other Quebec playwrights.[8]

Without *The Guid Sisters* the so-called Tremblay phenomenon in Scotland surely would never have happened. Still today it is the essential play in the extraordinary dramatic achievement of the author, his first play to be produced on the stage, out of approximately forty.

When Bill Findlay and I completed our translation about ten years after the première of *Les Belles-Sœurs* in Montreal in 1968, Tremblay had already written about fifteen plays, including *Hosanna* and *Forever Yours, Marie-Lou*, which Bill and I would translate for productions at the Tron Theatre. In the period of another ten years, the 1980s, while Bill and I waited for a production of our translation of *Les Belles-Sœurs*, Tremblay wrote another seven plays, two of which would also have Scots translations, one of these being *Le Vrai Monde?*, his most recent play when we translated it. The other play from the 1980s was *Albertine, in Five Times*, one of Tremblay's acknowledged masterpieces. The three additional Tremblay plays we translated were first produced in the 1990s. The eight plays in these volumes, then, give a remarkable sample of the full range of Tremblay's work in the theatre, beginning with his first to be produced, then two masterpieces from the early 1970s, another two plays from the 1980s and then three more plays that were first produced in Quebec in the 1990s. By the end of our collaboration, having begun with the earliest play, we were translating plays that were among Tremblay's most recent, *The House among the Stars* two years after its Montreal première in 1990, *Solemn Mass for a Full Moon in Summer* (1996) in 2000 and *If Only...* (1998) in 2003.

Endnotes

1. Bill Findlay to Martin Bowman, letter, 21 June 1989.

2. W. F., 'Les Belles-Sœurs (an extract) Michel Tremblay', trans. Martin Bowman and William Findlay, *Cencrastus*, Summer 1980, pp. 4–5.

3. Scottish Society of Playwrights, *The Gathering 1970–2005*, DVD (Edinburgh: Scottish Society of Playwrights, 2005).

4. '[…]. je viens de terminer une pièce, *Les Belles-Sœurs* que Brassard essayait en vain d'imposer aux quelques personnes qu'il connaissait dans le milieu théâtral de Montréal – le Dominion Drama Festival venait d'ailleurs de la refuser: deux des trois juges du comité de lecture l'avaient trouvée monstrueuse et vulgaire – alors je commençais sérieusement à songer à poser la plume […]', Michel Tremblay, *Un Ange cornu avec des ailes de tôle* (Montréal: Leméac/Actes Sud, 1994), p. 218. [My translation]

5. Randall Stevenson, 'Introduction: Glasgow Unity Theatre', *Scottish People's Theatre: Plays by Glasgow Unity Writers*, ed. Bill Findlay (Glasgow: ASLS, 2008), p. xv.

6. Anon, 'The Hot One Hundred', *Theatre Scotland* 8.2 (Winter, 1994), pp. 17–22.

7. Andrew Burnett, *The Scotsman*, 2007. The title and precise date of the article have not been traced, but the citation of the Université de Montréal which quotes from the article (see note 8, below) indicates that it was published before 21 June in 2007. Paraphrasing from the French translation of Burnett's article in the citation: Burnett wrote that *The Guid Sisters* resonated strongly in the Margaret Thatcher era, above all because the translators had succeeded in identifying the parallels between two working class cultures and the registers of language that characterise them. In addition, Burnett added that the translators had met one of the great challenges of translation by translating from one non-standard language to another.

8. See 'Hommage à Monsieur James Martin Bowman', fas.umontreal.ca/faculte/prix-distinctions/diplomes-dhonneur/2007/james-martin-bowman [accessed 28 July 2022].

Introduction to *The Guid Sisters*

Martin Bowman

> Ah'll talk the wey ah waant an ah'll say jist whit ah waant tae say! Right!
> Marie-Ange Brouillette (p. 44)

The Première at the Tron

During the first week of April 1989, Bill and I were at rehearsals for *The Guid Sisters* in a hall in Calton in the east end of Glasgow, our first experience of that wonderful part of theatre life. Bill had already attended the first week, and I joined him for the second. This was the first of what would be many experiences of rehearsals where the final drafting of the performance script took place, a crucial part of the translation process. It was thrilling to sit there and hear the script come alive as it had at the reading in Edinburgh in 1987.

My diary for the week shows how starstruck I was to be there in Glasgow with Michael Boyd and the astonishing cast of fifteen women. Of the second day I attended rehearsals, I wrote:

> [...] my first full day of *The Guid Sisters*. I had met five of the actresses on Saturday. Now the haill gang was there, and I am impressed. The casting is excellent all-round with Una McLean, a great comic actress, as Germaine. Today we were working on the second act and we got almost to the end by 6. Almost everybody smokes and the air gets fœtid and thick by the end of the day. Michael Boyd thinks all the time and is creating his vision of the play. Bill and I advise on issues of the text. From time to time I waken to my astonishment that this is happening, a full professional production of our manuscript.

The afternoon began with me teaching 'O Canada' to the guid sisters for the final scene and coaching them in the pronunciation of Québécois names. On Thursday I reported,

> And I got paid; so I am a professional translator and that is a wonderful feeling, and Michael Boyd has a ticket for me for the opening of Peter Brooks's *Carmen* on Monday night. Nae wunner ma heid's birlin!

At 4 we went over to the Royal Scottish Academy of Music and Drama for me and Gaylie Runciman to record her monologue with all the names. Then it was out into the diesel-choked, rain-soaked streets of Glesca for some shopping.

Saturday 8 April was my last day at rehearsals:

> In the morning with Myra MacFadyen leading, the cast worked out the Ode to Bingo. Over and over this week I have been impressed by the complexity of the staging of *Les Belles-Sœurs*, the young playwright not worrying about how the business would be handled. At lunch Bill and I went out into the fresh spring air for a walk and lunch at the People's Palace. We were dreaming in colour about the future and other hopes and projects. After finishing up some Act Two business, the guid sisters gave the play its first run-through. It was oddly disquieting and I was reassured by Michael that he always feels desperate after the first run-through. On the whole an enormous amount has been achieved. Bill, Michael and I had a talk on the way back to the Tron and at the theatre bar, giving our last comments and getting some glimpse of the show that *The Guid Sisters* is to become.

Work obligations kept me in Canada so I was unable to be at the previews or opening night. Bill sent me his report of the first preview and plans for opening night in a letter on 29 April 1989:

> I was down for the opening night of the previews on Thursday. There was a good-sized audience and there was a good reception at the end. I thought the production didn't quite cohere and that the actresses seemed tense. However, neither of these is surprising for a first night, and the previews are intended after all to iron out problems in the production and give the actresses a chance to settle down. I spoke to Pat Lovett [theatre agent] on the phone this morning and she'd been through last night (the second night). [...] She said there was again a good-sized audience and that it was well received. She also said her actresses had said to her after the show that they'd felt tentative the night before, but that that night had gone much better from their point of view.

There's been plenty of publicity on TV and radio and in the Press, so it shouldn't fail for lack of that. Also, I'm being interviewed for BBC Radio Scotland's arts programme this week, and I've written two sizeable articles, by request, for *Scotland on Sunday* and the *Sunday Times* (Scotland), on, respectively, Tremblay and the Quebec-Scotland parallels. Tremblay arrives on Monday and is being interviewed by a number of papers (including London ones), and BBC Radio 4's Kaleidoscope arts programme is interviewing him, too. Tremblay will be at the opening night, and there will be a reception in the Tron after the show. The following day he's addressing a seminar of thirty invited participants at the Tron on his work. That evening there's a dinner in his honour at the Ubiquitous Chip at which there'll be eight of us including Boyd, Lockerbie and wife, Marc Boucher. ... I think the Quebec government is forking out (pardon the pun).

There's no letter from Bill about the opening night on 2 May 1989. He phoned the next day. He was very happy with what he'd seen. And we both noticed that the première had taken place auspiciously on the 210th anniversary of John Galt's birth.

I was able to get to Glasgow for performances later in May to see the play with Bill as I recorded in my diary for 23 May:

And then Bill and I were in the theatre and the play began. It was a moment of pure satisfaction to me, and Bill told me to watch the diodes which carried the words among others 'Traduit en écossais par Bill Findlay et Martin Bowman', our names in lights. The production itself is excellent, the work having come together and the direction brilliant. Michael Boyd's were the perfect hands for *The Guid Sisters* to be in. Although this was in effect a second opening night after a hiatus of ten days and there were some moments when the tension sagged slightly, the piece moved with its own energy and the second half was strong and overpowering. The double monologue of Lise and Pierrette moved me to tears, Pierrette cringing in the corner during the robbery, Rose's monologue, Una's Germaine very fine, her quiet bereftness at the end sad and pitiful, the astonishing Bingo, Janette's wonderful Des-Neiges, Gaylie's triumphant catalogue of names. Like Germaine in the play when she sees all the boxes of stamps, I could hardly take it all in I was that excited. Bill and I were very pleased indeed.

The Language of *The Guid Sisters*

The text of *The Guid Sisters* published here is the revised version of the translation that Bill Findlay and I completed in 1992. It is in West Fife Scots as was our original translation in 1979. Bill and I agreed that this would be the version to be published should the opportunity arise.

Bill and I wholeheartedly agreed with the Tron's plan to do the play in Glasgow Scots and were certain that the change assured the play's success in Glasgow. The Glasgow 'version' is available in the Nick Hern publication of the play although the text was anglicised to some extent in agreement with the publisher's wish to make the text easier for a non-Scottish reader. The changes in this version concern orthography only and no changes were made to idiom, vocabulary or sentence structure. The version of the play published by Exile Editions and the Tron Theatre is based on our earlier version of the translation in east coast Scots. Bill and I were not concerned about the existence of various versions of the translation in published form. In fact, Bill took some delight in the prospect as he wrote in a letter dated 2 May 1990: 'I must say that the linguistic anarchist in me delights at the thought of the varieties of published and non-published texts this project is stirring'.

In his correspondence with Nick Hern, Bill wrote about the position of the Scots language in relation to English. This letter is also dated 2 May 1990:

> [...] Martin and I are willing to arrive at an accommodation with you regarding modification of our orthography, and we are confident that a compromise solution can be reached which is mutually acceptable. Could I, however, just make one or two points regarding the medium used in *The Guid Sisters* ...?
>
> The first is that Tremblay used a non-standard orthography in order to render his joual on the page, and our orthography therefore has a particular validity in relation to the text we have translated.
>
> The second point concerns the parallel [...] between Scots and an English dialect. Historically, Scots and English are cognate languages which underwent separate developments in parallel with the separate histories of the two sovereign kingdoms of Scotland and England. Just as England had the King of England's English as the national norm,

we had the King of Scotland's Scots (Scots being the language of the court, parliament and other national institutions).

Whilst today Scots has become more and more conflated with English [...] and may seem to approximate to an English dialect, it in fact stands on a linguistic continuum of Scots stretching back [...] centuries, so it is also a literary medium of several centuries standing, as testified not just by the wealth of literature in the tongue, but by the multi-volume Scottish National Dictionary and the Dictionary of the Older Scottish Tongue.

Therefore, the orthography we use in *The Guid Sisters* is not a deviation from a Standard English norm, but a representation of a centuries'-old Scots sound system. To take your example of 'four', for instance, a phonetic rendering of a Scottish-accented pronunciation of the English word would be something like 'foa-ir'. This is in contradistinction to 'fower' which is not the accented English of a regional dialect speaker, but a lexical item as standard to Scots as 'four' is to English. [...] Sister words like 'four' and 'fower' are a reflection of that history and kindredship, and each has autonomous validity rather than one being a nonstandard variant of the other.

The Play

I do not remember when I first saw *Les Belles-Sœurs* or indeed how many times. My most vivid memory is seeing the play in its Canadian English translation on CBC (Canadian Broadcasting Corporation) television sometime in the 1970s. What has stayed with me about that production is that all the actors were *francophone*, and most, if not all, had been in *Les Belles-Sœurs* on the stage. They all spoke with *Québécois* accents in English, which was all that was required to keep the play alive in its Montreal setting. Had the cast been *anglophone*, I can't imagine how the authenticity of the original could have been conveyed, given that no equivalent to *joual* exists in Canadian English. And yet, as incongruous as it may seem, when I saw *The Guid Sisters* in Michael Boyd's 1989 production, authenticity is what I experienced.

Bill and I, and others, wrote a great deal about our work as translators of Quebec plays into Scots, above all the plays of Michel Tremblay, that turned up with extraordinary regularity on Scottish stages over a period of fifteen years. *The Guid Sisters* put Tremblay and his translators on the map with three iterations over a period of three and a half years by the end of which the play had been seen in Glasgow, Clydebank, Edinburgh, Kirkcaldy, Stirling, Toronto and Montreal. This success mirrored the early history of *Les Belles-Sœurs* in Montreal where two revivals of the production at the Théâtre du Rideau Vert were presented in the seasons immediately after the première of the play in 1968, in 1969 and 1971, just as *The Guid Sisters* premièred in 1989 with revivals in 1990 and 1992.

Barriers were broken by *Les Belles-Sœurs* when it premièred in Montreal in 1968, and barriers came down in Glasgow too when *The Guid Sisters* arrived there. In Montreal, with *Les Belles-Sœurs*, finally the vernacular language of proletarian Montreal was heard on the stage. It was, as they say, a *succès de scandale*, and the scandal was that these fifteen women in the Plateau Mont-Royal, where Tremblay grew up, could be heard in their own language, a language that was perceived as *déclassé* and shameful. This was the first time that Montrealers could hear their 'neighbours' speak on the stage. What they said was not pretty. It was variously cruel, crude, direct, and angry, the anger all the more powerful because it was women's anger rising out of their despair.

As the title suggests, the subject of *Les Belles-Sœurs* is the lives of women. It has no other subject, only the circumstance of one of the women having won a million premium stamps that Tremblay has contrived in order for all these women's voices to be heard. The musical structure, so often commented upon, allows each of the women to speak, in solos, duets, trios, and even choruses. These conventions enable the subject of the play, focusing as they do on the individual characters, often spotlit and removed from the action. A vernacular language without any standing, perceived as impoverished, assumes a mesmerising power in the formal structures which Tremblay provides. *Les Belles-Sœurs* translates into English as 'The Sisters-in-law', which lacks the ironic suggestion of beauty ('*Belles*') in the original. The Scots term 'guid sisters', meaning sisters-in-law, provided a title for the Scots translation that caught the nuance of the original title, shifting the irony from beauty to goodness. It had the added bonus for Bill and me of announcing that our translation was in Scots. This was a declaration which we wished to make with our first translation despite the fact that all of Michel Tremblay's plays have titles in standard French. There is in fact only one sister-in-law in the play (Thérèse Dubuc), so it soon becomes obvious to the audience that the title is not to be taken literally but rather as a declaration that this is a play about women who are all belong to the same community.

Les Belles-Sœurs is a work of devastating misery and powerlessness as portrayed in the lives of most of the characters. It is also a very funny play, the humour rising like a phoenix out of the language itself, and it burns. Germaine Lauzon is unable to change her life except by chance, as she wins a million premium stamps. She thinks this stroke of luck will allow her to realise her dream of refurnishing her house, something that all but one of her relatives and neighbours cannot afford to do. In the course of the play, most of the guests at her stamp-sticking party start to steal the stamps they should be pasting in the booklets for Germaine to cash in for her prizes. The women who steal the stamps are not in fact acting together.

When Marie-Ange Brouillette says she lives in a 'shitehole', she sees no possibility of change. Even Rhéauna Bibeau, the most reluctant of the thieves, only steals enough to get a chrome dustpan. Faced with the windfall that Germaine has experienced, they decide individually and then only to some degree collectively, to divest her of her good fortune. The play ends with everyone singing 'O Canada', the national anthem – in French, of course – a poem about the heroic exploits of an epic history which makes for a powerfully ironic contrast to the reality depicted on stage. Much has been written about what Tremblay intended with the singing of 'O Canada' at the end of the play. It is generally agreed that this puzzling and unexpected conclusion offers some kind of political statement about the place of Quebec within Canada as more and more Quebecers came to support independence. The origin of the idea is a simple one as Tremblay recounts in his childhood memoir, *Un Ange cornu avec des ailes de tôle*.[1] His father sang 'O Canada' at parties as a signal to his guests that it was time to leave, and everyone would join in before their departure. Perhaps the meaning of singing the anthem at the end of the stamp-sticking party in *The Guid Sisters* is as simple as that. It is time to leave!

The arrival of *The Guid Sisters* in Glasgow, like *Les Belles-Sœurs* in Montreal, broke a linguistic barrier. Tremblay had put his people and their language on the stage; as he said, a people who had been silenced for years suddenly had a voice. The Scots language of course already had its place in the long tradition of Scottish literature. What was unusual in *The Guid Sisters* was having non-Scots characters speaking Scots in a non-Scottish reality. Not surprisingly, *The Guid Sisters* offered a challenge to some members of the audience. It is little wonder that they were uncomfortable with what they encountered at the Tron Theatre. If only the translators had changed the names! If only the lives could be shown to be Scottish lives! What's the point of having names like Marie-Ange Brouillette and Des-Neiges Verrette if these characters are speaking Scots? Only Scots speak Scots and to pretend otherwise is ridiculous. This response, after all, echoed the position of Tony Paterson and Ewan Hooper of the Scottish Theatre Company in 1980 when they expressed their reservations about the translation, mentioned in the first chapter of these introductions. Joyce McMillan, writing in *The Guardian*, understood this significant aspect of *The Guid Sisters*. In her review of Michael Boyd's production, she credits Mayfest with destroying '[...] the myth that Glasgow is somehow unique [...]'. She describes Tremblay's play as '[...] a portrait of worn out housewives in a Montreal tenement that matches the experience of generations of Glasgow women in almost uncanny detail'.[2] The lives of the women of *The Guid Sisters* are not substantially different from those of their counterparts in Glasgow. Translation allows two realities to coexist and opens a door on the world. Adaptation would erase the original world of the play and close that door.

Not much happens in *The Guid Sisters*. Germaine Lauzon invites her neighbours and relatives to a stamp-pasting party. The 'guests' include her three sisters, Gabrielle Jodoin, Rose Ouimet and Pierrette Guérin, her sister-in-law Thérèse Dubuc, and Thérèse's mother-in-law, ninety-three-year-old Olivine Dubuc, neighbours Marie-Ange Brouillette, Des-Neiges Verrette, Yvette Longpré, Lisette de Courval, Rhéauna Bibeau, Angéline Sauvé and Germaine's daughter Linda and her two young friends, Lise Paquette and Ginette Ménard. The play consists of a great deal of party talk, local gossip and chitchat. This is not to suggest that Tremblay makes light of the tragic elements in the lives of these women. Often described as a tragicomedy, *The Guid Sisters* evokes a great deal of laughter in the theatre, but this in no way signals that the play is a light comedy. Behind the laughter lurks a powerful depiction of the dire circumstances in which some of the women find themselves. The action of the play, such as it is, does not take place in these conversations. Rather it begins almost incidentally when Marie-Ange Brouillette, perhaps the neighbour most jealous of Germaine's luck, begins to steal stamps. This does not happen until near the end of the first of two acts, more than halfway through the play. Most of the emotional action of the play is revealed in the series of monologues and choruses. The focus of the play is not on the dramatic action that culminates in the conclusion but rather on the women's lives. There is a great deal of variety in the way Tremblay presents these monologues and other choral scenes. Virtually every character in the play participates in these moments which are set apart from the rest of the action by changes in lighting which signal the suspension of the 'action' of the play.

The characters are constantly referring to each other by their names, often including the surname and prefaced by Madame or Mademoiselle, which makes in the translation for a constant mix of Quebec French and Scots, something that *The Guid Sisters* has much more of than the other seven plays by Michel Tremblay that we were to translate. Bill and I embraced this aspect of the play, with the characters continually addressing the person they are speaking to by saying her name. This repetition of Québécois names, first and last, serves as a constant reminder to the audience that this is not a Scottish play. To emphasise further this French presence, we decided to retain Madame, Mademoiselle, and Monsieur rather than changing them to Mrs, Mr, and Miss.

This French presence in the Scots translation reaches its apogee in the second of two monologues of Yvette Longpré, which consists in naming the fifty-seven people who attended the birthday party of her sister-in-law Fleur-Ange. Not a single person mentioned has anything to do with the play except for Yvette herself, who has nothing to say about any of the other guests except that they are so-and-so's husband, wife or child. In other words, this is nothing but a list of names with almost everyone identified by both first name and surname. Here is a sample: '[...] Roger Joly, Hormidas Guay, Simonne Laflamme, Napoléon Gauvin, Anne-Marie Turgeon, Conrad Joannette, Léa Liasse, Jeannette Landreville [...]'. The effect on the audience is stupefying, and the challenge to the performer is daunting to say the least. It is, however, a tour-de-force which opens the play to the whole population of Montreal. Of course, it was even more difficult for a Scottish actor to learn the speech than her Montreal counterpart even though it was surely the easiest of all the speeches in the play to translate. From our point of view, here was an opportunity for the Scottish audience to hear the voice of Quebec. Bill and I always felt there was a special affinity between Quebec and Scotland that allowed our translations, and this astonishing speech gave us the opportunity to let Quebec speak in a Scots play on a Scottish stage. For that to happen, the performer had to be coached in the particular sounds of joual. Of course, it was crucial that a French accent be avoided. There are two characteristic aspects of Quebec pronunciation that needed to be replicated: the presence of diphthongs and even triphthongs in certain vowels, as in the elongated 'a' in, for example, Liasse; and secondly the tongue-tip trill of the rolled 'r' of Quebec French as opposed to the guttural 'r' of continental French. This latter feature is of course easy for a speaker of Scots with its rolled 'r', the famous Scottish burr. No wonder some critics of the first production of the translation declared their discomfiture at the 'intrusion' of Quebec French into the Scots text. This constant presence of French in the Scots translation was, however, a gift to the translators as the declaration of their intention not to adapt the Montreal reality to a Scottish one.

It is one of the advantages we had as translators that there were, to state the obvious, two of us, the one who knew the cultural and social reality of the original and the other who had the Scots. Verdun, where I grew up, was, like the Plateau Mont-Royal, a working-class neighbourhood. In one of the flats where my family lived, our French-speaking neighbours downstairs listened every evening to the radio broadcast of the mass set at what seemed to us Presbyterians an excessively loud volume. It is this broadcast that Germaine, because she has decided to do a novena for nine weeks to thank God for her stamps, is listening to when Thérèse, her sister-in-law, says, 'Wid ye mind turnin aff the wireless, Germaine? Ma nerves are aw tae hell eftir that cairry-oan' (p. 49). This is only one of many cultural references that would have to be dealt with to adapt the play to Glasgow or elsewhere in Scotland. In the process, the original play would be lost, and we wouldn't have achieved what we set out to do as far as Scots as a theatrical language was concerned.

It was heartening to Bill and me that this aspect of our translation was understood so clearly by Quebec critics when the Tron production of *The Guid Sisters* toured to Canada, to Toronto in 1990 and Montreal in 1992. Jean St. Hilaire of *Le Soleil* in Quebec City had this to say of the translation when he saw it in Toronto:

> As the production is of a translation and not an adaptation, it is extremely moving to see artists from elsewhere embody so eloquently characters who carry a bit of our soul, who, whether we wish it or not, are a product of our way of living, of our culture. There is here a homage to the universality of Tremblay's theatre and, at the same time, the recognition of the distinctive aspect that our drama brings to the enrichment of the human imagination.[3]

Two years later in Montreal, Robert Lévesque had a similar response to the play:

> Michael Boyd [...] decided [...] to reproduce *Les Belles-Sœurs* in its own universe of the Plateau Mont-Royal in 1965. Tremblay's play has not been 'adapted' to the proletarian world [...] of Glasgow. On the contrary, these Scottish actresses play these 100% pure Québécoises, recreating the loud-mouthed vulgarity of the 'Tremblayesque' world [and] forcefully rendering this tragicomedy which is the mainspring of modern Quebec theatre.[4]

Endnotes

1 Michel Tremblay, *Un Ange cornu avec des ailes de tôle* (Montreal: Leméac/Actes Sud, 1994), p. 35.

2 Joyce McMillan, 'Tenement Temptations', *Guardian*, 5 May 1989.

3 Jean St. Hilaire, '"*Les Belles-Sœurs*" écossaises: un coup de maître', *Le Soleil*, 14 June 1990, C-3: 'Comme il s'agit d'une traduction et non d'une adaptation, il est extrêmement émouvant de voir des artistes d'ailleurs incarner si éloquemment des personnages qui portent un peu de notre âme, qui sont, qu'on la veuille ou non, les produits de notre façon de vivre, de notre culture. Il y a là un hommage à l'universalité de théâtre de Tremblay et à la fois, la reconnaissance du trait distinctif que notre dramaturgie désormais à l'enrichissement de l'imaginaire humain' [my translation].

4 Robert Lévesque, 'D'Écosse, une grande production des *Les Belles-Sœurs*', *Le Devoir*, 2 October 1992, A-1: 'Michael Boyd [...] a choisi [...] la reproduction des *Belles-Sœurs* dans leur propre univers du Plateau Mont-Royal en 1965. On n'a pas "adapté" la pièce de Tremblay à l'univers prolétaire [...] de Glasgow, mais au contraire ces actrices écossaises [...] jouent ces Québécoises pure laine, ayant toutes trouvé les gueules et dégaines de l'univers "tremblayen" [et] elles rendent avec la force l'essence même de cette tragédie bouffe qui est la source du théâtre québécois moderne' [my translation].

THE GUID SISTERS
(Les Belles-Sœurs)

by

Michel Tremblay

Translated by Martin Bowman and Bill Findlay

ASL Publication Version 2023

Les Belles-Sœurs premièred at the Théâtre du Rideau-Vert in Montreal on 28 August 1968.

A dramatised reading of *The Guid Sisters* premièred at the Lyceum Studio, Edinburgh, as part of a three-week season of New Scottish Theatre at the Edinburgh Fringe, on 13 August 1987 and was given three performances.

Cast

GERMAINE LAUZON	Anne Downie
LINDA LAUZON	Caroline Patterson
ROSE OUIMET	Mary Riggins
GABRIELLE JODOIN	Ann Louise Ross
LISETTE DE COURVAL	Brigit McCann
MARIE-ANGE BROUILLETTE	Eliza Langland
YVETTE LONGPRÉ	Liz Scott
DES-NEIGES VERRETTE	Faja Newman
THÉRÈSE DUBUC	Alison Peebles
OLIVINE DUBUC	Anne Lacey
ANGÉLINE SAUVÉ	Irene Sunters
RHÉAUNA BIBEAU	Sheila Donald
GINETTE MÉNARD	Susan Harris
PIERRETTE GUÉRIN	Judith Sweeney
LISE PAQUETTE	Hilary Lyon
Director	Andi Ross
Producer	Tom McGrath

Selections from *The Guid Sisters* were presented at the conference "Image and Identity: Theatre and Cinema in Scotland and Quebec" at Stirling University on 5 September 1987.

Cast

GERMAINE LAUZON	Anne Downie
ROSE OUIMET	Mary Riggins
LISETTE DE COURVAL	Liz Lochhead
MARIE-ANGE BROUILLETTE	Eliza Langland
DES-NEIGES VERRETTE	Faja Newman
ANGÉLINE SAUVÉ	Anne Downie
RHÉAUNA BIBEAU	Mary Riggins

The first professional production of *The Guid Sisters* was presented by the Tron Theatre Company at the Tron Theatre, Glasgow, during Mayfest 1989. It premièred on 2 May 1989, and ran until 14 May. Performances resumed on 24 May and ran until 4 June.

In 2007 *The Scotsman* included the premiere of *The Guid Sisters* as one of the top twenty Scottish theatre events of all time.

Cast

GERMAINE LAUZON	Una McLean
LINDA LAUZON	Maureen Carr
ROSE OUIMET	Myra McFadyen
GABRIELLE JODOIN	Ann Louise Ross
LISETTE DE COURVAL	Elaine Collins
MARIE-ANGE BROUILLETTE	Donalda Samuel
YVETTE LONGPRÉ	Gaylie Runciman
DES-NEIGES VERRETTE	Janette Foggo
THÉRÈSE DUBUC	Anne Lacey
OLIVINE DUBUC	Primrose Milligan
ANGÉLINE SAUVÉ	Irene Sunters
RHÉAUNA BIBEAU	Kay Gallie
GINETTE MÉNARD	Ali Ponta
PIERRETTE GUÉRIN	Muriel Romanes
LISE PAQUETTE	Jenny McCrindle

Director	Michael Boyd
Set Design	Michael Boyd and Marek Obtulowicz
Production Manager	Marek Obtulowicz
Costumes	Marion Thomson
Lighting	Nick McCall

The Tron Theatre production of *The Guid Sisters* was revived in 1990, playing at the Clyde Theatre, Clydebank, from 29 May to 9 June before touring to the du Maurier Ltd World Stage in Toronto. It premièred in Toronto on 12 June and ran until 16 June.

Cast

GERMAINE LAUZON	Elaine C. Smith
LINDA LAUZON	Maureen Carr
ROSE OUIMET	Myra McFadyen
GABRIELLE JODOIN	Ann Louise Ross
LISETTE DE COURVAL	Elaine Collins
MARIE-ANGE BROUILLETTE	Donalda Samuel
YVETTE LONGPRÉ	Gaylie Runciman
DES-NEIGES VERRETTE	Janette Foggo
THÉRÈSE DUBUC	Jo Cameron Brown
OLIVINE DUBUC	Primrose Milligan
ANGÉLINE SAUVÉ	Irene Sunters
RHÉAUNA BIBEAU	Ann Scott-Jones
GINETTE MÉNARD	Ali Ponta
PIERRETTE GUÉRIN	Muriel Romanes
LISE PAQUETTE	Jenny McCrindle

Director	Michael Boyd
Set Design	Kenny Miller
Costumes	Marion Thomson
Lighting	Colin Slater

The Tron Theatre production of *The Guid Sisters* was revived for a second time in 1992 and toured Scotland in August and September. After previews at the Tron Theatre, Glasgow, on 12–13 August, the production premièred at the Assembly Rooms, Edinburgh, as part of the Edinburgh International Festival on 17 August, playing there until 22 August. It was then presented at the Adam Smith Theatre, Kirkcaldy, 31 August–5 September; the MacRobert Arts Centre, Stirling, 8–12 September; and the Tron Theatre, 15–19 September before touring to the Centaur Theatre, Montreal, where it premièred on 1 October 1992 and ran until 25 October.

The Montreal performances were the gift of the United Kingdom government in honour of the 350th anniversary of the founding of Montreal.

Cast

GERMAINE LAUZON	Dorothy Paul
LINDA LAUZON	Ashley Jensen
ROSE OUIMET	Ann Scott-Jones
GABRIELLE JODOIN	Jan Wilson
LISETTE DE COURVAL	Monica Brady
MARIE-ANGE BROUILLETTE	Donalda Samuel
YVETTE LONGPRÉ	Maureen Carr
DES-NEIGES VERRETTE	Janette Foggo
THÉRÈSE DUBUC	Anne Lacey
OLIVINE DUBUC	Primrose Milligan
ANGÉLINE SAUVÉ	Anna Welch
RHÉAUNA BIBEAU	Kay Gallie
GINETTE MÉNARD	Jane McCarry
PIERRETTE GUÉRIN	Muriel Romanes
LISE PAQUETTE	Jenny McCrindle

Director	Michael Boyd
Design	Kenny Miller
Production Manager	Marek Obtulowicz
Costumes	Liz Cullinane
Lighting	Nick McCall

The Guid Sisters was presented as a co-production by the Royal Lyceum Theatre and the National Theatre of Scotland at the Royal Lyceum Theatre, Edinburgh, in 2012. It premièred on 25 September and ran until 13 October. It transferred to the King's Theatre, Glasgow, from 23 October to 27 October.

Cast

GERMAINE LAUZON	Kathryn Howden
LINDA LAUZON	Sally Reid
ROSE OUIMET	Karen Dunbar
GABRIELLE JODOIN	Jane McCarry
LISETTE DE COURVAL	Jo Cameron Brown
MARIE-ANGE BROUILLETTE	Gail Watson
YVETTE LONGPRÉ	Maureen Carr
DES-NEIGES VERRETTE	Gaylie Runciman
THÉRÈSE DUBUC	Molly Innes
OLIVINE DUBUC	Romana Abercromby
ANGÉLINE SAUVÉ	Ann Louise Ross
RHÉAUNA BIBEAU	Sally Armstrong
GINETTE MÉNARD	Marianne Tees
PIERRETTE GUÉRIN	Lisa Gardner
LISE PAQUETTE	Hanna Donaldson

Director	Serge Denoncourt
Set Design	Francis O'Connor
Costumes	Megan Baker
Lighting	Charles Balfour
Music	Philip Pinsky

Characters

GERMAINE LAUZON
LINDA LAUZON
ROSE OUIMET
GABRIELLE JODOIN
LISETTE DE COURVAL
MARIE-ANGE BROUILLETTE
YVETTE LONGPRÉ
DES-NEIGES VERRETTE
THÉRÈSE DUBUC
OLIVINE DUBUC
ANGÉLINE SAUVÉ
RHÉAUNA BIBEAU
GINETTE MÉNARD
PIERRETTE GUÉRIN
LISE PAQUETTE

The action takes place in 1965 in Montreal.

The play is set in the kitchen of a tenement flat. Four enormous boxes occupy the centre of the room.

Translators' notes:
The Scots title *The Guid Sisters* carries the same meaning of "sisters-in-law" as does the Québécois title *Les Belles-Sœurs*.

French abbreviations are used in this translation, where:
    Mme. is the abbreviation for Madame;
    Mlle. is the abbreviation for Mademoiselle;
    M. is the abbreviation for Monsieur.

In the stage directions of the original script the characters are referred to either by their given names or by both their given names and surnames. The translation presents the names as they are in the original.

ACT ONE

LINDA LAUZON enters. She notices the four boxes placed in the middle of the room.

LINDA LAUZON   In the name o Christ! Whit's aw this? Maw!

GERMAINE LAUZON   (*In another room.*) Is that you, Linda?

LINDA LAUZON   Aye! Whit's gaun oan? The kitchen's stowed wi boaxes.

GERMAINE LAUZON   They're ma stamps.

LINDA LAUZON   Aw naw, thuv come awready? Christ, that didnae take long, did it?

GERMAINE LAUZON enters.

GERMAINE LAUZON   Naw it didnae. Ah goat a surprise tae. Jist eftir ye went oot this moarnin the doorbell went an when ah goes tae answer it here's this big fellie. Aw, you'da liked him, Linda. Jist your type. He wis aboot 22, 23. Daurk curly hair. Braw wee moustache, ken. Really good-lookin. He says tae me, "Are you Madame Germaine Lauzon the lady of the house?" Ah says, "Yes, that's myself." And he says, "We've come to deliver your stamps." Ah wis that flustered ah didnae ken whit tae say. Then two fellies startit cairryin in the boaxes intae the hoose an this ither wan's gien me this fancy soart ae speech. Aw, he wis that weel-spoken, an nice wi it tae, ken. You'da liked him awright, Linda.

LINDA LAUZON   Aw, git oan wi it. Whit did he say?

GERMAINE LAUZON   Ah cannae mind. Ah wis aw flustered. He said somethin aboot the company he works fur and hoo pleased they wur ah'd won a million premium stamps ... an thit ah wis very lucky ... Me, ah couldnae fund ma tongue. Ah wish yur faither'd been here. He'da kent whit tae say til him. Ah'm no shair if ah even thanked him ...

LINDA LAUZON   That's gaunnae be a hoor ae o loat ae stamps tae lick. Fower boaxes! A mull-yin stamps! Here, that's serious.

GERMAINE LAUZON   Only three ae the boaxes hiv goat stamps. The fourth wan's goat the books. But, listen, ah hud an idea, Linda. Wull no huv tae stick thum aw wursels. Are ye gaun oot the night?

LINDA LAUZON   Aye, Roabert's supposed tae be phonin me.

GERMAINE LAUZON   Could ye no go oot the moarn's night? See, an idea came to me at dinner-time so ah phoned aw ma sisters, an yir faither's sister, an ah went tae see the neebors. Ah invited thum aw roond here the night tae stick the stamps in the books. Ah'm hivin a stamp-stickin pairty the night. Is that no a great idea? Ah've boat some monkey-nuts an sweeties an ah've sent the bairn tae git some juice ...

LINDA LAUZON   Aw, Maw! Ye ken fine ah aye go oot oan Thursday night. It's me an Roabert's night oot. Wur gaunnae go tae the pictures.

GERMAINE LAUZON   Ye cannae go oot an leave me oan a night like this. Ah've goat aboot fifteen folk comin ...

LINDA LAUZON   Are ye aff yir heid? Ye'll nivir git fifteen folk intae this kitchen. An ye ken fine we cannae yaise the rest o the hoose fur the painter's in. Jesus, maw! Sometimes ye're really widden.

GERMAINE LAUZON   That's right. Pit me doon as usual. Okay-dokay, jist you cairry oan. Please yirsel. That's aw ye ivir dae onywey. It's nothin new. Whit a bloody life. Ah can nivir hae a bit a bloody pleisure fur masel. Some bugger's aye goat tae spile it fur me. But you go tae the pictures, Linda. Jist you cairry oan. If that's whit ye waant, suit yirsel. Christ-All-Bloody-Mighty!

LINDA LAUZON   Aw, Mum, it's ma night oot.

GERMAINE LAUZON   "It's ma night oot." Ach, shut it, Linda. Ah dinnae waant tae hear aboot it. Ye caw yir pan oot bringin thum up an whit dae ye git? Damn all! Jist sweet bugger all! An you cannae even dae me a wee favour. Ah'm warnin you, Linda. Ah've hud it up tae here wi servin you hand an fit. You an the rest o thum. Ah'm no a skivvie, ye ken. Ah've goat a mullyin stamps tae stick an if you think ah'm gaunnae dae it aw masel, you've goat anither thoat comin. An whit's mair, thae stamps are fur aw ae us, sae yese huv aw goat tae dae yir shares. Yir faither's oan the night-shift but that didnae stoap him fae oafferin tae help the moarn if we dinnae git finished the night. Ah'm no askin fur the moon. Whey d'ye no help me fur wance insteed ae wastin yir time oan that waster.

LINDA LAUZON   Roabert's no a waster. Jist you wait'n see.

GERMAINE LAUZON   Noo ah've heard it aw. Christ, ah kent you wur stupit, but no that stupit. When are you gaunnae twig that your nice Roabert's jist a lazy gett? He disnae even make sixty bucks a week. The best he can manage is tae take ye tae the pictures wance a week

– oan a Thursday an tae that flea-pit, the Amherst. Ah'm tellin you, Linda. Take yir mither's advice. Keep hangin aroond wi that an ye'll end up a waster jist like him. D'ye waant tae mairry a helpless gett an go roond wipin his erse fur him aw yir life?

LINDA LAUZON   Aw, shut yir mooth, Mum. When ye go aff the deep-end, ye dinnae ken whit yur talkin aboot. Okay, you win ... Ah'll stey at hame ... Fur the love ae God, jist stoap yappin oan aboot it. And for your information, Roabert's due a rise in a wee while an he'll be coinin it in then. He's no as useless as you think. His gaffer tellt me himsel that Roabert'll be in the big money in nae time an they'll be makin him an under-gaffer. Eighty bucks a week is nothin tae sniff at. Anywey ... ah'm gaunnae phone him an tell him ah cannae make it tae the pictures the night ... Hey, whey dae ah no tell him tae come roond an stick stamps wi us?

GERMAINE LAUZON   Fur-cryin-oot-loud, ah've jist stood here an tellt ye ah cannae stomache him an ye ask me if ye can bring him here the night. Huv ye nae heid oan yir shooders, lassie? Whit did ah dae tae the Good Lord in Heiven tae deserve sich eejits? Jist this dinner-time ah sent yir wee brither tae the shoap tae git a couple ae ingins an he comes hame wi twa boattles ae mulk. It's dia-bloody-bolical! Ah huv tae repeat awthing twenty bloody times! Nae wunner ah loass ma rag. Ah tellt ye, Linda, the pairty's fur females, jist fee-males. He's no poofie your Roabert, is he?

LINDA LAUZON   Okay, okay. Dinnae go aff the deep-end. Ah'll tell'm no tae come. Jesus wept, ah can nivir dae a bloody thing right aroond here. D'ye think ah feel like stickin stamps eftir bein at ma work aw day? ... Whey d'ye no go an dae some dustin in the livin-room, eh? Ye dinnae huv tae listen tae whut ah'm gaunnae say ...

She dials a telephone number.

Hello, is Robert there? ... When do you expect him in? ... That's fine, then. Will you tell him that Linda phoned ... I'm just grand, Mme. Bergeron. And you? ... That's grand ... Right-o, then. Thanks very much. Cheerio.

She hangs up. The telephone rings immediately.

Hullo? ... Maw, yir waantit oan the phone.

GERMAINE LAUZON (*Entering.*) Twinty years ae age an ye stull dinnae ken tae say, "Just one moment, please."

LINDA LAUZON It's only Auntie Rose. Ah dinnae see whey ah should be polite tae her.

GERMAINE LAUZON (*Covering the receiver with her hand.*) Wheesht! D'ye waant her tae hear ye?

LINDA LAUZON Away an shite!

GERMAINE LAUZON Hello? Oh, it's you, Rose ... Aye, thuv come. Whut dae ye think ae that, eh? A mull-yin stamps! Thur sittin right here in front ae me but ah stull cannae take it in. A mull-yin! Ah cannae even coont that far but ah ken it's a hoor ae a loat. Aye, they sent a catalogue. Ah already hud last year's, but this wan's fur this year so it's a loat better ... The auld wan wis fawin apairt onyhow ... Wait till ye see the braw stuff thuv goat. Ye'll no credit it. Ah think ah'll can get the haill jingbang an refurnish the hoose fae toap tae boatt'm. Ah'm gaunnae git a new cooker, a new fridge, an new kitchen units. Ah think ah'll git the rid wans wi the gold trim. Ye'll no huv saw thae yins, wull ye? ... Aw, thur that nice. Ah'm gaunnae git new pans, new cutlery, a fu set o dishes, a cruet set. Oh, an ye ken thae cut gless crystal glesses wi the 'Caprice' design? Ye ken hoo boanny they are. Mme. de Courval goat a set last year. She bummed that she peyed a fortune fur thum, but ah'm gettin mines fur nothin. She'll no half be fizzin, eh? ... Whit? ... Aye, she'll be here the night, tae. Thuv goat thae shiny chromium canisters fur salt, pepper, tea, coaffee, sugar, the haill loat. Ah'm gettin them aw. Ah'm gettin a colonial style bedroom suite wi aw the accessories. Thur's curtains, dressin-table covers, wan ae thae rugs ye pit oan the flair aside the bed, new wallpaper ... Naw, no the wan wi the floral pattern. It'd gie Henri a sair heid when he went tae his bed ... Ah'm tellin ye, ma bedroom's gaunnae be really bee-yootiful. An fur the livin-room ah'm gettin a complete stereo unit, a big TV, a synthetic nylon carpet, an pictures ... Aw really boanny pictures. Thae Chinese wans done in the velvet ... Aw, ah've hid ma hert set oan gittin thum fur ages. Aw, aren't they jist? But haud oan till ye hear this ... Ah'm gaunnae git the same set o crystal dishes as yir guid-sister, Aline! Ah widnae like tae say, but ah think mines are even boannier. Ah'm gaunnae be that chuffed! Oh, an thurs ashtrays an lamps tae ... Ah think the livin-room'll be fair smashin ... Thur's an electric razor fur Henri, shower curtains ... So whit? Wull hae wan pit in. It aw comes wi the stamps. Thur's a sunken bath, a new wash-hand basin, swimsuits fur awbody ... Naw, naw, ah'm no owre fat. Dinnae act it. Ah'm gaunnae hae the bairn's bedroom redone. Ye'll no credit whit thuv goat fur bairns' bedrooms? It's oot ae this world! Thuv goat Mickey Mouse rinnin owre awthing. An fur Linda's room ... Awright, ye'll can see it in the catalogue. Come acroass the noo though, fur the ithers'll be here ony minute. Ah tellt thum fur tae come early. It's gaunnae take till doomsday tae stick aw thir stamps. (*MARIE-ANGE BROUILLETTE enters.*) Awright, ah've goat tae go. Mme. Brouillette's jist come in. Okay-doke, aye ... right. Cheerio!

MARIE-ANGE BROUILLETTE Ah cannae hide it fae ye, Mme. Lauzon. Ah'm awfie jealous.

GERMAINE LAUZON Well, ah ken hoo ye feel. It's a right turn up fur the books, right enough. But, wull ye excuse me fur a minute, Mme. Brouillette? Ah'm no jist ready. Ah wis speakin tae ma sister, Rose. Ah wis lookin at her through the windae as we can see wan anither acroass the alley. It's awfie handy.

MARIE-ANGE BROUILLETTE Is she comin tae?

GERMAINE LAUZON Oh aye. She widnae miss this fur love nor money. Here, hiv a seat. While yur waitin ye can hae a look at the catalogue. Wait till ye see the braw things thuv goat. Ah'm gaunnae git everything, Mme. Brouillette. Every-thing. The haill catalogue.

GERMAINE LAUZON goes into her bedroom.

MARIE-ANGE BROUILLETTE Y'ull no catch me winnin somethin like thon. Nae danger. Ah bide in a shite-hoose an that's whaur ah'll be till the day ah dee. A mull-yin stamps! Thon's a haill hoosefu. If ah dinnae keep a grip oan masel, ah'm gaunnae start screamin. Typical! The wans wi aw the luck are the wans at least deserves it. Whit's thon Mme. Lauzon ivir done tae deserve aw this? Nothin! Not a bloody thing! What makes her sae special? Ah'm iviry bit as good as she is! Thae competitions shouldnae be allowed. The priest wis richt the ither day. They should be abolished. Whey should she win a mullyin stamps an no me? Whey? It's no fair. Ah've goat bairns tae keep clean tae, and ah work as hard as she dis, wipin thur erses moarnin, noon an nicht. In fact, ma bairns are a damnsicht cleaner nor hers. Whey d'ye think ah'm aw skin an bone? Acause ah work ma guts oot, that's whey. But look at her. She's as fat as a pig. And noo ah've goat tae live ben the waw fae her an her braw, free hoose. Ah tell ye, it maks me boke. It really maks me boke. No jist that, ah'll huv tae pit up wi her bummin her load. She's jist the type, the big-heidit bitch. It's aw ah'll be hearin fae noo oan. Nae wunner ah'm scunnert. Ah'm no gaunnae spend ma life in this shite-hole while Lady Muck here plays the madam. It's no fair. Ah'm scunnert sweatin ma guts oot fur nothin. Ma life is nothin. Nothin. Ah'm seek scunnert bein hard up. Ah'm seek tae daith o this empty, scunnerin life.

During this monologue, GABRIELLE JODOIN, ROSE OUIMET, YVETTE LONGPRÉ *and* LISETTE DE COURVAL *have made their entry. They have sat down in the kitchen without paying attention to* MARIE-ANGE. *The five women stand up and turn towards the audience. The lighting changes.*

THE FIVE WOMEN (*Together.*) This empty, scunnerin life! Monday!
LISETTE DE COURVAL When the sun has begun to caress with its rays the wee flowers in the fields and the wee birds have opened wide their wee beaks to offer up to heaven their wee prayers ...
THE OTHERS Ah drag masel up fur tae make the breakfast. Coffee, toast, ham an eggs. Ah'm vernear dementit jist gettin the rest ae thum up oot thur stinkers. The bairns leave fur the school. Ma man goes tae his work.
MARIE-ANGE BROUILLETTE No mine. He's oan the dole. He steys in his bed.
THE FIVE WOMEN Then ah works like a daft yin till denner-time. Ah waash froacks, skirts, soacks, jerseys, breeks, knickers, brassieres ... The haill loat. Ah scrub thum. Ah wring thum oot. Ma hands are rid raw. Ah'm cheesed aff. Ah curse an swear. At denner-time the bairns come hame. They eat like pigs. They turn the hoose upside doon. Then they clear oot. In the efternin ah hing oot the waashin. Hit's the worst. Ah hate it. Eftir that, ah make the tea. They aw come hame. They're crabbit. Thur's aye a rammy. Then at night we watch the telly. Tuesday.
LISETTE DE COURVAL When the sun has begun to caress ...
THE OTHERS Ah drag masel up fur tae make the breakfast. Ayeways the same bloody thing. Coffee, toast, ham an eggs. Ah pu thum oot thur

beds an hunt them oot the door. Then it's the ironin. Ah work, ah work, an ah work. It's denner-time afore ah ken where ah am an the bairns are bawlin fur thur denner isnae ready. Ah open a tin ae luncheon meat an make pieces. Ah work aw efternin. Tea-time comes. Thur's aye a rammy. Then at night we watch the telly. Wednesday … Message day. Ah'm oan ma feet aw day. Ah brek ma back humphin bags ae messages. Ah gets hame deadbeat but ah've goat tae make the tea. When the rest ae thum gets hame ah'm wrung oot. Ma man starts cursin. The bairns start bawlin. Then at night we watch the telly. Thursday, then Friday … It's the same thing. Ah slave. Ah skivvy. Ah caw ma guts oot fur a pack o getts. Then Saturday tae cap it aw, ah've goat the bairns oan ma back aw day. Then at night we watch the telly. Sunday we go oan the bus fur tea at the mither-in-law's. Ah cannae lit the bairns oot ma sight. Ah huv tae kid oan ah'm laughin at the faither-in-law's jokes. Ha-bloody-ha! Ah huv tae no choke oan the auld bitch's cookin. They aye rub in ma face at hers's better nor mines. Then, at night, we watch the telly. Ah'm seek ae this empty, scunnerin life! This empty, scunnerin life! This empty …

The lighting returns to normal. They sit down abruptly.

LISETTE DE COURVAL   When I was in Europe …
ROSE OUIMET   Aw, here she goes aboot her Europe again. She'll go oan an oan aw night noo. When she starts she forgets tae stoap, her. She's like a gramophone wi the needle stuck.

DES-NEIGES VERRETTE comes in. Discreet little greetings.

LISETTE DE COURVAL   I was only waanting to say that they don't have stamps in Europe. Well, they have stamps, but not this kind. Just the kind you put on letters.
DES-NEIGES VERRETTE   That must be borin. They cannae win presents like here? That Europe disnae sound like much ae a place.
LISETTE DE COURVAL   Oh no, it's a very nice place just the same.
MARIE-ANGE BROUILLETTE   Ah'm no against stamps, mind you. Thur awfie handy. If it wurnae fur the stamps ah'd still be waitin fur ma mincer. Whit ah've nae time fur is thae competitions.
LISETTE DE COURVAL   But why? They can bring so much pleasure to the whole family.

MARIE-ANGE BROUILLETTE   Aye, mebbe. But they make the neebors shit thursels wi jealousy.
LISETTE DE COURVAL   Really, Mme. Brouillette! There's no need for that foul language. You never hear me stooping to that to say what I waant.
MARIE-ANGE BROUILLETTE   Ah'll talk the wey ah waant an ah'll say jist whit ah waant tae say! Right! Ah've nivir been tae your Europe – ah widnae waant tae turn pan-loaf an mealy-moothed like you.
ROSE OUIMET   Hey, youse two, dinnae start. We didnae come here tae argybargy. If yese keep at it ah'm gaun oot that door, doon thae stairs, and hame.
GABRIELLE JODOIN   Whey's Germaine takin sae long? Germaine!
GERMAINE LAUZON   (*In her bedroom.*) Aye, ah'm comin. Ah'm huvin trouble wi ... Oh, bugger it! Ah cannae git ... Linda, come here'n help!
GABRIELLE JODOIN   Linda! Linda! She's no here.
MARIE-ANGE BROUILLETTE   Ah think ah seen her gan oot a while back.
GERMAINE LAUZON   Dinnae tell me she's sneaked oot, the wee bugger.
GABRIELLE JODOIN   Can we stert stickin the stamps while wur waitin fur ye?
GERMAINE LAUZON   Naw, haud oan! Ah'll hae tae show yese whit yese've goat tae dae. Dinnae stert athoot me. Wait till ah come. Jist hae a blether fur a minute.
GABRIELLE JODOIN   A blether? Whit dis she think wur daein?

The telephone rings.

ROSE OUIMET   Jesus Christ, that gien me a fright! Hullo! Naw, she's oot. But if ye waant tae haud oan she'll no be lang. She'll be back in a toot.

She puts down the receiver, goes out on the balcony and shouts.

Linda! Linda! Telephone.
LISETTE DE COURVAL   So tell me, Mme. Longpré, how is your daughter Claudette enjoying married life?
YVETTE LONGPRÉ   Oh, she likes it jist fine. She's fair enjoayin hersel. She hud a rare honeymoon, she tellt me.
GABRIELLE JODOIN   Where did they go tae?
YVETTE LONGPRÉ   Well, her man won a competition fur a hoaliday in the Canary Islands, so they hud tae bring the weddin forrit ...
ROSE OUIMET   (*Laughing.*) The Canary Islands! That'd be jist the place fur a honeymoon. The coacks sit oan the nest aw day thair.

GABRIELLE JODOIN Settle doon, Rose!

ROSE OUIMET Whit's wrang?

DES-NEIGES VERRETTE The Canary Islands, where aboots are they?

LISETTE DE COURVAL My husband and I stopped off there on our last trip to Europe. It's an awfie ... It's an awfully nice country. Do you know, the women wear only skirts and nothing else.

ROSE OUIMET That'd be a bra' place fur ma man!

LISETTE DE COURVAL Mind you, the people there don't believe in keeping themselves very clean. It's the same in Europe. They don't go in for waashing much either.

DES-NEIGES VERRETTE They've goat durty habits right enough. Look at thon Italian wummin nixt door tae us. Ye widnae credit the guff comes aff yon wummin.

The women burst out laughing.

LISETTE DE COURVAL (*Insinuating.*) Have you ever happened to notice her washing-line on a Monday?

DES-NEIGES VERRETTE No, whey?

LISETTE DE COURVAL Well, I'll say no more than this ... nobody in that family ever wears underwear.

MARIE-ANGE BROUILLETTE Ach away!

ROSE OUIMET Ah'm shuttin ma ears!

YVETTE LONGPRÉ Surely that's no true!

LISETTE DE COURVAL It's as true as I'm sitting here! Just you look for yourselves next Monday. Then you'll see.

YVETTE LONGPRÉ Right enough. Thur is a bit ae a stink aff thum.

MARIE-ANGE BROUILLETTE Mebbe she's sae shy she hings thum inside.

All the others laugh.

LISETTE DE COURVAL Shy? Europeans don't know the meaning of the word. You only have to look at their films on the television to see that. They're disgusting. People kissing in broad daylight! It's in their blood, of course. They're born like that. You only have to watch that Italian's daughter when her friends come round ... her boyfriends. It's a downright disgrace what she gets up to, that girl. A downright disgrace! Oh, that reminds me, Mme. Ouimet, I saw your Michel the other day ...

ROSE OUIMET   No wi that wee hoor!

LISETTE DE COURVAL   The self same. Yes.

ROSE OUIMET   Ye must've made a mistake. It couldnae a been ma Michel.

LISETTE DE COURVAL   Well, the Italians are my neighbours, too, you know. The two of them were out on the front balcony. I suppose they didn't think anyone could see them.

DES-NEIGES VERRETTE   It's right enough, Mme. Ouimet. Ah saw thum tae. They wur aw owre each other, kissin an cuddlin.

ROSE OUIMET   The wee bugger! As if wan sex-mad gett in the hoose wisnae enough. That pig ae a faither ae his cannae even see a bint oan the telly athoot gittin a hard-oan! Bloody sex! They nivir can get enough, thae Ouimets. They're aw the same in that faimly. They ...

GABRIELLE JODOIN   Rose, ye dinnae huv tae broadcast it tae the haill world ...

LISETTE DE COURVAL   But we're very interested ...

DES-NEIGES VERRETTE and MARIE-ANGE BROUILLETTE   Aye, so we are ...

YVETTE LONGPRÉ   Tae git back tae ma dochter's honeymoon ...

GERMAINE LAUZON enters, all dressed up.

GERMAINE LAUZON   Here ah am, girls! (*Greetings, "Hullos," "How are yese," etc.*) Well, whit've yese aw been bletherin aboot?

ROSE OUIMET   Mme. Longpré wis tellin us aw aboot her Claudette's honeymoon.

GERMAINE LAUZON   Get away! Hullo, Madame. An what wis she sayin?

ROSE OUIMET   They seem tae huv hud a really nice time. They met aw kinna folk. They went tae the Canary Islands, ken, so they went oot in a boat. They went fishin. She says they catched fish this big. They ran intae some ither couples they kent ... some freends ae Claudette's. They aw came hame thegither an stoapped oaff in New York. Mme. Longpré huz just been tellin us aw aboot it.

YVETTE LONGPRÉ   Well ...

ROSE OUIMET   Is that no right, Mme. Longpré, eh?

YVETTE LONGPRÉ   Well, aye, but ...

GERMAINE LAUZON   You mind an tell yir lassie, Mme. Longpré, that ah wish her all future happiness. We wurnae invitit tae the weddin but jist the same we wish her aw the best.

Embarrassed silence.

GABRIELLE JODOIN   Hey! It's comin up fur seiven a'cloack! The rosary!
GERMAINE LAUZON   Oh help-ma-Christ, ma novena fur Ste-Thérèse! Ah'll go an get Linda's transistor.

She goes out.

ROSE OUIMET   Whit dis she need Ste-Thérèse fur? Specially eftir winnin aw thon?
DES-NEIGES VERRETTE   Mebbe she's worried aboot her kids …
GABRIELLE JODOIN   Naw, ah dinnae think sae. She'd ah tellt me.
GERMAINE LAUZON   (*In LINDA's bedroom.*) Christ Almighty! Where's she pit the bloody thing?
ROSE OUIMET   Ah'm no sae shair, Gaby. Sometimes oor sister's a bit secret-like.
GABRIELLE JODOIN   No wi me she isnae. She tells me everythin. You, you're owre much ae a goassip …
ROSE OUIMET   Wit dae ye mean, "goassip"? You can fine talk. Ma mooth's naewhere near as big as yours, Gabrielle Jodoin.
GABRIELLE JODOIN   Aw, come aff it. You ken damn fine ye cannae keep anythin tae yirsel.
ROSE OUIMET   If you think fur wan minute …
LISETTE DE COURVAL   Now, now, Mme. Ouimet. Weren't you just saying a wee while ago that we didn't come here to argue?
ROSE OUIMET   You away an shite in yir ain midden. An fur your information, ah didnae say "argue", ah said "argybargy".

GERMAINE LAUZON comes back in with the radio.

GERMAINE LAUZON   What's gaun oan? Ah can hear yese bawlin fae the ither end ae the hoose!
GABRIELLE JODOIN   Och, it's that sister ae oors at it again …
GERMAINE LAUZON   It's no like you tae spile a pairty, Rose. Jist quieten doon, Rose, eh! Don't start ony argybargyin the night.
ROSE OUIMET   Ye see! In oor faimly we say "argybargyin".

GERMAINE LAUZON turns on the radio. We hear strains of the rosary being said. All the women kneel. After five or six "Hail Marys" a great commotion is heard outside. All the women scream, get up and rush out.

GERMAINE LAUZON Oh ma God! It's ma guid-sister, Thérèse. Her mither-in-law's jist fell doon three sets ae stairs.

ROSE OUIMET Did ye hurt yirsel, Mme. Dubuc?

GABRIELLE JODOIN Rose, shut yir mooth! She's mebbe deid!

THÉRÈSE DUBUC (*From a distance.*) Are ye awright, Mme. Dubuc? (*We hear an indistinct moan.*) Jist haud oan a minute. Ah'll lift the wheelchair oaff ye. Is that better? Ah'm gaunnae help ye git back intae yir chair noo. Come oan, Mme. Dubuc, you've goat tae help tae. Dinnae jist lit yirsel hing like that. Come oan!

DES-NEIGES VERRETTE Ah'll come doon an gie ye a hand, Mme. Dubuc.

THÉRÈSE DUBUC Thanks, Mlle. Verrette. It's very good ae ye.

The other women re-enter the room.

ROSE OUIMET Germaine, switch aff that wireless. Ah'm a bag ae nerves.

GERMAINE LAUZON What aboot ma novena?

ROSE OUIMET Hoo far did ye get?

GERMAINE LAUZON Only tae seevin.

ROSE OUIMET Seevin days? So what's the problem? Ye can start again the moarn an ye'll be finished yir nine nixt Saturday.

GERMAINE LAUZON Ma novena's fur nine weeks, no fur nine days. It's fur nine weeks.

Enter THÉRÈSE DUBUC, DES-NEIGES VERRETTE *and* OLIVINE DUBUC *in her wheelchair.*

Oh my God, wis she hurt bad?

THÉRÈSE DUBUC Naw, naw, she's yaised tae it. She faws oot her wheelchair ten times a day. Whew! Ah've nae braith left. It's nae joke humphin that up aw thae stairs. D'ye think ah could hae a drink, Germaine?

GERMAINE LAUZON Gaby, gie Thérèse a gless ae watter.

She approaches OLIVINE DUBUC.

How are ye the day, Mme. Dubuc?

THÉRÈSE DUBUC Dinnae git owre close, Germaine. She's startit bitin noo.

OLIVINE DUBUC *tries to bite* GERMAINE's *hand.*

GERMAINE LAUZON So ah see, Thérèse! She's dangerous! She been daein that fur long?

THÉRÈSE DUBUC   Wid ye mind turnin aff the wireless, Germaine? Ma nerves are aw tae hell eftir that cairry-oan.

GERMAINE LAUZON reluctantly turns off the radio.

GERMAINE LAUZON   Not at all, Thérèse, hen. Ah ken how ye feel, ya pair thing ye.

THÉRÈSE DUBUC   Ah've hud as much as ah can take. Ye've nae idea the life ah lead huvin that ain oan ma back aw the time. It's no that ah'm no foand ae her, the pair auld sowl. Ye cannae help but feel sorry fur her. But ye nivir ken when she's gaunnae tak wan ae her turns. Ah've goat tae keep ma eye oan her moarnin, noon an night.

DES-NEIGES VERRETTE   How come she's oot the hoaspital?

THÉRÈSE DUBUC   Well, ye see, Mlle. Verrette, three months ago ma man goat a rise, so the welfare stoapped peyin fur his mither. If she'd a steyed thair, we'd uv hud tae pey aw the hoaspital bills oorsels.

MARIE-ANGE BROUILLETTE   Dearie-mearie-me …

YVETTE LONGPRÉ   That's awfie …

DES-NEIGES VERRETTE   Imagine that.

During THÉRÈSE DUBUC's speech, GERMAINE LAUZON opens the boxes and distributes the booklets and stamps.

THÉRÈSE DUBUC   We hid tae take her oot. We hid nae choaice. An ye can take it fae me thit she's a real handfae. Ye expect nae better at ninety-three, but it's like lookin eftir a bairn. Ah've goat tae dress her, undress her, waash her …

DES-NEIGES VERRETTE   My, my!

YVETTE LONGPRÉ   Ya pair thing right enough.

THÉRÈSE DUBUC   It's nae joke, ah can tell ye. Jist this moarnin, fur instance, ah says tae Paul, ma youngest, "Yir mummy's gaun her messages, so you stey here an look eftir yir granny." Well, bi the time ah goat back, she'd poored a tin ae syrup aw owre hersel an wis pleyterin in it like a daftie. Of coorse, Paul hid disappeared. Ah hud tae waash doon the table, the flair, the wheelchair …

GERMAINE LAUZON   An what aboot Mme. Dubuc?

THÉRÈSE DUBUC   Ah jist left her the wey she wis fur the rest ae the efternin tae learn her. If she's gaun tae act like a bairn, ah'm gaunna treat her like wan. It's the God honest truth that ah've even goat tae spoonfeed her!

GERMAINE LAUZON   My God, Thérèse. Ma hert goes oot tae ye.
DES-NEIGES VERRETTE   You're too good, Thérèse.
GABRIELLE JODOIN   Aye. Far too good.
THÉRÈSE DUBUC   Well, wuv aw goat oor croasses tae bear.
MARIE-ANGE BROUILLETTE   If ye ask me, Thérèse, yours's goat skelves!
THÉRÈSE DUBUC   Ach well, ah dinnae complain. Ah jist tell masel thit the Lord is good and He'll help me get by.
LISETTE DE COURVAL   I think I'm going to greet.
THÉRÈSE DUBUC   Noo, noo, Mme. De Courval, dinnae upset yirsel.
DES-NEIGES VERRETTE   Aw ah can say, Mme. Dubuc, is ah think yur a saint.
GERMAINE LAUZON   Right then. Noo thit yese uv aw goat stamps an books, ah'll pit a wee droap watter in some saucers an we can git stertit, eh? We're jist no here tae blether.

She fills a few saucers with water and hands them around. The women begin pasting the stamps.

If Linda's oot thair, she can come in an gie's a hand.

She goes out on the balcony.

Linda! Linda! Richard, hiv ye seen oor Linda? … Aw, in the name ae … She's goat some cheek gallivantin tae that cafe while ah'm cawin ma pan oot here. Be a good lauddie and go an tell her tae git right hame pronto. An you come and see Mme. Lauzon the moarn. She'll gie ye some monkey-nuts an sweeties if there's ony left, okay? Away ye go then, son, an tell her she's tae come hame right this minute.

She comes back inside.

The wee gett. She promised me she'd stey in the hoose.
MARIE-ANGE BROUILLETTE   Young ains are aw the same.
THÉRÈSE DUBUC   Aye, thur aw the same. They only think ae thirsels.
GABRIELLE JODOIN   Oh wheesht, ye neednae tell me aboot it. Ah've goat ma hands fu at hame. Ever since he went tae that college ma Raymond's cheynged somethin terrible. Ye widnae recognise him. He walks aroond wi his nose in the air lookin doon oan us, havers awaw in Latin maist ae the time, an makes us listen tae that daft bloody music ae his. Wid ye credit it, classical music – an in the middle ae the day. An if we dinnae waant tae watch his stupit classical music

programmes oan the tv, he throws a fit. If thurs wan thing ah cannae staund, it's classical bloody music.

ROSE OUIMET   You're right. It's hellish!

THÉRÈSE DUBUC   It's jist a racket. Bang-bang here, an boom-boom thair.

GABRIELLE JODOIN   Raymond says we dinnae understand it. It beats me thit thurs onything tae understaund. Jist acause he's learnin aw kinna stupit noansense at that college, he thinks wur no good enough fur him. Ah've goat a guid mind tae stoap his money.

ALL THE WOMEN   Kids are that ungratefull! Kids are that ungratefull!

GERMAINE LAUZON   Mind an full the books right up, eh? Nae empty pages.

ROSE OUIMET   Awright, Germaine, awright. We ken hoo tae dae it. It's no the furst time wuv stick stamps.

YVETTE LONGPRÉ   D'ye no think it's gittin a bit waarm in here? Could we no open the windae a wee bit?

GERMAINE LAUZON   Naw, naw. It'll cause a draught. Ah'm feart fur ma stamps.

ROSE OUIMET   Aw, come oan, Germaine. Thur no canaries. Thull no flee away. That reminds me, talkin ae canaries, last Sunday past ah went tae see Bernard, ma auldest boay. Ah've nivir seen sae mony burds in the wan hoose. The place wis hoatchin wi thum. The hoose is mair like a big doocot. An it's aw her daein. She's burd-daft. She'll no git rid ae ony o thum fur she says she's owre saft-hertit. Well, fair's fair, mebbe she is saft-hertit, but shairly tae Goad thurs a limit. Listen til yese hear this. Yese'll yir kill at it.

Spotlight on ROSE OUIMET.

Take it fae me, the wummin's no aw thair. Ah laugh aboot it, but really it's no funny. Anyhows, last Easter, Bernard picked up this burd cage fur the two bairns. Some fellie doon at the bar wis needin money, so he sellt it cheap wi the burds in it an aw … Well, the minute Manon saw the cage an the burds, she went the craw road. She fell in love wi thae wee burds. She lookit eftir thum better nor she looked eftir her ain bairns. Ah'm no exaggeratin. An afore ye kent it the females startit layin eggs … An when they stertit tae hatch, she thoat they wur jist her ain wee darlins. She hidnae the hert tae pit thum doon the lavvy. Ye've goat tae be aff yir nut, eh? So she kept thum aw! The haill bloody loat!

Christ knows hoo mony she's goat. Owre mony fur me tae try coontin thum, ah can tell ye ... But, take it fae me, every time ah set fit in that hoose ah near go the craw road masel. Aboot two a'cloack she opens the cage an oot flee her burds. They flee aw owre the hoose, shitin oan awhing. Then we huv tae clean thur keech up eftir thum. An then when it's time tae pit thum back in the cage, they dinnae waant tae go. Ye might well imagine. So she starts screamin at the bairns, "Catch the wee burdies noo. Yir mammy's too tired." An the wee yins go chasin eftir the burds an the place is in uproar like a bloody menagerie. As fur me, ah git the hell oot the road. Ah goes an sits oan the balcony till thuv aw been catched.

The women laugh.

An as fur thae bairns. They wull not dae a thing thur tellt. Ah'm foand ae thum awright. They're ma grandchildren eftir aw. But Christ Almighty, do they no drive me roond the bend. Oor bairns wurnae like thon ... Ye can say whit ye like. Young ains nooadays dinnae ken hoo tae bring up thur bairns.

GERMAINE LAUZON   Ye nivir said a truer word.

YVETTE LONGPRÉ   Aye, ye can say that again.

ROSE OUIMET   Take anither fur-instance. In oor time we widnae huv lit the bairns play in the bathroom. But well, you shoulda seen it oan Sunday. The kids jist went tae the lavvy aw innocent-like, but afore ye kent it they'd turned the place upside-doon. Ah didnae dare start. Manon says ah say owre much as it is. The mair ah heard thum the mair I goat riled. They took the toilet roll an unrolled it, the haill bloody loat. Manon jist sat thair bawlin, "Hey you kids, Mammy's gaunnae git angry." Of coorse, they didnae pey a blind bit o notice. They jist cairried right oan. Ah wid've leathered the life oot ae thum, the wee buggers. An wur they enjoayin thirsels! Bruno, the youngest ... Imagine cryin yir bairn a name like "Bruno"? Ah still cannae git owre that ... Anyweys, Bruno, the youngest, climbed intae the bath wi aw his claes oan an wi lavvy paper wrapped aw roond him, an turned oan the watter. He near died ae laughin. He wis makin boats oot ae wet paper and the watter wis rinnin aw owre the place, floodin the flair. Well, ah hid tae dae somethin, so ah gien each ae thum a guid skelp oan the erse and sent thum aff tae thur beds.

YVETTE LONGPRÉ Ye wur quite right.

ROSE OUIMET It wis a greetin-match, of coorse, but ah'm bloody shair ah wisnae gaun tae lit thim cairry oan like that. She's saft in the heid. She jist sits thair peelin tatties an listenin tae the wireless away wi the fairies. She's goat a screw loose, so she his. Ah'm no surprised she's contentit – she's goat nothin in her heid so she's goat nuhin tae worry aboot. Sometimes ah really feel sorry fur ma Bernard, bein mairrit tae that. He shoulda steyed at hame wi me. He wis a loat better aff.

She bursts out laughing. The lighting returns to normal.

YVETTE LONGPRÉ Is she no a scream! Thurs nae haudin her doon. Ye can aye depend oan her fur a laugh.

GABRIELLE JODOIN Aye, Rose is aye guid fun at a pairty.

ROSE OUIMET Well, ma motto is, when it's time tae hiv a laugh, ye might as well pish yirsel. Even when ah tell sad stories ah make them come oot coamical.

THÉRÈSE DUBUC You're gey lucky you can say that, Mme. Ouimet. It's no everybody …

DES-NEIGES VERRETTE We appreciate you cannae feel like laughin very oaften. You're far owre good. You're aye thinkin o ither folk afore yirsel …

ROSE OUIMET Ye should think aboot yirsel sometimes, Mme. Dubuc. Ye never go oot.

THÉRÈSE DUBUC Ah dinnae hiv the time! When can ye see me gittin oot? Ah hivnae the time. Ah've goat tae look eftir her … And even if thur wis nothin else …

GERMAINE LAUZON How d'ye mean? Dinnae tell me thurs somethin else, Thérèse.

THÉRÈSE DUBUC Aye, thur is. Noo that ma man's goat a rise, the faimly thinks we're rollin in it. Jist yisterday ma guid-sister's guid-sister came tae the hoose moochin. Well, ye ken me. When she gien me her sob story ma hert jist went oot tae her. So ah gien her some auld claes ah didnae need any mair … Oh, she wis that pleased … An she wis greetin … She even tried tae kiss ma hands.

DES-NEIGES VERRETTE Ah'm no surprised. Ye deserved it.

MARIE-ANGE BROUILLETTE Ah really think you're an angel, Mme. Dubuc.

THÉRÈSE DUBUC Och, dinnae say that ...

DES-NEIGES VERRETTE Oh but aye. It's true. That's jist whit ye are. A pure angel.

LISETTE DE COURVAL That's the truth, Mme. Dubuc. We greatly admire you. And you can be sure I won't forget you in my prayers.

THÉRÈSE DUBUC Well, ah aye say tae masel, "If God has put poor folk oan this earth, they've goat tae be helped."

GERMAINE LAUZON When ye've finished fillin up yir books, insteid ae pilin them up oan the table, whey div we no pit them back in the boax? ... Rose, gie me a hand ... We'll timm aw the empty books oot the boax an full it up wi the wans wi the stamps stuck in.

ROSE OUIMET Aye, that'd be mair sensible. Help ma God! That's wan hoor ae a loat ae books! Wur supposed tae full aw thaim up the night!

GERMAINE LAUZON Of course, we can. Fur a start, everybody's no here yit, mind, so we ...

DES-NEIGES VERRETTE Who else is comin, Mme. Lauzon?

GERMAINE LAUZON Rhéauna Bibeau and Angéline Sauvé said they'd cry in eftir they've been tae the chapel ae rest. Wan ae Mlle. Bibeau's freends his a lassie whase man's jist dee'd. Ah think his name wis Baril.

YVETTE LONGPRÉ No Rosaire Baril?

GERMAINE LAUZON Aye, ah think that's hit.

YVETTE LONGPRÉ Oh my God, ah kent him weel! Him an me wur winshin at wan time. Wid ye imagine that! Ah'd a been a widdie the day.

GABRIELLE JODOIN Hey, lassies, yese'll no credit this but ken that Spot-the-Mistake competition in the paper? Well, ah fund aw the eight mistakes last week ... It wis the first time ah'd managed it so ah decided tae pit in an entry ...

YVETTE LONGPRÉ Did ye win onyhin?

GABRIELLE JODOIN Dae I look like somedy 'at's won onything?

THÉRÈSE DUBUC Aw, Germaine, whit ye gaunnae dae wi aw thir stamps?

GERMAINE LAUZON Did ah no tell ye? Ah'm gaunnae dae the hoose oot fae toap tae boatt'm. Jist a minute ... Where did ah pit the catalogue? ... Ah, here it is. See, look at aw that, Thérèse. Ah'm gaunnae git aw thae things.

THÉRÈSE DUBUC That's no real. Aw thae things an they'll no coast ye a cent?

GERMAINE LAUZON Not a cent! Are thae competitions no jist magic!

LISETTE DE COURVAL   That's not what Mme. Brouillette was saying just a wee while ago.

GERMAINE LAUZON   How come?

MARIE-ANGE BROUILETTE   Och, Mme. de Courval!

ROSE OUIMET   Well, oot wi it, Mme. Brouillette. Dinnae be feart tae say whit ye think. Ye were sayin a minute ago ye didnae like the competitions 'cause only wan faimly wins.

MARIE-ANGE BROUILLETTE   Well, it's true. As far as ah'm concerned aw thae competitions an lotteries are jist a racket. Ah'm aw against thum.

GERMAINE LAUZON   That's jist because ye've nivir won nothin.

MARIE-ANGE BROUILLETTE   Mebbe so, but that disnae stoap thum no bein fair.

GERMAINE LAUZON   How d'ye mean, no fair? You're jist jealous, that's aw. Ye said as much yirsel the minute ye set fit in here. Well, ah've nae time fur jealous folk, Mme. Brouillette. Ah cannae stomache thum wan bit. In fact, if ye really waant tae ken, they gie me the boke.

MARIE-ANGE BROUILLETTE   Well! If that's yir attitude, ah'm leavin.

GERMAINE LAUZON   Noo, noo, noo. Jist haud oan a minute. Ah'm sorry. Ah wis a bit shoart wi ye. Ah'm aw nerves the night. Ma tongue disnae ken whit it's sayin any mair. We'll say nae mair aboot it, awright? Ye've every right tae yir ain opinions. Every right. Jist sit doon again an keep pastin, okay?

ROSE OUIMET   Oor sister here's feart she loasses wan ae her stamp-stickers.

GABRIELLE JODOIN   Shut it, Rose. Mind yir ain business. You're aye stickin yir neb in where it disnae belang.

ROSE OUIMET   What's goat intae you the night, you? Naebdy can say a thing right.

MARIE-ANGE BROUILLETTE   Okay, ah'll stey. But ah'm stull against thum.

From this point on MARIE-ANGE BROUILLETTE *will steal all the booklets she fills. The others will see what she's doing from the outset (except* GERMAINE *of course.) and will decide to do as she does.*

LISETTE DE COURVAL   I solved the mystery charade in Chatelaine last month ... You know, Chatelaine, that women's magazine ... It was very easy ... The first clue was "part of an old-fashioned car" ...

ROSE OUIMET   Ye mean like a horn? Ma man must be auld-fashioned tae as he's goat wan atween his ligs! He's aye tootin it at me, the horny gett!

LISETTE DE COURVAL So I thought to myself, let's see … an old-fashioned car … car … charabang … yes, charabang, that must be it …

ROSE OUIMET Aye, that must be it, fur ye cannae hiv a bang athoot a horn!

LISETTE DE COURVAL So part of an old-fashioned car would be part of the word for an old-fashioned car, don't you see? So char is part of charabang …

ROSE OUIMET Aye, but char is pairt ae chariot tae … Ken, chariot, an auld-fashioned caur … the kind yaised fur Roman in the gloamin … Dae yese no get it? Roman in the gloamin … See, am ah no good at thae word games?

LISETTE DE COURVAL The second clue was "helpful" …

ROSE OUIMET That's whit ma man says ah am. Every night in bed he says tae me, "Could ye help me oan, hen?" … Aye, that's me owre the back, helpful tae a fault …

LISETTE DE COURVAL So I thought, help … helpful … assistance … to give a hand …

ROSE OUIMET Aye, that's exactly whit ah dae … Gie him a haund oan …

LISETTE DE COURVAL Helpful … to give aid … aid … yes, that must be it, I thought, aid … because the mystery word meant a game played by society people …

ROSE OUIMET Mono-poly! (*She pronounces the word in this distorted way.*)

GABRIELLE JODOIN Mono-poly?

ROSE OUIMET Aye, ken, that game where the rich buy up aw thing an rook the rest ae us …

GABRIELLE JODOIN Mono-poly? … Aw, Monopoly! … Noo ah git it!

ROSE OUIMET An it's no often you git it …

GABRIELLE JODOIN Shut it, Rose! … You ken nothin. Tae think society folk wid play Monopoly! (*To* LISETTE.) Wid it be dominoes?

LISETTE DE COURVAL It's very easy really … char and aid … You see, it's not difficult if you know how … charade … Charade!

YVETTE LONGPRÉ Charade? Whit's a charade?

LISETTE DE COURVAL I worked out what it was right away … It's simple when you know how …

YVETTE LONGPRÉ Did ye win onyhin?

LISETTE DE COURVAL Oh, but I didn't send in my answer. I don't need to resort to that sort of thing. I just did it for the challenge. Do I look like somedy needs to win prizes?

ROSE OUIMET Fur masel, ah'm jist daft oan thae word competitions ye get in the papers. Ah've jist goat tae see wan an that's me hooked. Mystery words, crosswords, conundrums, anagrams, acrostics, riddle-me-rees, cryptograms, you name it an ah've done it. Word-puzzles are ma speciality, be it scrambled words, back-tae-front words, upside-doon words, ootside-in words. Ah send ma answers aw owre the place athoot fail. It costs me twa dollar a week jist in stamps.

YVETTE LONGPRÉ Hiv ye won onyhin?

ROSE OUIMET (*Looking towards* GERMAINE.) Dae ah look like somedy 'at's won onything?

THÉRÈSE DUBUC Mme. Dubuc, wull ye please leave go ma saucer? Aw, look at what she's went an done. She's spillt the haill loat! Ah've really hud it up tae here wi her. Ye've jist gaun beyond the score noo.

She strikes her mother-in-law on the head, and her mother-in-law calms down a little.

GABRIELLE JODOIN Jesus wept, ye dinnae stand any noansense aff her, dae ye? Are ye no feart ye'll dae her an injury?

THÉRÈSE DUBUC Naw, naw. She's yaised tae it. It's the only wey tae settle her doon. Ma man worked it oot. If ye gie her a guid skelp oan the heid it paralyses her fur a wee while. That wey thurs no a cheep oot ae her an we git some peace.

Blackout.
Spotlight on YVETTE LONGPRÉ.

YVETTE LONGPRÉ Ye can imagine how proud ah wis. When ma lassie Claudette goat back fae her honeymoon, she gien me the toap tier ae her weddin cake. Oh, it's that boanny. It's like a wee chapel aw made oot ae icin. It's goat a stair wi a red velvet runner oan it at leads up tae a kinna stage, an oan toap ae the stage stands the bride an bridegroom. Two boanny wee dolls aw dressed up jist like as if they'd jist goat mairrit. Thur's even a priest tae bless thum, an at the back thurs an altar. Ye widnae credit it wis aw done wi icin. It's really oot this world. Mind you, the cake didnae half coast us. It had six tiers! Of coorse, it wisnae aw cake, though. Thon wid a coast a fortune. Jist the boatt'm two tiers were cake. The rest wis made ae wid. But ye could nivir a tellt. Anyweys, ma lassie gien me the tap tier as a mindin. She had it pit in wan ae thae gless bells fur me so's tae preserve it. It looked that braw, but ah wis feart the icin wid turn foostie eventually, ken, no gettin air. So ah taen ma man's gless-cutter an cut oot a hole in the toap ae the bell. Noo the air can git in tae circulate aboot the cake an it'll no go bad.

DES-NEIGES VERRETTE Ah entered wan ae thae word competitions no that long ago ... A "Find a Slogan" competition ... Ye hid tae fund a slogan fur a bookshoap, ken ... that bookshoap Hachette's ... Ah worked quite a good wan oot ... "Full yir ashet wi books fae Hachette's!" That wis quite good, eh?

YVETTE LONGPRÉ Did you win onyhin?

DES-NEIGES VERRETTE Dae ah look like somedy 'at's won onything?

GERMAINE LAUZON Oh hear, Rose, ah seen ye cuttin yer gress this moarnin. Ye should buy yirsel a mower.

ROSE OUIMET Whitforwhey? Ah manage fine wi ma shears. Asides, it keeps me fit.

GERMAINE LAUZON Aw, who d'ye think yur kiddin! Ye wur pechin an blawin like an auld store-hoarse.

ROSE OUIMET Ah'm tellin ye, ah feel the better fur it. Anywey, ah cannae afford a mower. And even if ah could, thurs ither things ah'd raither spend ma money oan.

GERMAINE LAUZON Well, see me, ah'm gaunnae get a mower wi ma stamps ...

DES-NEIGES VERRETTE Her an her stamps are beginnin tae git right up ma nose!

ROSE OUIMET Ah'm buggered if ah can see whit ye can dae wi a mower up oan the third storey.

GERMAINE LAUZON Oh, ah'll find a use for it. Who knows, we'll mebbe decide tae flit wan ae thir days.

DES-NEIGES VERRETTE She'll be tellin us nixt she needs a new hoose tae pit aw the stuff in she gets wi her bloody stamps.

GERMAINE LAUZON As ye'll appreciate, Rose, it looks like we'll need a bigger place fur aw the things ah'll get wi ma stamps.

DES-NEIGES VERRETTE, MARIE-ANGE BROUILLETTE and THÉRÈSE DUBUC hide two or three booklets of stamps.

But here, ah'll len ye ma new mower when ah get it.

ROSE OUIMET   Oh Christ, no! Ah'd mebbe brek it. Ah'd be collectin stamps fur the nixt two years jist tae pey ye back.

The women laugh.

GERMAINE LAUZON   Dinnae be sae smert!

MARIE-ANGE BROUILLETTE   Is she no the limit! She takes some beatin that ain!

THÉRÈSE DUBUC   Ah worked oot the mystery voice competition oan the wireless last week ... It wis an auld kinna voaice ... Ah recognised it wis that politician Duplessis ... It wis ma man that twigged who it wis furst ... Ah sent aff twenty-five entries an jist fur luck ah pit doon ma wee boay's name, Paolo Dubuc ...

YVETTE LONGPRÉ   Did you win onyhin?

THÉRÈSE DUBUC   (*Looking at* GERMAINE.) Dae ah look like somedy who's won onything?

GABRIELLE JODOIN   Here, ye'll nivir guess whit ma man's gaunnae buy me fur ma birthday?

ROSE OUIMET   Same as the year afore, ah suppose. Twa pair ae nylons.

GABRIELLE JODOIN   Naw, a fur coat. It's no real fur, of coorse, jist synthetic. But ah dinnae think real fur's worth the money onymair anyhow. The artificial wans they make nooadays are jist as nice. In fact, sometimes thur nicer.

LISETTE DE COURVAL   Oh, I can't agree with you there ...

ROSE OUIMET   Aw, here she starts. We aw ken who's goat a big fat mink stole!

LISETTE DE COURVAL   As far as I'm concerned there'll never be a substitute for real fur. By the by, did I tell you I'll be getting a new stole come the autumn? The one I have just now is three years old and it's starting to look ... well, just a wee bit tired. Mind you, it's still quite presentable, but ...

ROSE OUIMET   Shut yir big gab, ya bloody leear ye! We ken damn fine yir man's up tae his erse in debt acause ae your mink stoles an yir fancy trips. Fine we ken she's goat nae mair money nor the rest ae us. Christ, ye'd think her farts were perfumed tae hear her. Ah've really had it up tae here wi that slaverin bitch bummin her load.

LISETTE DE COURVAL   Mme. Jodoin, if your husband would be interested in buying my stole, I'd be prepared to part with it for a very reasonable price. That way you'd be sure of real mink. I always say that between friends ...

YVETTE LONGPRÉ   Ah sent in ma answers tae the "Magnified Objects" competition ... Ken, the wan where the pictures ae the objects are enlarged till they're that close up it's hard tae make oot whit the objects are ... Ah managed tae identify a screw, a screwdriver, and a big bent hook ...

THE OTHER WOMEN   (*To* YVETTE.) And?

YVETTE LONGPRÉ *contents herself with looking at* GERMAINE *and sitting down again.*

GERMAINE LAUZON   The ither day Mme. Robitaille's wee boay Daniel fell aff the second-floor balcony. Thur wisnae sae much as a scratch oan him! What d'ye think ae that, eh?

MARIE-ANGE BROUILLETTE   Aye, but ye forgoat tae mention that he landit in Mme. Dubé's hammock and M. Dubé wis haein a sleep in it at the time ...

GERMAINE LAUZON   That's right. M. Dubé's in the infirmary noo. He'll be in fur three month.

DES-NEIGES VERRETTE   Talkin aboot accidents minds me ae a joke ah heard the ither day ...

ROSE OUIMET   Well, oot wi it then, Mlle. Verrette.

DES-NEIGES VERRETTE   Oh, it's too durty ... ah couldnae.

ROSE OUIMET   Aw come aff it, Mlle. Verrette. We ken ye tell a guid story.

DES-NEIGES VERRETTE   Ah dinnae ken forwhey, but ah'm too shy the night.

GABRIELLE JODOIN   Stoap huvin us oan, Mlle. Verrette. Ye ken damn fine ye're gauntae tell us onywey.

DES-NEIGES VERRETTE   Well ... awright ... here goes ... There wis this nun goat raped up a passage ...

ROSE OUIMET   Front passage or back passage?

DES-NEIGES VERRETTE   An the nixt moarnin they fund her lyin oan the grund in a back-court, aw filthy-dirty, wi her habit pu'd back right up owre her heid. She wis moanin away, no makin any sense. So this reporter comes up tae her and asks her. "Sister, could you give me some details about this terrible experience you've had?" She opens her een, and whispers, "Again. Again."

All the women burst out laughing except for LISETTE DE COURVAL *who appears scandalised and* YVETTE LONGPRÉ *who does not get the joke.*

ROSE OUIMET   That's a bloody guid yin. Ah huvnae heard wan as guid as that in a long time. Jesus wept, the tears are rinnin doon ma face. Where in the hell d'ye fund jokes like that, Mlle. Verrette?
GABRIELLE JODOIN   Oh, ye might well ask. Fae her travellin salesman.
DES-NEIGES VERRETTE   Mme. Jodoin! If ye don't mind.
ROSE OUIMET   Oh aye, that's right enough. Her commercial traveller.
LISETTE DE COURVAL   I don't understand.
GABRIELLE JODOIN   A travellin salesman comes tae Mlle. Verrette's hoose every month tae sell her brushes. Ah think she fancies him.
DES-NEIGES VERRETTE   Mme. Jodoin! Jist cut that oot!
ROSE OUIMET   Well, ah ken wan thing. Mlle. Verrette has mair brushes in her hoose nor onybody else in the street … Hey, ah seen yir fancy man, the commercial traveller, the ither day, Mlle. Verrette. He wis sittin in the cafe. He must've been up tae see ye, eh?
DES-NEIGES VERRETTE   Yes, he paid me a visit, but ah can assure you that there's nothin atween me an him.
ROSE OUIMET   That's whit they aw say.
DES-NEIGES VERRETTE   Mme. Ouimet! Sometimes ah think your mind's twistit! You aye think the worst aboot folk. Monsieur Simard is a perfect gentleman.
ROSE OUIMET   Well, we'll jist wait an see in nine months if you're as perfect. Noo, noo, calm doon, Mlle. Verrette, dinnae loass the rag. Ye ken fine ah'm jist windin ye up.
DES-NEIGES VERRETTE   An you ken fine it upsets me when ye say things like that. Ah'm a respectable woman an a good Catholic. If ye must know, Henri … er … M. Simard came tae see me aboot a Party Plan idea he hid. He waants me tae pit oan wan ae thae hostess pairties nixt week … in ma hoose. He's asked me tae invite aw ae yese. He approached me as he kens ma hoose best … It'd be a week oan Sunday, right eftir the chapel. Ah need at least ten folk tae come if ah've tae get ma free gift … He gies away a set ae fancy cups tae the hostess fur nothin. They're really beautiful cups. Really beautiful. Wi pictures ae the Niagara Falls oan thum. They're souvenirs he broat back fae there. They must've coast him a fortune.

ROSE OUIMET   Certainly, we'll come along, eh, lassies? Any excuse fur a pairty. Wull thur be free samples?

DES-NEIGES VERRETTE   Ah dinnae ken. Ah suppose thur might be. But ah'll be makin up sandwiches …

ROSE OUIMET   That's mair nor ye get here. We'll be lucky tae git a swig ae juice.

OLIVINE DUBUC tries to bite her daughter-in-law.

THÉRÈSE DUBUC   Mme. Dubuc, if you dinnae stoap daein that ah'm gaunnae loack ye in the lavvie an ye can stey there the rest ae the night.

Blackout.
Spotlight on DES-NEIGES VERRETTE.

DES-NEIGES VERRETTE   The furst time ah seen him ah thoat he wis ugly. At least, ah didnae think he wis guid-lookin tae stert wi. When ah opened the door he took aff his hat an said tae me, "Would the lady of the house be interested in buying some brushes?" Ah shut the door in his face. Ah nivir allows a man intae ma hoose. Ye nivir ken whit might happen … The only wan 'at gets in is the paper boay. He's still owre young tae get any funny ideas. Anyhows, a month later back he came wi his brushes. It wis snawin ootside so ah let him stand in the loabby. Wance he wis in the hoose, ah startit tae get jittery, but ah tellt masel he didnae look the dangerous type, even if he wisnae very boanny tae look at … But he ayeweys looks that smert. No a hair oot ae place. Like a real gentleman. And he's ayeways that polite. Well, he sellt me a couple ae brushes an then he showed me his catalogue. There wis somehin 'at ah waantit but he didnae huv it wi him so he said ah could oarder it. Ever since then, he's come back wance a month. Sometimes ah dinnae buy anythin. But he jist comes in an we blether fur a wee while. He's that nice that when he's talkin ye forget he's ugly. His stories are that interestin. He travels aw owre the province … Ah think … really think ah'm in love wi him … Ah ken it's daft … Ah only see him wance a month … But it's that nice when we're thegither … Ah'm that happy when he comes. Ah've nivir felt like this afore. It's the furst time it's happened tae me. The furst time. Fur usual men nivir pey me any notice. Ah've aye been … oan the shelf, so tae speak. He tells me aw aboot his trips, an aw kinna stories an jokes. Sometimes his jokes are a wee bit near the bone, but they're that funny! Ah dinnae ken whey, but ah've aye liked jokes that are a wee bit durty. It's good fur ye, tae, fur tae tell durty jokes noo an again. Mind you, no aw his jokes are durty. Loats ae thum are clean. An it's only jist recent he's startit tellin me the durty wans. Sometimes they're that durty ah blush rid as a beetroot. The last time he tellt me wan he took ma hand cause ah blushed. Well, ah vernear died. Ma insides went aw funny when he pit his big hand oan mines. Ah need him sae much! Ah dinnae waant him tae go away! Sometimes, jist noo an again, ah dream aboot him. Ah dream … that we're mairrit. Ah need him tae come back an see me. He's the furst man 'at's ever peyed me any notice. Ah dinnae waant tae loass him! Ah dinnae waant tae loass him! If he goes away, ah'll be left oan ma ain again, and ah need … some'dy tae love …

She lowers her eyes and murmurs.

Ah need a man.

The lights come back on. Enter LINDA LAUZON, GINETTE MÉNARD, *and* LISE PAQUETTE.

GERMAINE LAUZON   So ye've come back! No afore time, tae!
LINDA LAUZON   Ah wis at the cafe.
GERMAINE LAUZON   Ah ken damn fine ye wur at the cafe. If ye keep hangin aroond there, ma lass, ye're gaunnae end up like yir Auntie Pierrette … oan the game.
LINDA LAUZON   Lea aff, mum! Yir gittin worked up aboot nuhin.
GERMAINE LAUZON   Ah asked you tae stey in the hoose …
LINDA LAUZON   Look, ah jist went oot fur fags an ah bumped intae Lise an Ginette …
GERMAINE LAUZON   That's nae excuse. You kent ah wis hivin folk in. That's whey you didnae come straight back, isn't it? You dae it oan purpose, Linda, jist tae aggravate me … oan purpose jist tae aggravate me. You jist waant tae make me swear in front of ither folk. That's it, intit? Ye jist waant tae make me swear in front ae ootsiders. Well, by the Christ, you've succeeded! But dinnae you think ah'm feenished wi you yit, ma hen. Ah'll take care ae you later, Linda Lauzon, an you'll git whit's comin tae ye.

ROSE OUIMET   This isnae the place tae be gien her a bawlin oot, Germaine!

GABRIELLE JODOIN   You! Keep yir neb oot ae ither folk's business.

LINDA LAUZON   Help ma God! Ah'm jist a wee bit late. It's no the end ae the world.

LISE PAQUETTE   It's oor fault, Mme. Lauzon.

GINETTE MÉNARD   Aye, it's oor fault.

GERMAINE LAUZON   Fine ah ken it's your faults. If ah've tellt oor Linda wance ah've tellt her a thoosand times no tae hing aroond cafes wi tramps. She dis everything tae contradict me. Sometimes ah could strangulate her!

ROSE OUIMET   Aw, come oan, Germaine.

GABRIELLE JODOIN   Rose, ah've jist done tellin ye tae keep yir nose oot ae this. It's their business. Get it? It's goat nuhin tae dae wi you.

ROSE OUIMET   Stoap nigglin me. Yir gettin oan ma tits. We shouldnae let Germaine gie Linda a bawlin oot fur nothin.

GABRIELLE JODOIN   It's nane ae oor business.

LINDA LAUZON   You lea her alane, Auntie. She's only tryin tae stick up fur me.

GABRIELLE JODOIN   You might show more respect fur yir mither, Linda, but ye'll be polite tae me. Ah'll remind you that ah'm your godmither.

GERMAINE LAUZON   Ye see whit she's like! She cairries oan this wey aw the time. Ah nivir broat her up tae act the goat like this.

ROSE OUIMET   Aw aye, an how did ye bring yir bairns up?

GERMAINE LAUZON   You! You're the wan tae ask that question. Your bairns …

LINDA LAUZON   Oan ye go, Auntie Rose. You gie it tae her straight. You tell her wance an fur aw.

GERMAINE LAUZON   Whit's come owre you aw ae a sudden that yur sae thick wi yir Auntie Rose? What wis it you said when she phoned earlier the night? What wis it you said, eh? Can ye no mind what it wis that you said?

LINDA LAUZON   That wis different.

ROSE OUIMET   Whit did she say like?

GERMAINE LAUZON   Well, she answered the phone when ye phoned earlier, mind? And she wis owre ignorant tae say, "One moment, please," so ah tellt her she should be mair polite wi you …

LINDA LAUZON   Och, hud yir tongue, maw! Thurs nae need …

ROSE OUIMET Ah waant tae ken whit you said, Linda.

LINDA LAUZON It wisnae anyhin. Ah wis gittin at her. She wis oan ma back.

GERMAINE LAUZON She said, "It's only ma Auntie Rose. Ah dinnae see whey ah should be polite tae her."

ROSE OUIMET The cheeky wee bugger! That's her an me finished!

LINDA LAUZON Ah tellt ye, Auntie Rose. Ah wis jist gittin at her.

ROSE OUIMET Ah'd nivir huv thoat that ae you, Linda. You've went doon in ma estimation. You've lit me doon. You've really lit me doon.

GABRIELLE JODOIN Ach, forget it, Rose. Lea them tae fight it oot thirsels.

ROSE OUIMET Aye, ah'll lit them fight it oot. Oan ye go, Germaine. You gie it tae her, the wee gett! She's an ignorant wee besom right enough. Yir mither's right. If you cairry oan the same wey, ye'll end up like yir Auntie Pierrette. Coont yirsel lucky ah dinnae rattle yir jaw here an noo.

GERMAINE LAUZON Ah'd like tae see ye try it! Naebdy pits a hand oan ma bairns but me. If they need a leatherin, only ah'll gie it tae them. Naebdy else his a right tae sae much as lay a finger oan them.

THÉRÈSE DUBUC Fur-the-love-ae-God, stoap this argybargyin. Ah'm worn oot wi it.

DES-NEIGES VERRETTE Me, tae. It's gien me palpitations.

THÉRÈSE DUBUC Ye're gaunnae wake up ma mither-in-law an she'll stert her cairry-oan again.

GERMAINE LAUZON Well, ye shoulda left her at hame in the furst place.

THÉRÈSE DUBUC Germaine Lauzon!

GABRIELLE JODOIN Well, she's quite right. Ye dinnae go oot tae pairties wi a ninety-three-year-auld wumman in a wheelchair.

LISETTE DE COURVAL Mme. Jodoin! And you're just done telling your sister to mind her own business.

GABRIELLE JODOIN Keep your big nose oot ae this, ya toffee-nosed gett! Jist you keep pastin thae stamps or ah'll paste ye wan in the mooth.

LISETTE DE COURVAL stands up.

LISETTE DE COURVAL Gabrielle Jodoin!

OLIVINE DUBUC, who has been playing for a few minutes with a dish of water, lets it fall on the floor.

THÉRÈSE DUBUC   Watch oot whit yir daein, Mme. Dubuc.
GERMAINE LAUZON   Aw Jesus wept! Ma tablecloath!
ROSE OUIMET   She's soaked me, the auld bugger! Ah'm wringin wet.
THÉRÈSE DUBUC   Nothin ae the kind! Ye were naewhere near!
ROSE OUIMET   Don't you dare caw me a bloody liar!
THÉRÈSE DUBUC   Oh, but ah will. You're jist a bloody liar, Rose Ouimet.
GERMAINE LAUZON   Watch, yir mither-in-law's fawin oot her chair.
DES-NEIGES VERRETTE   She's fell! She's oan the flair again!
THÉRÈSE DUBUC   Some'dy gie me a hand.
ROSE OUIMET   Ye can coont me oot.
GABRIELLE JODOIN   Pick her up yirsel.
DES-NEIGES VERRETTE   Here, ah'll help ye, Mme. Dubuc.
THÉRÈSE DUBUC   Thanks, Mlle. Verrette.
GERMAINE LAUZON   Listen, Linda, you'd better stey oot ma road fur the rest ae the night.
LINDA LAUZON   It suits me tae clear oot ae here ...
GERMAINE LAUZON   You dae, madame, an you'll no set foot in this hoose again, d'ye hear?
LINDA LAUZON   Aye, aye. Ah've heard it afore.
LISE PAQUETTE   Stoap it, Linda ...
THÉRÈSE DUBUC   Forcryinootloud, Mme. Dubuc, dinnae jist hing like that. Yur daein it oot ae badness. Stiffen up, wull ye.
MARIE-ANGE BROUILLETTE   Ah'll haud the chair.
THÉRÈSE DUBUC   Thanks, hen ...
ROSE OUIMET   If it wis up tae me, ah'd take that contraption wi her in it and ...
GABRIELLE JODOIN   Dinnae you start again, Rose.
THÉRÈSE DUBUC   Whew! Whit ah huv tae pit up wi ...
GABRIELLE JODOIN   Hey, wid ye get yir full ae de Courval, still stickin her stamps ... the stuck-up bitch. Ye'd think nothin hid happened! Ah suppose this kinnae thing's beneath her.

Blackout.
Spotlight on LISETTE DE COURVAL.

LISETTE DE COURVAL   It's like living in a menagerie. My husband Léopold told me I shouldn't come. These aren't our kind of people. They live in a different world from us. When you've experienced life on a transatlantic liner and then compare it with this, it's pathetic … I can still see myself stretched out on my li-lo reading a True Romance … And that petty officer giving me the glad eye … My husband says he was doing no such thing, but he didn't see all that I could see … He was a fine figure of a man … Maybe I should've egged him on a bit more … And as for Europe! Everyone over there is so well brought up. They're far more polite than here. You'd never meet a Germaine Lauzon over there. Only people with class. In Paris everyone speaks so refined. There they speak proper French … Not like here … I hate all of them. I'll never set foot in this place again! Léopold was right. These people are inferior. They're nothing but keelies. We shouldn't be mixing with them. We shouldn't even waste breath talking about them … They should be hidden away somewhere, out of sight. They don't know what life is. We managed to pull ourselves up out of this and we will make sure we never sink to their level again. My God, I'm so ashamed of them.

The lights come back on.

LINDA LAUZON Cheerio, then. Ah'm away …
GERMAINE LAUZON You're jist gaun owre the score oan purpose. Ah'm warnin you, Linda.
LINDA LAUZON "Ah'm warnin you, Linda." Is that aw you can ever say?
LISE PAQUETTE Dinnae be stupit, Linda.
GINETTE MÉNARD Come oan, lit's stey.
LINDA LAUZON Naw, ah'm gittin oot ae here. Ah'm no gaunnae take any mair snash fae her the night.
GERMAINE LAUZON Linda, ah'm orderin you tae stey here!
VOICE OF A NEIGHBOUR Are youse gaunnae stoap that racket up there! We cannae hear oorsels think!

ROSE OUIMET goes out on the balcony.

ROSE OUIMET Hey, you! 'Way back intae yir kennel!
NEIGHBOUR Ah wisnae talkin tae you!
ROSE OUIMET Oh aye ye were. Ah wis bawlin as loud as the rest ae them.
GABRIELLE JODOIN Rose, will you git in here!
DES-NEIGES VERRETTE Dinnae pey ony attention tae her.
NEIGHBOUR Ah'm gaunnae send fur the polis!

ROSE OUIMET   Jist you go straight ahead. We could dae wi a few men up here.

GERMAINE LAUZON   Rose Ouimet, you git back inside this hoose! And you tae, Linda ...

LINDA LAUZON   Ah'm fur aff. Cheeriebye.

She leaves with GINETTE *and* LISE.

GERMAINE LAUZON   She's went! Wid ye credit it! She's tryin tae pit me in ma grave, that wee besom. Ah waant tae smash somethin! Ah waant tae smash somethin!

ROSE OUIMET   Get a grip ae yirsel, Germaine.

GERMAINE LAUZON   Makin an erse oot ae me in front ae ootsiders! Ah'm black affrontit!

She breaks down into tears.

Ah'm that ashamed!

GABRIELLE JODOIN   Come oan noo, Germaine. It's no as bad as aw that ...

LINDA LAUZON   (*Offstage.*) Well, if it isnae Mademoiselle Sauvé! Hey-ya!

ANGÉLINE SAUVÉ   (*Offstage.*) Hullo, ma doll! How are ye?

ROSE OUIMET   They're here, Germaine. Blaw yir nose.

LINDA LAUZON   (*Offstage.*) Aw, no bad.

RHÉAUNA BIBEAU   (*Offstage.*) Where are ye aff tae?

LINDA LAUZON   (*Offstage.*) Ah wis gauntae go tae the cafe, but noo that you're here ah think ah'll stey.

Enter LINDA, GINETTE, LISE, RHÉAUNA, *and* ANGÉLINE.

ANGÉLINE SAUVÉ   Hullo, everybody.

RHÉAUNA BIBEAU   Hullo.

THE OTHERS   Hullo, hullo. How are yese? ...

RHÉAUNA BIBEAU   That's some climb up thae stairs, Mme. Lauzon. Ah'm fair peched.

GERMAINE LAUZON   Well, jist sit yirsels doon an hae a seat.

ROSE OUIMET   Ye'll no hae tae pech up the stairs the nixt time ye come. Ma sister'll see tae that. She's gaunnae git a lift pit in wi her stamps.

The women laugh except for RHÉAUNA *and* ANGÉLINE *who do not know how to take this comment.*

GERMAINE LAUZON   Aw, very funny, Rose Ouimet! Linda, away ben the hoose an git some mair chairs …
LINDA LAUZON   Where fae? There arenae nae mair …
GERMAINE LAUZON   Go an ask Mme. Bergeron if she'll lend us wan or two.
LINDA LAUZON   Come oan youse pair …
GERMAINE LAUZON   (*In a low voice to* LINDA.) Aw right, ah'm haudin ma tongue the noo, but jist you look oot when the ithers leave.
LINDA LAUZON   Aw, ah'm feart. Look, ah came back because Mlle. Sauvé and Mlle. Bibeau arrived. It wisnae fur ah wis feart ae you.

LINDA goes out with LISE *and* GINETTE.

DES-NEIGES VERRETTE   Here, hiv ma seat, Mlle. Bibeau …
THÉRÈSE DUBUC   Aye, come an sit aside me fur a wee whilie …
MARIE-ANGE BROUILLETTE   Sit doon here, Mlle. Bibeau …
ANGÉLINE SAUVÉ and RHÉAUNA BIBEAU   Thanks … thanks very much.
RHÉAUNA BIBEAU   Ah see you're stickin stamps.
GERMAINE LAUZON   Ye can say that again. A mullion ae them!
RHÉAUNA BIBEAU   Good God! How're yese gittin oan?
ROSE OUIMET   No bad, no bad … But ma tongue's paralysed …
RHÉAUNA BIBEAU   Ye've licked aw thaim wi yir tongue?
GABRIELLE JODOIN   His she hell! She's jist actin the goat.
ROSE OUIMET   She's as fast oan the uptake as usual, that Bibeau.
ANGÉLINE SAUVÉ   Can we gie ye a hand?
ROSE OUIMET   (*With a dirty laugh.*) Ah thoat ye'd prefer lickin wi yir tongue?
GABRIELLE JODOIN   Your mind's fulthy, Rose.
GERMAINE LAUZON   And how did ye get oan at the funeral parlour?

Blackout.
Spotlight on ANGÉLINE SAUVÉ *and* RHÉAUNA BIBEAU.

RHÉAUNA BIBEAU   It came as a shoack, ah can tell ye.
ANGÉLINE SAUVÉ   Ye didnae ken him that weel though.
RHÉAUNA BIBEAU   Ah kent his mither fine. So did you. Mind we went tae the school thegither, her an me? Ah watched that pair man grouwin up …
ANGÉLINE SAUVÉ   Aye. He's away. But no us … we're still here hingin oan.
RHÉAUNA BIBEAU   Ah, but no fur long …

ANGÉLINE SAUVÉ   Rhéauna, dinnae say things like that ...

RHÉAUNA BIBEAU   Ah ken whit ah'm talkin aboot. When ye've suffered as much as ah hiv, ye can feel it when yir time's nearly up.

ANGÉLINE SAUVÉ   When it comes tae that, we've baith suffered.

RHÉAUNA BIBEAU   Aye, but ah've suffered mair nor you, Angéline. Seeventeen operations! Aw ah'm left wi is wan lung, wan kidney, wan breist ... you name it an ah've hud it oot.

ANGÉLINE SAUVÉ   And me wi ma arthritis 'at's aye gien me jip. But Mme. ... whit's she cried? ... Ken, the wife ae him 'at's dee'd? ... She gied me the name ae a boattle tae git fae the chemists. She said it wid work wonders.

RHÉAUNA BIBEAU   But ye ken fine ye've tried awhing. The doactirs've aw tellt ye there's nothin ye can dae aboot it. There's nae cure fur arthritis.

ANGÉLINE SAUVÉ   Doactirs, doactirs ... ah've hid ma full o doactirs. Aw they're concerned aboot is makin money. They rook ye fur aw ye've goat so's they can live in big hooses, drive fancy cars an fly away tae California fur the winter. Dae you know, Rhéauna, that the doactir said he'd be up oan his feet again in nae time, Monsieur ... Monsieur ... whit wis his name again? The wan 'at's dee'd?

RHÉAUNA BIBEAU   Monsieur Baril ...

ANGÉLINE SAUVÉ   Aw, aye. Ah can nivir mind it. It's no as if it's difficult neither. Anyhow, the doactir tellt M. Baril that he had nothin tae worry aboot ... An look whit happened ... Only forty year auld tae ...

RHÉAUNA BIBEAU   Forty year auld! That's owre young tae dee.

ANGÉLINE SAUVÉ   He must've went doonhill in nae time at aw.

RHÉAUNA BIBEAU   She tellt me how it aw happened. It wid brek yir hert so it wid ...

ANGÉLINE SAUVÉ   Is that a fact? Ah wisnae there when she tellt ye. How did it happen?

RHÉAUNA BIBEAU   When he goat hame fae's work oan the Monday night, she thoat he wis a funny kinna colour. He wis as white as a sheet, so she asked him if he was feelin awright. He said there wis nothin wrang wi him, an they sat doon tae thir tea ... The kids were cairryin oan an argeyin at the table an M. Baril loast the rag an leathered his lassie Rolande. An, of coorse, it wis then he took his turn ... She says she didnae take her een aff him fur a second. She wis watchin him like a hawk aw the time but ... She tellt me that it aw wis owre that quick that she didnae even hae time tae move oot her seat. All of a sudden he said he wis feelin funny and owre he cowped ... His face landit right in his soup. An that wis that!

ANGÉLINE SAUVÉ   Holy Mither ae Mercy! Jist like that? That's no real. Ah'm tellin ye, it's creepy. It makes ma flesh crawl. It gies me the heebie-jeebies.

RHÉAUNA BIBEAU   There's a lesson in it jist the same though. We nivir ken when the good Lord's gaunnae come fur us. As he said Himself, "I'll come like a thief".

ANGÉLINE SAUVÉ   Oh, wheesht! It makes me feart, stories like that. Ah dinnae waant tae dee like yon. Ah waant tae dee in ma bed ... Hiv time tae make a confession.

RHÉAUNA BIBEAU   Oh, please God dinnae lit me dee afore ma confession! Angéline, promise me ye'll git the priest in soon as ah take no weel. Promise me ye'll dae that.

ANGÉLINE SAUVÉ   Aye. Aye. If ye've asked me wance, ye've asked me a hunner times. Ah goat him fur ye when ye hid yir last attack, didn't ah no? He gien ye communion an awthing.

RHÉAUNA BIBEAU   Ah'd be really feart tae dee athoot receivin the last rites.

ANGÉLINE SAUVÉ   Och, as if you hid onything tae confess at your age, Rhéauna?

RHÉAUNA BIBEAU   Dinnae say that, Angéline. Dinnae say that. Age's goat nuhin tae dae wi it. Sin disnae respect age.

ANGÉLINE SAUVÉ   Shair as ah'm sittin here, Rhéauna, you'll go straight tae Heevin. You've goat nothin tae worry aboot. Here, did ye notice that deid man's lassie? Monsieur whit's his name? She looked like daith waarmed up.

RHÉAUNA BIBEAU   Ah ken. Pair Rolande. She's gaun aboot tellin awbdy she killt her faither. It wis acause ae her he loast his temper at the teatable, ye see ... Aw, ah feel that sorry fur her ... And her mither. It's a cryin shame, so it is. It's a sair loass fur them aw ... a sair loass ...

ANGÉLINE SAUVÉ   Aye, the heid ae the hoose, the faither ... you're tellin me. Mind you, it's no as bad as loassin the mither, but still ...

RHÉAUNA BIBEAU   Right enough. Loassin yir mither's worser. Naebdy can take the place o a mither.

ANGÉLINE SAUVÉ   Did ye see hoo boanny he looked, the deid man? ... It wis as if he wis still a young man. He wis even smilin ... Ye widda thoat he wis jist sleepin. Still an aw, ah think he's better aff where he is ... It's true whit they say, it's the wans 'at are left that deserves the sympathy. Him, he's safe noo ... Oh, but ah still cannae git owre hoo braw he lookit. Ye'd hae actually thoat he wis still breathin.

RHÉAUNA BIBEAU Aye, but he wisnae.

ANGÉLINE SAUVÉ Mind you, ah cannae fur the life ae me see whey they pit him in thon suit.

RHÉAUNA BIBEAU Whit d'ye mean?

ANGÉLINE SAUVÉ Did ye no notice? He hid oan a blue suit. That's no the done thing. No fur a deid man. A blue suit is far owre light. If it his tae be blue, it should at least be navy blue ... but no powder blue like thon. It's mair decent fur a deid man be dressed in a black suit.

RHÉAUNA BIBEAU Mebbe he didnae huv wan. They're no that weel-aff a faimly, ye ken.

ANGÉLINE SAUVÉ But fur-the-love-ae-God, ye can hire a black suit! And did ye see Mme. Baril's sister! Dressed in green! In a chapel ae rest! An did ye notice hoo much she's aged? She looked years aulder than her sister ...

RHÉAUNA BIBEAU But she is aulder.

ANGÉLINE SAUVÉ Dinnae haver, Rhéauna, she's a loat younger.

RHÉAUNA BIBEAU She's nothin ae the kind.

ANGÉLINE SAUVÉ Ah'm tellin ye, Rhéauna. Mme. Baril is thirty-seevin comin oan thirty-eight, an her sister ...

RHÉAUNA BIBEAU She's well owre forty!

ANGÉLINE SAUVÉ Rhéauna, she isnae!

RHÉAUNA BIBEAU Well, ah'd pit her at forty-five.

ANGÉLINE SAUVÉ That's whit ah'm tryin tae tell ye. She's aged that much she looks mair auld than she is ... Fur look, ma guid-sister, Rose-Aimée, is thirty-six, an the two ae them went tae the school thegither ...

RHÉAUNA BIBEAU Well, whitiver, ah'm no surprised she's aged sae fast ... What wi the life she leads ...

ANGÉLINE SAUVÉ Ah'm no shair that aw thae stories aboot her are true.

RHÉAUNA BIBEAU They must be! Mme. Baril tries tae hide it cause it's her sister ... But the truth aye comes oot. It's like Mme. Lauzon an her sister, Pierrette. If there's wan person ah cannae stomache, it's that Pierrette Guérin. She's a right wee hure. Broat nothin but shame tae her faimly. Ah can tell you, Angéline, ah widnae waant tae see her soul. It must be as black as hell.

ANGÉLINE SAUVÉ   Aw come oan noo, Rhéauna, deep doon, Pierrette isnae a bad lassie.

Spotlight on GERMAINE LAUZON.

GERMAINE LAUZON   Ah've hid nothin adae wi ma sister Pierrette fur a long time noo. No eftir aw she did tae us. An tae think that she wis that weel-behaved as a bairn. She wis as guid as gold … butter widnae've meltit in her mooth. An she wis that boanny tae look at, tae. Me an ma sisters worshipped her. We speylt her somethin rotten. Ah dinnae understand whit's went wrang. Ah jist divnae unnerstaund. Ma faither yaised tae caw her his wee cooshie-doo. He wis daft oan her, his wee Pierrette. When he jiggled her oan his knee, ye could see hoo happy he wis. An the rest of us didnae even feel jealous …

ROSE OUIMET   We used tae say tae oorsels, "She's the bairn ae the family so she's the favourite. That's jist the wey ae it. The youngest aye gits the attention." When she startit the schuil, we dressed her up like a wee princess. Ah wis awready mairrit bi that time but ah can mind oan it as if it wur jist yistirday. Oh, she wis that boanny! A real Shirley Temple! An she learned that quick at the schuil. No like me. Ah nivir did a stroke at school … Ah wis the class coamic … That's aw ah've ever been good fur. But her, the wee bugger, she wis aye comin hame wi prizes. Toap ae the class in French, in Arithmetic, in Religious Studies. Aye, Religious Studies! She wis as religious an weel-behaved as a nun, that bairn. The Holy Sisters wur daft oan her, tae. If they could see her the day … My God, deep-doon ah feel a bit sorry fur her. She must greet fur help sometimes … And she must git hellish lonely …

GABRIELLE JODOIN   When she left the schuil, we asked her whit she waantit tae be. She said she waantit tae be a teacher. She wis aw set tae start her trainin … but she hid tae go an meet that Johnny!

THE THREE SISTERS   That swine, Johnny! He's the work ae the divil! He's the wan tae blame fur her turnin oot the wey she did. That bastardin Johnny! That bastardin Johnny!

RHÉAUNA BIBEAU   Whit d'ye mean, no a bad lassie! Ye've goat tae sink low tae dae whit she did. If you but kent whit Mme. Longpré tellt me aboot her.

ANGÉLINE SAUVÉ Oh? Tell me mair ...
THÉRÈSE DUBUC Oh-ya!

The lights come back on. THÉRÈSE DUBUC *skelps her mother-in-law on the head.*

GERMAINE LAUZON Thérèse, fur wance an fur aw make her behave hirsel. Knoack her unconscious.
THÉRÈSE DUBUC Aw aye, knoack her unconscious! Listen, ah'm daein aw ah can tae keep her quiet. Ah'm no gaunnae kill her jist tae keep you happy.
ROSE OUIMET If she wis mines, ah'd throw her owre the balcony.
THÉRÈSE DUBUC Ye'd whit? Ah didnae catch that, Rose. What wis it you said?
ROSE OUIMET Ah wis talkin tae masel.
THÉRÈSE DUBUC Yur feart, eh?
ROSE OUIMET Me, feart?
THÉRÈSE DUBUC Aye, you! Feart!
MARIE-ANGE BROUILLETTE Dinnae say there's gauntae be anither rammy.
ANGÉLINE SAUVÉ How? His thur been a fight awready?
RHÉAUNA BIBEAU Who's been rammyin, then?
ANGÉLINE SAUVÉ We shoulda goat here earlier.
THÉRÈSE DUBUC Ah'm no gaunnae sit here an take that. She's jist insultit ma mither-in-law! Ma man's mither!
LISETTE DE COURVAL Here they go. Again!
ROSE OUIMET She's senile! She should be pit doon!
GERMAINE LAUZON Rose!
GABRIELLE JODOIN Ye should be doonright ashamed ae yirsel sayin somehin like that. Ye've goat a hert ae stane.
THÉRÈSE DUBUC Ah'll nivir forgie ye fur whit you jist said, Rose Ouimet. Nivir.
ROSE OUIMET Fur-the-love-ae-Christ, gie me patience!
ANGÉLINE SAUVÉ So who wis it fightin afore, eh?
ROSE OUIMET The trouble wi you, Mlle. Sauvé, is you've goat tae ken awthing. Yir nose is aye botherin ye!
ANGÉLINE SAUVÉ Mme. Ouimet! Thurs nae need fur that!
ROSE OUIMET Ye waant us tae gie ye the scandal so's yur big mooth can blab it aw owre the place. Is that no it?

RHÉAUNA BIBEAU Mme. Ouimet, it's no oaften ah loass ma temper but ah'll no allow ye tae insult ma pal.

MARIE-ANGE BROUILLETTE (*Aside.*) Ah'll jist snaffle some while naebdy's lookin.

GABRIELLE JODOIN (*Who sees her doing it.*) Whit's that yur daein, Mme. Brouillette?

ROSE OUIMET Okay-doke, ah gie in. Ah'll haud ma tongue.

MARIE-ANGE BROUILLETTE Wheesht! Take thir an keep quiet!

LINDA, GINETTE, and LISE arrive with the chairs. A lot of movement and noise. All the women change places and take advantage of the distraction to steal more booklets and stamps.

Dinnae be feart! Take some!

DES-NEIGES VERRETTE We better no take too many.

THÉRÈSE DUBUC Hide thir in yir pockets ... Naw, Mme. Dubuc! Ah said hide them!

GERMAINE LAUZON See that fellie 'at runs the butcher's shoap? He's a daylight robber ...

The door opens suddenly. PIERRETTE GUÈRIN comes in.

PIERRETTE GUÉRIN Hullo, everybody!

THE OTHERS Pierrette!

LINDA LAUZON Ma Auntie Pierrette! This'll be rare!

ANGÉLINE SAUVÉ Oh my God, no Pierrette!

GERMAINE LAUZON Who tellt you tae come here? Ah tellt you afore ah nivir waantit tae clap eyes oan you again.

PIERRETTE GUÉRIN A wee burd tellt me that ma big sister, Germaine, hid won a mullion stamps, so ah decided tae come an see fur masel. (*She notices ANGÉLINE SAUVÉ.*) Well, ah'll be buggert! Angéline! What are you daein here?

Everyone stares at ANGÉLINE SAUVÉ.

Curtain.

ACT TWO

The second act begins with **PIERRETTE**'s entrance again and a repeat of the last six lines of Act One, before continuing the action.

The door opens suddenly. PIERRETTE GUÉRIN *comes in.*

PIERRETTE GUÉRIN Hullo, everybody!
THE OTHERS Pierrette!
LINDA LAUZON Ma Auntie Pierrette! This'll be rare!
ANGÉLINE SAUVÉ Oh my God, no Pierrette!
GERMAINE LAUZON Who tellt you tae come here? Ah tellt you afore ah nivir waantit tae clap eyes oan you again.
PIERRETTE GUÉRIN A wee burd tellt me that ma big sister, Germaine, hid won a mullion stamps, so ah decided tae come an see fur masel. (*She notices* ANGÉLINE SAUVÉ.) Well, ah'll be buggert! What are you daein here?

Everyone stares at ANGÉLINE SAUVÉ.

ANGÉLINE SAUVÉ Oh dear God! Ah've been fund oot.
GERMAINE LAUZON How d'ye mean, Angéline?
GABRIELLE JODOIN What gies you the right tae think ye can talk tae Mlle. Sauvé like that?
ROSE OUIMET Ye've nae shame!
PIERRETTE GUÉRIN Whey shoulda no talk tae her? Her an me are good pals, aren't we no, Géline?
ANGÉLINE SAUVÉ Oh! Ah think ah'm gauntae faint.

ANGÉLINE *pretends to faint.*

RHÉAUNA BIBEAU Sweet Jesus, Angéline!
ROSE OUIMET She's deid!
RHÉAUNA BIBEAU Eh?
GABRIELLE JODOIN She's nothin ae the kind. Rose, you're jist gaun too far again.
PIERRETTE GUÉRIN Anybody can see she's no faintit. She's jist play-actin.

PIERRETTE *goes over to* ANGÉLINE.

GERMAINE LAUZON Don't you lay a finger oan her!
PIERRETTE GUÉRIN Lea me alane. She's ma pal.

RHÉAUNA BIBEAU Whit d'ye mean, your pal?

GERMAINE LAUZON Yur no tryin tae make oot that Mademoiselle Sauvé is any freend ae yours!

PIERRETTE GUÉRIN Aw, but she is! She comes tae see's at the club jist aboot every Friday night.

ALL THE WOMEN Eh!

RHÉAUNA BIBEAU That cannae be!

PIERRETTE GUÉRIN Ask her yirsel. Is that no the truth, Géline? Come oan, stoap actin the eejit an answer me. Angéline, we aw ken yiv no faintit. You tell them it's true you oaften come tae the club.

ANGÉLINE SAUVÉ (*After a silence.*) Aye, it's true.

RHÉAUNA BIBEAU Oh, Angéline! Angéline!

SOME OF THE WOMEN This is hellish bad!

SOME OTHER WOMEN This is dia-bloody-bolical!

LINDA, GINETTE, and LISE This is magic!

Blackout.

RHÉAUNA BIBEAU Angéline! Angéline!

Spotlight on ANGÉLINE *and* RHÉAUNA.

ANGÉLINE SAUVÉ Rhéauna, ye've goat tae understand ...

RHÉAUNA BIBEAU Dinnae come near me! Git away!

THE WOMEN Had I kent you were daein that!

RHÉAUNA BIBEAU Ah'd nivir thoat it ae you. You, in that club. An every Friday night at that. That cannae be true. It's no possible.

ANGÉLINE SAUVÉ Ah dinnae dae anything wrang, Rhéauna. Ah jist hiv a Coke.

THE WOMEN In a club!

GERMAINE LAUZON God alone knows what she gits up tae there.

ROSE OUIMET Mebbe she's oan the game.

ANGÉLINE SAUVÉ But ah'm tellin yese, ah dae nothin bad.

PIERRETTE GUÉRIN It's true. She dis nothin bad.

ROSE, GERMAINE, GABRIELLE You shut up, ya Jezebel!

RHÉAUNA BIBEAU You're no ma pal nae mair, Angéline. That's you an me finished.

ANGÉLINE SAUVÉ Listen tae me, Rhéauna, ye've goat tae listen tae me! Ah can explain everything. If ye'll jist gie me a chance, then ye'll understand.

ROSE, GERMAINE, GABRIELLE The club! The road tae the burnin fire!
ALL THE WOMEN (*Except the young ones.*) The road tae the burnin fire, the road tae the burnin fire. Go there, and ye'll loass yir soul. It's a sin tae drink, a sin tae dance! It's in thae clubs oor menfolk fuddle thir heids wi drink an lash oot thir peys oan hures an tramps.
ROSE, GERMAINE, GABRIELLE Hures an tramps like you, Pierrette!
ALL THE WOMEN (*Except the four young ones.*) Dae you no feel black burnin shame, Angéline Sauvé, tae've darkened the door ae thon den o sin?
RHÉAUNA BIBEAU Angéline, a club! It's worser than Hell itsel!
PIERRETTE (*Laughing loudly.*) If Hell's onythin like the club ah work at, ah widnae say no tae bein condemned tae an eternity there!
ROSE, GERMAINE, GABRIELLE Shut up, Pierrette. It's the divil's inside ye.
LINDA, GINETTE, LISE The divil? Aw come aff it! Grouw up, wull yese. The clubs arenae as bad as yese make oot. They're nae worse nor anywhere else. They're fur enjoyment. They're fur enjoayin yirsels. That's aw, they're fur enjoayment.
THE WOMEN Ach! Youse are owre young tae ken! Owre young tae ken! But yese'll fund oot, ya young know-alls. Yese'll fund oot an come greetin tae us. But it'll be owre late! Owre late! Jis you watch yir steps in thae hellish holes. Yese'll no realise when yese is slippin, but when yese tries tae crawl back up, yese'll fund it's owre late!
LISE PAQUETTE Owre late! Owre late! Oh my God, it's owre late!
GERMAINE LAUZON The least you can dae is tae go tae confession, Angéline Sauvé!
ROSE OUIMET And ah see you every Sunday at Mass … Mass wi a sin like thon oan yir conscience!
GABRIELLE JODOIN A mortal sin!
ROSE, GERMAINE, GABRIELLE The priest his tellt us time and time again, "It's a mortal sin tae set yir fit inside a club!"
ANGÉLINE SAUVÉ Look, gie me a chance tae explain. Jist hear me oot.
THE WOMEN Nut! Ye've nae excuses!
ANGÉLINE SAUVÉ Rhéauna, wull you no listen tae me! We're auld pals. We've been freends fur the past thirty-five year. Ah'm foand ae ye, but sometimes ah feel like meetin ither folk. Ye know what ah'm like. Ah like tae hiv a bit ae fun noo an again. When ah wis young ah kent nothin but the hoose an the chapel. Thur must be mair tae life nor that.

Ye can go tae clubs athoot daein ony herm. The clubs arenae as bad as thur paintit, ye know. Ah've been gaun tae them fur the past fower year an ah've nivir done anything wrang. The folk 'at works there are nae worse than you or me. Ah jist waant tae git oot a bit an meet different folk, Rhéauna! Ah've nivir hid ony enjoyment oot ma life, Rhéauna!

RHÉAUNA BIBEAU   There are better-like places than clubs tae enjoay yirsel. You'll pey fur it when yur in burnin hell, Angéline. Promise me ye'll no go back there again.

ANGÉLINE SAUVÉ   Look, Rhéauna, ah cannae! Ah like fur tae go there, dae ye no understand. Ah like it!

RHÉAUNA BIBEAU   Ye've goat tae promise me or ah'll nivir speak tae ye again. Ye've goat tae make up yir mind. It's either me or the club. If you kent how much you've hurt me, ma bestest pal cavortin in a night club. How d'ye think that looks, Angéline, eh? What d'ye think folk'll say when they see ye creepin intae a place like that, eh? Specially that joint where Pierrette works ... It's a dive ... The lowest ae the low. You've nivir tae go back, Angéline, d'ye hear me? If you dae, that's it, it's finished atween you an me. You should be doonright ashamed ae yirsel!

ANGÉLINE SAUVÉ   Dinnae ask me no tae go back there, Rhéauna ... Rhéauna, speak tae me!

RHÉAUNA BIBEAU   Ah'm no sayin anither word until you promise!

The lights return to normal. ANGÉLINE *sits in a corner,* PIERRETTE GUÉRIN *joins her.*

ANGÉLINE SAUVÉ   What business did you hiv comin here the night?

PIERRETTE GUÉRIN   Lit them yap. They like nothin better'n gittin worked up intae a tid an blacknin folks' names. They ken bloody fine you dae nothin bad at the club. Gie them five minutes an they'll huv forgoatten aw aboot it.

ANGÉLINE SAUVÉ   Aw aye, an ye think sae? Ye think Rhéauna'll cheynge her mind? Ye think she'll forgie me jist like that? An Madame de Courval 'at's in chairge ae recreation fir the parish an is President ae the Altar Society at Oor Lady o Perpetual Succour? Ye think she'll go oan speakin tae me? An yir sisters, 'at cannae be daein wi you cause ye work in a club? Ah'm tellin ye, they're aw finished wi me! Finished! Finished!

GERMAINE LAUZON   Pierrette!

PIERRETTE GUÉRIN   Listen, Germaine, Angéline feels bad enough athoot you an me gittin at each ither's throats, right? Ah jist came here tae pey ye a visit an tae help ye stick yir stamps. Ah'd like tae stey fur a while, that's aw. An ah've no goat the pox, okay? Jist lea us alane. Us two'll stey in oor coarner owre here. We'll stey oot ae yir wey. Eftir the night, ah'll no darken your door again, if that's the wey ye waant it … But ah cannae leave Angéline in this state aw herlane.

ANGÉLINE SAUVÉ   Ye can go if ye waant, Pierrette …

PIERRETTE GUÉRIN   No, ah waant tae stey.

ANGÉLINE SAUVÉ   Awright then, in that case ah'll go.

LISETTE DE COURVAL   If only they'd both go!

ANGÉLINE stands up.

ANGÉLINE SAUVÉ   (*To* RHÉAUNA.) Are ye comin?

RHÉAUNA BIBEAU *does not answer.*

Okay. Ah'll leave the door oaff the snib.

She goes towards the door. Blackout. Spotlight on ANGÉLINE SAUVÉ.

It's easy tae criticise ither folk. It's easy tae criticise them, but you've goat tae look at it fae baith sides. The folk ah meet in that club are ma best pals. Naebdy's ever been sae nice tae me afore … No even Rhéauna. Wi thae folk ah enjoays masel. Ah can laugh an joke wi them. Ah wis broat up bi nuns baith in an oot the school. They did thir bests tae learn me, pair sowls, but they'd nivir lived. Dae you know, ah wis fifty-five year ae age afore ah learned how tae enjoay masel. An that wis only bi luck, thanks tae Pierrette takin me tae her club wan night. Oh, ah didnae waant tae go. She hid tae drag me there. But, the minute ah stepped owre that door, ah kent whit it wis tae've went through life athoot ony enjoyament. Ah appreciate clubs arenae awbody's cup ae tea, but me, ah think they're great. 'Coorse, it's no the haill truth ah hiv only a Coke when ah goes there. Noo an again ah hivs a drink. No much, mind, but it fair cheers me up. It's no as if ah dis ony herm tae onybody. Ah jist buys masel two oors ae enjoayment a week. But this wis bound tae happen sooner or later. Ah kent ah wid end up gettin catched. Ah kent it. What'm ah gaunnae dae? Dear God, what'm ah gauntae dae? (*Pause.*) God Almighty! Everybody deserves tae git a wee bit enjoayment oot thir lifes! (*Pause.*) Ah aye tellt masel that if ah goat fund oot, ah'd stoap gaun tae the club ... But ah'm no shair that ah'll can stoap ... An Rhéauna widnae pit up wi that. (*Pause.*) Aw an aw, if it comes tae the bit, ah suppose Rhéauna means mair tae me nor Pierrette dis. (*Long sigh.*) It looks like ma fun's finished ...

She goes off.
Spotlight on YVETTE LONGPRÉ.

YVETTE LONGPRÉ   Ma guid-sister, Fleur-Ange, hid her birthday pairty last week. It wis fair smashin a pairty. Thir wis a big gang ae us there. Tae start wi, thur wis her an her faimly. Oscar David, that's her man, Fleur-Ange David, that's her hersel, an thir seevin bairns: Raymonde, Claude, Lisette, Fernand, Réal, Micheline, and Yves. Her man's folks, Aurèle David an his wife, Ozéa David, wur there tae. Then thir wis ma guid-sister's mither, Blanche Tremblay. Her faither wisnae there, fur he's deid. Then thir wis the rest ae us: Antonio Fournier, an his wife, Rita, Germaine Gervais was there, tae, an Wilfred Gervais, Armand Gervais, George-Albert Gervais, Louis Thibault, Rose Campeau, Daniel Lemoyne an his wife, Rose-Aimée, Roger Joly, Hormidas Guay, Simonne Laflamme, Napoléon Gauvin, Anne-Marie Turgeon, Conrad Joannette, Léa Liasse, Jeannette Landreville, Nina Laplante, Robertine Portelance, Gilberte Morrissette, Laura Cadieux, Rodolphe Quintal, Willie Sanregret, Lilianne Beaupré, Virginie Latour, Alexandre Thibodeau, Ovila Gariépy, Roméo Bacon an his wife, Juliette, Mimi Bleau, Pit Cadieux, Ludger Champagne, Rosaire Rouleau, Roger Chabot, Antonio Simard, Alexandrine Smith, Philémon Langlois, Eliane Meunier, Marcel Morel, Grégoire Cinq-Mars, Théodore Fortier, Hermine Héroux an us, me an ma man, Euclide. That wis jist aboot them aw, ah think ...

The lights come back on.

GERMAINE LAUZON   Awright noo, lit's git back tae work again, eh?
ROSE OUIMET   Aye, git yir fingers oot an yir tongues in!
DES-NEIGES VERRETTE   We're no daein that bad, are we? Look at the pile ah've done awready ...

MARIE-ANGE BROUILLETTE   No tae mention aw the wans yuv thieved.

LISETTE DE COURVAL   Would you care to pass me over some more stamps, Mme. Lauzon?

GERMAINE LAUZON   Oh, aye ... maist certainly ... Here's a haill pile.

RHÉAUNA BIBEAU   Angéline! Angéline! It cannae be true!

LINDA LAUZON   (*To* PIERRETTE.) Hullo, Auntie Pierrette.

PIERRETTE GUÉRIN   Hi-ya, doll. How're ye doin?

LINDA LAUZON   Aw, no sae bad. Ma mum an me's aye fightin. Ah'm seek fed up ae it. She's aye greetin an girnin aboot nothin. Ah wish ah could jist clear oot ae here.

GERMAINE LAUZON   It'll no be long afore the retreats'll be startin, eh no?

ROSE OUIMET   Aye. They were jist sayin that at Mass last Sunday there.

MARIE-ANGE BROUILLETTE   Ah hope it'll no be the same priest as last year 'at comes.

GERMAINE LAUZON   Ah hope no! Ah didnae take tae him neither. He'd pit ye tae sleep, yon yin.

PIERRETTE GUÉRIN   Well, thurs nothin haudin ye back fae leavin. Ye could ayeways come an stey wi me ...

LINDA LAUZON   Are you kiddin? They'd turn thir backs oan me fur good!

LISETTE DE COURVAL   No, it's not the same one coming this year.

DES-NEIGES VERRETTE   Naw? Who is it then?

LISETTE DE COURVAL   It's an Abbé Rochon. He's supposed to be wonderful. Abbé Gagné was just telling me the other day that he was one of his best friends ...

ROSE OUIMET   (*To* GABRIELLE.) There she goes again aboot her Abbé Gagné. We'll be hearin aboot him aw night noo, nothin shairer! Anybody'd think she fancied him. It's Abbé Gagné this, Abbé Gagné that ... Bloody Abbé Gagné! Ah don't like him wan bittie.

GABRIELLE JODOIN   Me neither. He's owre new-fangled in his ideas fur me. It's wan thing tae take an interest in yir parishioners but it's anither tae stick yir nose intae parish business. He shouldnae forget that he's a priest. A man of God!

LISETTE DE COURVAL   Oh, but the man is a saint ... You should get to know him, Mme. Dubuc. I'm sure you'd take to him ... When he speaks, you'd think it was the Lord God himself talking to you.

THÉRÈSE DUBUC   Ye shouldn't exaggerate.

LISETTE DE COURVAL   But it's the truth. Even the wee ones, the children, worship him ... Oh, that reminds me, the children of the parish are putting on a concert next month. I hope you'll all can come along. It should be a wonderful evening. They've already been practising for weeks ...

DES-NEIGES VERRETTE   What are they gaunnae hiv?

LISETTE DE COURVAL   Oh, it's going to be very good. They're going to perform all kinds of acts. Mme. Gladu's wee boy is going to sing ...

ROSE OUIMET   No again! Ah've hid ma full ae that wee gett. He gies me the dry boke. Ah'm tellin ye, ever since he wis oan the TV his mither's walked aroon wi her nose in the air. Thinks she's a bigshot!

LISETTE DE COURVAL   But little Raymond has a beautiful voice.

ROSE OUIMET   Is that so? Well, if ye ask me he looks like a jessie, wi his mooth aw screwed up like a duck's erse.

GABRIELLE JODOIN   Rose!

LISETTE DE COURVAL   Diane Aubin is going to give a demonstration of swimming in water ... The concert is going to take place at the public baths ... It's going to be beautiful ...

ROSE OUIMET   Wull thir be a raffle?

LISETTE DE COURVAL   Oh, of course. And the last event of the evening will be a grand bingo.

THE OTHER WOMEN   (*Except the four young women.*) A bingo!

OLIVINE DUBUC   Bingo!

Blackout.

When the lights come back on, the nine women are standing at the edge of the stage.

LISETTE DE COURVAL   An Ode to Bingo!

OLIVINE DUBUC   Bingo!

While ROSE, GERMAINE, GABRIELLE, THÉRÈSE *and* MARIE-ANGE *recite the Ode to Bingo, the four other women call out bingo numbers in counterpoint and very rhythmically.*

ROSE, GERMAINE, GABRIELLE, THÉRÈSE, MARIE-ANGE   Ah'm daft oan the Bingo! Ah'm bingo-daft! Fur me, thurs nothin beats a game ae bingo. Thurs wan in oor parish jist aboot every month. We take turn aboot in each ither's hooses. Two days aforehand ah start tae git oan edge. Ah git that nervous an jittery. Ah cannae git it oot ma mind.

Then when the big day comes ah'm that excitit ah'm no able tae dae a haund's turn aboot the hoose. The minute the tea's past, ah pits ma glad-rags oan an ah'm oot the hoose in a shot. No even an atom bomb wid stoap me. Ah'm daft oan the bingo! Ah'm bingo-daft, so ah am! Fur me, thurs nothin beats a game ae bingo. When we gits there, it's aff wi oor coats an a mad dive fur the room we're gauntae play in. Sometimes the living-room's cleared fur us, an sometimes the kitchen. It's even been kent fur us tae yaise the bedroom. We sit doon at the tables, haund roond the cairds, set up the balls, an away we go …

The women who are calling the numbers continue alone for a few seconds.

Ah git that excitit ah vernear hae a fit. Ah git aw flustered. Ah come oot in a cauld sweat. Ah mix up aw the numbers. Ah pit ma croass in the wrang boaxes. Ah make the caller repeat the numbers fur me. Oh, whit a state ah gits intae! Ah'm daft oan bingo! Ah'm bingo-daft, so ah am! Thurs nothin in the world beats a game ae bingo! The game's aboot finished. Ma house is aboot up. Ah need jist a B-14! Aw ah waant's a B-14! Please, a B-14! A B-14! A B-14! Ah keek at the ithers … They're as close tae oot as me, the buggers. What'm ah gaunnae dae? Ah've goat tae win! Ah've goat tae win! Ah've goat tae win!

LISETTE DE COURVAL B-14!

THE FIVE WOMEN House! House! Ah've won! Ah knew it! Ah kent ah wid be lucky! Ah've won! Whit's the prize?

LISETTE DE COURVAL Last month was the month for standard lamps. But this month, wait fur it, it's wally dogs!

THE NINE WOMEN Ah'm daft oan the bingo! Ah'm bingo-daft! Thurs nothin beats a game ae bingo! It's a shame they dinnae hiv bingo nights mair oaften! The mair ae them we'd hiv, the happier ah'd be. Hip, hip, fur the standard lamps! Hip, hip, fur the wally dugs! Hip, hip, hooray fur the bingo!

ROSE OUIMET Ma tongue's hingin oot wi thirst.

GERMAINE LAUZON Oh-tae-Christ, ah forgoat aw aboot the drink. Linda, git the Cokes oot.

OLIVINE DUBUC Coke … Coke … aye, aye … Coke …

THÉRÈSE DUBUC Huv patience, Mme. Dubuc. You'll git some Coke along wi everybody else. But jist you mind an drink it right, eh? Nae spillin it like ye did the last time.

ROSE OUIMET   She's gittin oan ma nerves wi that mither-in-law ae hers. Ah'm no jokin.

GABRIELLE JODOIN   Quit it, Rose. Thir's been enough argybargyin the night as it is athoot you startin mair.

GERMAINE LAUZON   Aye. Jist you keep quiet an stick thae stamps. Ye've scarce fillt wan book!

Spotlight on the fridge. The scene which follows must take place in front of the fridge door.

LISE PAQUETTE   (*To* LINDA.) Ah've goat tae talk tae ye, Linda.

LINDA LAUZON   Aye, ah know. Ye tellt me at the cafe ... But this isnae the time, is it?

LISE PAQUETTE   You're ma best pal, Linda ... Ah waant you tae be the furst tae ken. It'll no take long. Ah've goat tae tell somedy. Ah cannae keep it tae masel much longer. Ah'm too worked up. Linda, ah'm gaunnae hiv a bairn.

LINDA LAUZON   Ye're whit! Naw, ye cannae be. Are ye shair?

LISE PAQUETTE   Aye, ah'm shair. The doactir tellt me.

LINDA LAUZON   So, what're ye gaunnae dae?

LISE PAQUETTE   Ah dinnae ken. Ah'm that depressed, Linda. Ah hivnae said anything tae ma mum an dad yit. Ah'm feart whit ma faither'll dae. He'll murder me, so he will. An that's no kiddin. When the doactir tellt me ah felt like jumpin oot the windae there an then.

PIERRETTE GUÉRIN   Listen, Lise ...

LINDA LAUZON   Did you hear?

PIERRETTE GUÉRIN   Aye, ah can appreciate how yur feelin, hen, but ... ah might be able tae help ye ...

LISE PAQUETTE   Oh aye? How?

PIERRETTE GUÉRIN   Well, ah ken a doactir ...

LINDA LAUZON   Auntie, you're no suggestin that!

PIERRETTE GUÉRIN   Och, away! It's no dangerous ... He dis it two-three times a week, this doactir.

LISE PAQUETTE   Ah must admit ah've awready thoat aboot it ... But ah didnae ken naebdy tae approach ... An ah wis feared tae try it oan ma ain.

PIERRETTE GUÉRIN   Dinnae you ever try that! It's owre dangerous! But wi this doactir ae mines ... If ye like, ah can arrange it fur ye. A week fae noo an ye'll be as right as rain.

LINDA LAUZON Lise, ye widnae waant tae dae that, wid ye? It's criminal!

LISE PAQUETTE Whit else wid ye hae me dae? Whit choice huv ah goat? It's the only wey oot. Ah dinnae waant the bairn. See whit happened tae Manon Belair. She goat pregnant an noo she's lumbered wi that kid. Her life's finished.

LINDA LAUZON But what aboot the faither? Wid he no mairry ye?

LISE PAQUETTE Ye ken fine he droapped me. He beat it soon's he kent. When ah think ae the promises he made me. How happy we wur gaunnae be thegither, an how he wis makin money hand-owre-fist. Eejit that ah am, ah taen it aw in. It wis presents here, presents there ... thir wis nae end tae them. Aw, it wis nice enough at the time ... in fact, it wis really nice ... But bugger it, then this hid tae happen. Fuck it, this hid tae happen. Ah've nivir been gien a brek. Nivir. Whey is it me ayeways lands heidfirst in the shite when aw ah waant tae dae is climb oot ae it? Ah'm bloody well sick ae workin behind that coonter in that shoap. Ah waant tae dae somethin wi ma life. D'ye understand? Dae somethin. Ah waant a car, a nice flat, some nice claes. Christ knows, aboot aw ah've goat tae pit oan ma back are shoap overalls. Ah've aye been hard up ... aye hid tae scrimp'n scrape ... But ah'm damn shair ah'm no gaunnae go oan like this. Ah dinnae waant tae be a naebody any mair. Ah came intae this world bi the back door but by Christ ah'm gaunnae go oot bi the front. An ye can take it fae me that nothin's gaunnae git in ma wey. Nothin's gaunnae stoap me. You see if ah'm no right, Linda. In two three years you'll see that Lise Paquette's become a somebody. Jist you watch, she'll be rollin in it then.

LINDA LAUZON You're no gaun the right wey aboot it.

LISE PAQUETTE But that's whit ah'm tryin tae tell ye. Ah've made a mistake an ah waant tae pit it right. Eftir that ah'm gaunnae make a new start. You understand whit ah'm sayin, Pierrette, don't ye?

PIERRETTE GUÉRIN Aye, ah dae, hen. Ah understand whit it is tae waant tae better yirsel. Take me, fur instance, at your age ah left hame because ah waantit tae make big money. But ah didnae go aboot it bi workin in some two-bit shoap. Nae danger! Ah went straight intae the club. That's where ye could make real money. An it'll no be long noo till ah'm coinin it in. Johnny himsel's promised me ...

ROSE, GERMAINE, GABRIELLE That swine Johnny! That swine Johnny!

GINETTE MÉNARD   Whit are youse up tae owre here, eh?
LISE PAQUETTE   No nothin. (*To* PIERRETTE.) We'll talk aboot it later oan ...
GINETTE MÉNARD   Aboot whit?
LISE PAQUETTE   It'll no maitter. It's nothin.
GINETTE MÉNARD   Can ye no tell me?
LISE PAQUETTE   You'd clype, so jist droap it, eh?
PIERRETTE GUÉRIN   Come oan, hen, you an me can talk it owre acroass here ...
GERMAINE LAUZON   Whit's happened tae thae drinks?
LINDA LAUZON   They're comin, they're comin ...

The lights come back on.

GABRIELLE JODOIN   Aw Rose, that blue suit ae yours, how much did ye pey fur it?
ROSE OUIMET   Whit wan?
GABRIELLE JODOIN   Ye ken, the wee suit wi the white lace roond the coallar.
ROSE OUIMET   Oh, that ain ... ah goat it fur $9.98.
GABRIELLE JODOIN   That's whit ah thoat. Wid ye believe ah seen the same wan the day at Reitman's fur $14.98 ...
ROSE OUIMET   Git away! Ah tellt ye ah'd picked it up cheap, eh?
GABRIELLE JODOIN   You're a dab hand at fundin bargains, right enough.
LISETTE DE COURVAL   My daughter, Micheline, has just started a new job. She's working on those F.B.I. machines.
MARIE-ANGE BROUILLETTE   Is that a fact! Ah've heard tell they gan fur yir nerves, thae machines. The lassies 'at works oan them huv tae cheynge joabs every six month. Ma guid-sister Simonne's dochter hid a nervous brekdoon owre the heid ae wan. Simonne wis jist oan the phone the day tellin me aboot it ...
ROSE OUIMET   Oh, buggeration, that minds me. Linda, you're waantit oan the phone.

LINDA *rushes to the telephone.*

LINDA LAUZON   Hullo, Roabert? How long've ye been waitin?
GINETTE MÉNARD   Come oan, tell me.
LISE PAQUETTE   Naw. Stoap buggin me. Stoap hingin aboot me. Ah waant tae talk tae Pierrette fur a wee while. Goan, hop it, buggerlugs.

GINETTE MÉNARD   Awright, aw can take a hint. It's no that, though, when yuv goat naebdy tae talk tae, intit no? But as soon as somedy else comes along ...

LINDA LAUZON   Look, Roabert, fur the fifth time, it's no ma fault! Ah'm tellin ye, ah jist this minute wis tellt ye were oan the phone!

THÉRÈSE DUBUC   Here, Mme. Dubuc, hide thir!

ROSE OUIMET   (*To* GINETTE MÉNARD *who is handing out the drinks.*) How're things at hame, Ginette?

GINETTE MÉNARD   Aw, jist the same as ever ... They fight like cat'n dug aw day ... Same as usual. Ma mither still hits the boattle ... an ma faither still goes aff the deep-end at her ... Thull be fightin wi each ither till thir dyin days ...

ROSE OUIMET   Ya pair thing ye ... An yir sister?

GINETTE MÉNARD   Suzanne? Aw, she's still the brainy wan ae the faimly. They think the sun shines oot ae her erse. They cannae see past her. "She's a good girl. You should learn from her, Ginette. She's made somethin wi her life". Me, ah'm a nothin as far as they're concerned. But ah've aye kent they've thoat mair ae her nor me. An noo that she's a schuil-teacher, it's goat beyond a joke.

ROSE OUIMET   Noo, noo, Ginette. Surely you're exageratin it a wee bit?

GINETTE MÉNARD   Naw, ah ken whit'm sayin ... Ma mither's nivir hid ony time for me. It's ayeways been, "Suzanne's the boanniest. Suzanne's the maist refined". Ah've heard it day in day oot till ah'm seek ae hearin it! An tae cap it aw, noo even Lise disnae like me anymair!

LINDA LAUZON   (*On the phone.*) Away you tae hell! Goan, bugger aff! If you dinnae waant tae listen, whey should ah bother tae explain? What mair dae ye waant me tae say? Ye can phone back when yur in a better mood!

She hangs up.

Could ye no've tellt me earlier ah wis waantit oan the phone! He bawled me oot, an noo he's taken the huff at me!

ROSE OUIMET   Wid ye listen tae her! Who dis she think she's talkin tae? She's doo-lally, that yin!

Spotlight on PIERRETTE GUÉRIN.

PIERRETTE GUÉRIN   When ah left hame ah wis that in love ma heid wis back tae front. Ah couldnae see straight. Ah'd een fur naebdy but Johnny. Naebdy else coontit. The bastart made me squander ten year ae ma life. Here ah am, only thirty year ae age an ah feels like sixty. The things that chancer goat me tae dae fur him. Ah wis aye taen in bi his patter, eejit that ah am. Ten year ah knoacked ma guts oot in his club fur him. Ah wis smashin-lookin then. Ah drew his customers in an that kept him sweet as long as it lastit. But as fur that bastart noo, ah've hid ma full. Ah'm seek-scunnert … Deid-done cawin ma pan oot, an fur whit? Aw ah feel fit fur is jumpin aff the bridge. It's jist the drink that keeps me gaun. Ah've been oan the boattle solid since last Friday past. An that pair Lise thinks she's aw waashed up jist acause she's pregnant! Christ Almighty, she's young yit! Ah'm gaunnae gie her ma doactir's address … He'll see her right. She'll can make a new start. No me, though. No me, ah'm too auld. If ye've been at it fur ten year, ye're owre the hill. A has-been. But how could ah even begin tae explain that tae ma sisters? They'd nivir understand. No in a month ae Sundays. Ah dinnae ken what ah'm gaunnae dae noo. What'm ah tae dae?

LISE PAQUETTE (*At the other end of the kitchen.*) Ah dinnae ken what ah'm gaunnae dae noo. What'm ah tae dae? An abortion's a serious maitter. Specially if ye try tae dae it yirsel. Ah've heard enough stories tae ken that. Ah'd be safer tae go an see this doactir ae Pierrette's. Aw, whey dae thir things aye happen tae me? Pierrette's lucky. Workin in that Club fur ten year. Makin loads ae money. An she's in love, tae! Ah wish ah could be her. Even if her faimly hivnae nae time fur her, at least she's happy bein oan her ain.

PIERRETTE GUÉRIN He chucked me oot! "It's aw finished," he said. "Yur no waantit! Yur too auld noo. So ye can pack yir bags an beat it. Yur nae mair yaiss tae me". The hertless gett! He didnae leave me wi a penny! Not a bloody cent! The bastart! Eftir aw that ah did fur him owre the past ten year! Ten year! Ten year fur sweet bugger-all! If that widnae make ye waant tae dae away wi yirsel, whit wid? What'm ah tae dae? Eh, jist what? Staund at the back ae a coonter aw day like Lise? Become a shoap-assistant? No thank you! Nae danger! That's awright fur young bit lassies an mairrit wimmun, but no fur the likes ae me. What'm ah tae dae? Ah've jist nae idea. Ah've goat tae pit a face oan it here. Ah cannae tell the truth tae Linda an Lise that ah'm aw waashed up. (*Silence.*) Aye, well ... thurs nothin left but the drink noo ... Guid joab ah like the stuff ...

LISE PAQUETTE   (*Repeating several times throughout* PIERRETTE's *last monologue.*) Ah'm feart! Oh, Sweet Jesus, ah'm feart!

She goes up to PIERRETTE *and throws herself into her arms.*

Are you sure this is gaunnae work, Pierrette? Ah'm feart, so ah am!

PIERRETTE GUÉRIN   (*Laughing.*) Aye, aye. Everything'll be jist fine, hen. You'll see. Everything'll be okay ...

The lights return to normal.

MARIE-ANGE BROUILLETTE   (*To* DES-NEIGES VERRETTE.) Dae you ken, it's no even safe tae go tae the pic-churs. Jist the ither day ah went tae see Yves Montand in somethin ... Ma man wisnae interestit so he steyed at hame. Well, here, wid ye credit, right in the middle ae the pic-chur, this auld bugger comes an sits asides me, an afore ah ken whit's gaun oan he starts, anglin fur a feel. Ah wis as embarrassed as git oot, as ye can weel imagine, but ah kept ma heid. Ah stood up oot ma seat an belted him wan in his ugly puss wi ma handbag.

DES-NEIGES VERRETTE   Quite right! Ah ayeways cairries a hat pin when ah go tae the pictures. Ye can nivir tell whit might happen. The furst wan 'at tries any funny stuff wi me ... But ah've nivir hid tae yaise it yit.

ROSE OUIMET   This Coke is braw an waarm, Germaine.

GERMAINE LAUZON   When are you gaunnae stoap criticisin, eh? Jist when, tell me?

LISE PAQUETTE   Linda, huv ye goat a pencil an paper?

LINDA LAUZON   Look, Lise, ah'm tellin ye, dinnae dae it!

LISE PAQUETTE   Ah ken whit ah'm daein. Ah've made ma mind up an nothin'll make me cheynge it.

RHÉAUNA BIBEAU   (*To* THÉRÈSE.) What're ye up tae thair?

THÉRÈSE DUBUC   Wheesht! Keep yir vyce doon! You should dae the same. Two or three books'll no be noticed.

RHÉAUNA BIBEAU   Ah'm no a thief!

THÉRÈSE DUBUC   Aw c'moan, Mlle. Bibeau, it's no thievin. It's no as if she peyed onything fur thir stamps. An she's goat a mullion eftir aw. A mullion!

RHÉAUNA BIBEAU That disnae maitter. She invited us here tae help her stick her stamps. We cannae turn roon an start thievin them.

GERMAINE LAUZON (*To* ROSE.) What are they two up tae? Ah dinnae like aw this whisperin ...

She approaches RHÉAUNA *and* THÉRÈSE.

THÉRÈSE DUBUC (*Seeing her coming.*) Oh ... Aye ... Ye add two cups ae watter an then stir it.

RHÉAUNA BIBEAU Eh? Ye whit? (*Noticing* GERMAINE.) Oh! Aye! She wis jist gien me a recipe.

GERMAINE LAUZON A recipe? Fur whit?

RHÉAUNA BIBEAU Doughnuts!

THÉRÈSE DUBUC A chocolate puddin!

GERMAINE LAUZON Well, which is it tae be? Doughnuts or chocolate puddin?

She goes back to ROSE.

Rose, thurs some funny business gaun oan here the night. Ah'm tellin ye.

ROSE OUIMET (*Who has just hidden a few booklets in her handbag.*) Naw, naw ... Yur imaginin things ...

GERMAINE LAUZON An ah think ma Linda's spendin too much time wi her Auntie tae. Linda, come owre here!

LINDA LAUZON Hing oan a minute, Mum ...

GERMAINE LAUZON Ah tellt you tae come here! That means now! No the moarn!

LINDA LAUZON Awright, awright! Keep yir heid oan ... Aye, whit is it?

GABRIELLE JODOIN Keep us compny fur a wee whilie ... You've been wi yir auntie fur long enough ...

LINDA LAUZON So? Whit's that tae you?

GERMAINE LAUZON What dis she hiv sae much tae blether aboot wi yir pal, Lise, owre there?

LINDA LAUZON Oh ... nothin ...

GERMAINE LAUZON You answer me straight when yur spoken tae!

ROSE OUIMET Lise wrote somethin doon a wee while ago.

LINDA LAUZON It wis jist an address.

GERMAINE LAUZON Dinnae tell me she's taen Pierrette's address!

Look you, if ah ever fund oot you've been at yir Auntie's, you'll know aboot it, d'ye understand?

LINDA LAUZON Wull you lea me alane! Ah'm auld enough tae ken whit ah'm daein!

She goes back towards PIERRETTE.

ROSE OUIMET It's mebbe nane ae ma business, Germaine, but …

GERMAINE LAUZON But whit? Whit's wrang noo?

ROSE OUIMET Your Linda's startin tae go owre the score …

GERMAINE LAUZON Dae ah no ken it! But dinnae you worry, Rose. Ah can handle her. She's gaunnae git pit in her place pronto. An as fur that Pierrette, this is the last time she'll set fit in this hoose. Eftir the night, that's her oot fur good. She'll nivir darken ma door again.

MARIE-ANGE BROUILLETTE Huv ye no noticed how Mme. Bergeron's dochter's kinna puttin oan the beef, so tae speak?

LISETTE DE COURVAL Yes, I've noticed that …

THÉRÈSE DUBUC (*Insinuatingly.*) It's funny that, intit? Specially the wey the fat's aw gaitherin roond her belly.

ROSE OUIMET Well, ye ken whit they say … what goes up must come doon!

MARIE-ANGE BROUILLETTE She tries tae hide it tae. But it's really startin tae stick oot.

THÉRÈSE DUBUC Yur no kiddin! Ah wonder who did it tae her?

LISETTE DE COURVAL It'll most likely have been her step-father.

GERMAINE LAUZON That widnae surprise me wan little bit. He's hid his eye oan her ever since he mairrit her mither.

THÉRÈSE DUBUC It wid turn yir stomache whit's gaun oan in thon hoose. Pair Monique. She's jist a young lassie …

ROSE OUIMET Mebbe so, but she kens the score, that same yin. The wey she dresses invites trouble. Last summer, bi Christ, ah wis embarrassed jist lookin at her! An ye ken me … Ah'm no easy shoacked. D'ye no mind thae rid hoat-pants she wis wearin aw the time? Thae really shoart wans? Well, ah've said it afore an ah'll say it again, that Monique Bergeron is gaunnae come tae a bad end. She's goat badness in her, that lassie, pure badness. She's a ridheid, of coorse, an ye ken whit they say aboot wimmun wi rid hair … Naw, yese can say whit yese like, thae young lassies 'at gits up the stick afore they're mairrit deserves aw they git.

LISE PAQUETTE makes a move to get up.

PIERRETTE GUÉRIN   Jist relax, Lise!

ROSE OUIMET   If ye ask me, they bring it oan themselves. Ah'm no talkin aboot the wans 'at gits raped, mind. That's somethin awthegither different. But an ordinary lassie 'at gits hersel up the stick, naw, naw ... Ah've goat nae sympathy fur her. Ah ken thae French fillums wid hiv us believe they deserve oor sympathy, but ah've goat nae sympathy fur lassies like that. It's her tough luck. She's made her bed, an she can lie in it. Ah can tell you, if ma lassie Carmen ever came hame wi wan up her, she'd go heid-furst oot the windae in double-quick time! Thurs nae danger ae her gittin in that wey, though. She'd nivir dae somehin durty like that ... She's as pure as the driven snaw, that lassie. Naw, as far as ah'm concerned aw thae unmairrit mithers are the same. They're a shower ae fulthy hures! It's them that dis the chasin eftir the men. Ye ken whit ma man caws them? Shag-bags!

LISE PAQUETTE   If she disnae shut it, ah'll kill her!

GINETTE MÉNARD   Whey? If ye ask me, she's right.

LISE PAQUETTE   You fuck off afore ah belt ye wan!

PIERRETTE GUÉRIN   That's a bit hard, is it no, Rose?

ROSE OUIMET   Oh, aye, we aw ken you're yaissed tae thir kinnae things. Nothin'll surprise you ... you've saw it aw afore. It's mebbe normal tae you, but it's no tae us. Thurs a wey tae stoap that soart ae thing happenin ...

PIERRETTE GUÉRIN   (*Laughing.*) Aye, that's right. Thurs mair nor wan though. The pill, fur instance?

ROSE OUIMET   Ach, thurs nae peynt talkin tae you! You ken damn fine that's no what ah meant! Ah'm a good Catholic, an ah'm against aw this free love! Ya hure that ye are, ye can jist lea us alane an go back tae them ye belong wi!

LISETTE DE COURVAL   Just the same, Mme. Ouimet, I think you're maybe over-doing it. Sometimes it happens that girls who find themselves in the family way aren't themselves entirely to blame.

ROSE OUIMET   You believe everythin they fill yir heid wi in thae French fillums!

LISETTE DE COURVAL   What have you got against French films, then?

ROSE OUIMET   Ah've nothin against thum. Ah like American wans better, that's aw. Thae French fillums are too realistic. They're nothin like real life. They exaggerate evrythin. Ye shouldnae be taken in bi them. They aye try tae make ye feel sorry fur the lassie gits hersel pregnant. It's nivir her fault as far as they're concerned. Jist ask yirsel, dae you think real life's like that? Ah'm damn shair ah dinnae! A fillum's a fillum an life is life!

LISE PAQUETTE   Jesus Christ, ah'll murder her so ah will! The stupit bitch! The ignorant gett! She's the last wan should go aboot judgin everybody. Her Carmen? Well, ah ken a loat aboot her Carmen aw right an ye can take it fae me, she's hid mair coacks than hoat dinners! She should redd up her ain midden afore she shites oan everybody else's!

Spotlight on ROSE OUIMET.

ROSE OUIMET   Life is life, an nae bloody Frenchman ivir made a fillum aboot that, or will! The man could show life the wey it is, his yet tae be boarn. Aw aye, it's easy-peasy fur any actress tae turn it oan an make ye feel sorry fur her in a fillum. Easy-bloody-peasy! But when she's finished work at night, she can go hame tae her big fancy hoose an climb intae her big fancy bed 'at's twice the bloody size ae ma bedroom! As fur the rest ae us, when we git up in the moarnin … (*Silence.*) When ah wake up in the moarnin, he's aye lyin there starin at me … waitin. Every moarnin that the Good Lord sends, he's lyin there starin at me, waitin! Every night that the Good Lord sends, ah git intae ma bed an he's lyin there, waitin! He's aye there, aye eftir me, his filthy paws aw owre me. Bastardin sex! They nivir show ye that in fillums, though, dae they? It's nivir like that in the fillums, though, is it? Oh no, that's the kinnae thing they nivir show. Who the hell's interestit in a wummin 'at's goat tae see oot a life-sentence wi some fulthy gett cause she said "Aye" tae him wance? Naw, that widnae be interestin enough fur fillums. Christ knows, nae fillum wis ever as sad as this. Nae fillum lasts a lifetime like this. (*Silence.*) Ah've oaften said it. Oaften. Ah should nivir hiv mairrit. Nivir. Ah shoulda screamed it at the toap ae ma voice: "Nivir! Nivir!" Ah'da been better aff an auld spinster insteed ae this. At least ah'da goat some peace tae masel … been left alane. Ah didnae huv a clue whit ah'd lit masel in fur. Young eejit thit ah wis, aw ah could think aboot wis "the Holy State o Matrimony"! Yuv goat tae be stupit bringin yir bairns up like that, kennin nothin. Yuv goat tae be hellish stupit! See, ma Carmen? Ah'll make sure she disnae git catched oot like me. Ah've drummed it intae her time and time again what men are really like. She'll no be able tae say ah nivir warned her. (*On the verge of tears.*) She'll no end up like me, forty-four year ae age, wi a four-year-auld bairn still oan ma airm, an wi an ignorant swine ae a man whase heid's fu ae nothin mair than makkin shair he gits his end away two an mair times a day, three hunner an sixty-five days ae the year! When ye git tae be ma age an realise ye're life's been a nothin, an nothin it'll stey till ye dee, it makes ye waant tae pack the haill loat in an stert aw owre again. But wimmun cannae dae that ... Fae stert tae finish wimmun are pit unner the thumb, an there they've goat tae stey right till the bitter end!

The lights come back on.

GABRIELLE JODOIN Well say whit ye will, fur masel ah think they French pictures are great. They're smashin. They aye make me bubble an greet. An ye've goat tae admit thae Frenchmen're a loat better-lookin than Canadians. They're real men, they are!

GERMAINE LAUZON Aw, haud oan noo! Ah cannae lit ye away wi that.

MARIE-ANGE BROUILLETTE Aw thae Frenchmen are toattie. The wee nyaffs dinnae come up tae ma shooders even. An they act like jessies! Pure jessies!

GABRIELLE JODOIN I beg your pardon. Some of them are real men! No like oor yissless menfolk!

GERMAINE LAUZON Ye can say that again! Oor men are jist teuchters ... they've nae style, nae notion ae manners ... Mind you, oor menfolk might be coorse, but oor actors are jist as guid an every bit as good-lookin as ony ae thae French actors fae France.

GABRIELLE JODOIN Well, ah widnae say no tae Jean-Paul Belmondo. Noo, there's a real man fur ye!

OLIVINE DUBUC Coke ... Coke ... Mair Coke ... Coke ...

THÉRÈSE DUBUC Quieten doon, Mme. Dubuc!

OLIVINE DUBUC Coke! Coke!

ROSE OUIMET Aw, switch her aff, wull ye? Ye cannae hear yirsel pastin fur her. Shove a boattle ae Coke in her gab, Germaine. That'll shut her up fur a couple ae minutes.

GERMAINE LAUZON Ah'm no shair if ah've goat anymair.
ROSE OUIMET Christ, ye didnae buy much, did ye? You're really coontin yir cents.
RHÉAUNA BIBEAU (*Stealing some stamps.*) Och, tae hang. Three mair books'll see me git ma chrome dustpan.

ANGÉLINE SAUVÉ *enters.*

ANGÉLINE SAUVÉ Hullo … (*To* RHÉAUNA.) Ah've come back …
THE OTHERS (*Dryly.*) Hullo …
ANGÉLINE SAUVÉ Ah've went tae see Abbé Castelneau …
PIERRETTE GUÉRIN She's feart tae look me in the ee!
DES-NEIGES VERRETTE Whit's she waantin tae speak tae Mlle. Bibeau fur?
MARIE-ANGE BROUILLETTE Ah'm shair she waants tae ask her tae forgie her, an patch things up again atween them. Mlle. Sauvé's no a bad sowl, eftir aw's said an done. An gie her her due, she's goat enough savvie tae ken how tae pit things right. Things'll aw work oot fur the best, jist you wait'n see.
GERMAINE LAUZON While wur waitin, ah'm gaunnae see hoo many books we've filled.

The women sit up in their chairs.
GABRIELLE JODOIN *hesitates, then …*

GABRIELLE JODOIN Oh, Germaine, ah forgoat tae tell ye. Ah fund ye a corset-maker. She's cawed Angélina Giroux. Come owre here an ah'll tell ye mair aboot her.
RHÉAUNA BIBEAU Ah kent you'd come back tae me, Angéline. Ah'm really gled. We'll pray thegither an the Good Lord'll forget aw aboot what ye've done in nae time, you'll see. The Lord God isnae spiteful …
LISE PAQUETTE Well, Pierrette, it looks like they're aw pally-wally again.
PIERRETTE GUÉRIN Christ, wid that no make ye boke!
ANGÉLINE SAUVÉ Ah'll jist say cheerio tae Pierrette an explain.
RHÉAUNA BIBEAU Naw, naw. Ye'd be better advised no tae speak tae her at aw. Stey aside me an dinnae go near her. Yur finished an done wi her fur good. She's in the past noo.
ANGÉLINE SAUVÉ Jist as ye please, Rhéauna. Whitiver you thinks best.
PIERRETTE GUÉRIN Well, that's that, eh? She's goat her back in her clutches again. Thurs nae peynt in me hingin aboot here ony longer

nor ah huv tae. The haill bloody loat ae them gie me the boke, so they dae. Ah've goat tae git the hell oot ae here an git some air so's ah can breathe.

GERMAINE LAUZON   Oh, that's rare, Gaby! Yur a real pal! Ah wis startin tae git desperate. It's no everybody can make me a corset. Ah'll go an see her nixt week.

She goes over to the box with the booklets. The women watch her.

Help-ma-Christ, thurs no much in here! Where are aw the books, eh? Thurs nae mair nor a dizzen in the boax. Mebbe thur ... Naw, the table's clear!

Silence.
GERMAINE LAUZON *looks at all the women.*

Whit's gaun oan aroond here, eh?
THE OTHERS   Well ... Eh ... Ah dinnae ken ... How d'ye mean?

They pretend to search for the booklets. GERMAINE *places herself in front of the door.*

GERMAINE LAUZON   Where're ma stamps?
ROSE OUIMET   Come oan, Germaine. Lit's huv a search fur them.
GERMAINE LAUZON   Thur no in the boax an thur no oan the table. Ah waant tae ken here'n noo where ma stamps are!
OLIVINE DUBUC   (*Pulling out stamps hidden in her clothes.*) Stamps? Stamps ... Stamps ...

She laughs.

THÉRÈSE DUBUC   Mme. Dubuc, hide them ... Oh my God, Mme. Dubuc!
MARIE-ANGE BROUILLETTE   Jesus Christ!
DES-NEIGES VERRETTE   Pray fur us!
GERMAINE LAUZON   But her claes are stuffed fu wi them! She's stowed wi them! Here ... an here ... Thérèse ... Dinnae tell me this is your daein shairly?
THÉRÈSE DUBUC   Ah swear tae God, no! Ah nivir knew, ah promise!
GERMAINE LAUZON   Show me yir handbag.
THÉRÈSE DUBUC   Come oan, Germaine, if that's aw the faith ye've goat in me ...

ROSE OUIMET   Germaine, dinnae go owre the score an mak a fule ae yirsel!
GERMAINE LAUZON   You tae, Rose. Ah waant tae see the inside ae yir handbag. Ah'm waantin tae see aw yir handbags. Every single wan ae yese.
DES-NEIGES VERRETTE   You certainly will nut! Ah've nivir been sae insultit in aw ma boarn days!
YVETTE LONGPRÉ   Me an aw!
LISETTE DE COURVAL   I'll never set foot in this house again!

GERMAINE LAUZON grabs THÉRÈSE's handbag and empties it. Out fall several books.

GERMAINE LAUZON   Ahah! Ah kent it! Ah bet it's the same wi aw yir handbags. Double-croassin getts that yese are! But yese'll no git oot ae here alive! Ah'm gaunnae murder every wan ae yese!
PIERRETTE GUÉRIN   Ah'll help ye, Germaine. They're nothin but a shower ae bloody thieves! An thuv the cheek tae look doon thir noses at me!
GERMAINE LAUZON   Timm oot aw yir bags! (*She grabs ROSE's bag.*) There … and there! (*She takes another handbag.*) There's mair here. An look, still mair! You an aw, Mlle. Bibeau? There's only three, but jist the same!
ANGÉLINE SAUVÉ   Oh, Rhéauna, even you!
GERMAINE LAUZON   Thiefs, the loat ae yese! The haill gang ae yese. D'ye hear me? Yese're nothin but a pack ae thievin, bastardin getts!
MARIE-ANGE BROUILLETTE   You dinnae deserve aw thae stamps.
DES-NEIGES VERRETTE   Whey you mair nor onybody else, eh?
ROSE OUIMET   You've made us feel like durt wi yir mullion stamps!
GERMAINE LAUZON   But thae stamps are mines alane!
LISETTE DE COURVAL   They should be for everybody!
THE OTHERS   Aye, fur everybody!
GERMAINE LAUZON   But they're mines! Gie me them back!
THE OTHERS   Nivir!
MARIE-ANGE BROUILLETTE   Thurs still a loat mair in the boaxes. Lit's help oorsels.
DES-NEIGES VERRETTE   Aye, wheyfurno?
YVETTE LONGPRÉ   Ah'm gaunnae full ma handbag up.
GERMAINE LAUZON   Stoap it! Keep yir thievin haunds aff them!
THÉRÈSE DUBUC   Here, Mme. Dubuc, take thir! Here's some mair!

MARIE-ANGE BROUILLETTE Come oan, Mlle. Verrette. Here a haill loat mair. Gie's a haund.

PIERRETTE GUÉRIN Git yir hands oot ae there!

GERMAINE LAUZON Ma stamps! Ma stamps!

ROSE OUIMET Here, help me, Gaby. Ah've taen mair nor ah can cairry.

GERMAINE LAUZON Ma stamps! Ma stamps!

A battle royal starts. The women steal as many stamps as they can. PIERRETTE *and* GERMAINE *try to stop them.* LINDA *and* LISE *stay seated in the corner watching the spectacle without moving. Screams are heard, a few of the women begin to fight.*

MARIE-ANGE BROUILLETTE They're mines! Gie me them!

ROSE OUIMET You're leein, thur mines!

LISETTE DE COURVAL (*To* GABRIELLE.) Will you let go of me! Let me go, will you!

They start throwing stamps and books at one another. Everybody reaches into the boxes as fast as they can, and they throw the stamps everywhere, even out the door and the window. OLIVINE DUBUC *starts moving around in her wheelchair humming "O Canada". A few women leave with their loot of stamps.* ROSE *and* GABRIELLE *stay a little longer than the others.*

GERMAINE LAUZON Ma sisters! Ma ain sisters!

GABRIELLE *and* ROSE *leave. Only* GERMAINE, LINDA *and* PIERRETTE *remain in the kitchen.* GERMAINE *collapses into a chair.*

Ma stamps! Ma stamps!

PIERRETTE *puts her arm around* GERMAINE'*s shoulders.*

PIERRETTE GUÉRIN Dinnae greet, Germaine.

GERMAINE LAUZON Dinnae you talk tae me. Git oot! You're nae better nor the rest ae them!

PIERRETTE GUÉRIN But …

GERMAINE LAUZON Git oot! Ah nivir waant tae clap eyes oan you again!

PIERRETTE GUÉRIN But ah tried tae help ye, Germaine! Ah'm oan your side.

GERMAINE LAUZON Git oot! Lea me alane! Ah nivir waant tae speak tae you again! Ah dinnae waant tae see naebdy!

PIERRETTE *leaves slowly.* LINDA *also moves towards the door.*

LINDA LAUZON   It'll be wan helluva joab cleanin aw this up!

GERMAINE LAUZON   My God! My God! Ma stamps! Thurs nothin left! Nuhin! Nuhin! Ma braw new hoose! Ma beautiful furniture! Nuhin! Nuhin! Ma stamps! Ma stamps!

She collapses beside the chair, and begins gathering up the remaining stamps. She sobs heavily. Offstage is heard the others singing "O Canada". As the anthem continues, GERMAINE *regains her courage, and she finishes the "O Canada" with the others, standing at attention, with tears in her eyes. A rain of stamps falls slowly from the ceiling ...*

Curtain.

Introduction to *The Real Wurld?*

Martin Bowman

> Ah know nothin aboot plays but ah'm shair ye'd fund it hard tae show a storm ragin inside ma heid! But ah can tell ye that's the best kinnae faimly scene. An imagined wan dis nae damage! Ah've ayeways tholed in silence, fur at the end ae the day ah've nae better choice.
>
> Madeleine I (p. 135)

A Note on the Play

Le Vrai Monde? (*The Real Wurld?*), which premièred in 1987, offers two versions, told concurrently, of the story of a family. In the one version, we have a family of four, the mother Madeleine, the father Alex, the son Claude, and the daughter Mariette. Claude has written a play about the family and much of this first version is concerned with the reaction of the other three members of the family to the play. The budding young playwright has left himself out of his cast of characters. In his play, he provides his own account of the family history including his father's marital infidelities and incestuous feelings for his daughter. *The Real Wurld?* is in part a psychological portrait of the son, who gives a version of events that may or may not have happened.

Like other plays by Michel Tremblay, *The Real Wurld?* investigates the complex history of a family and its competing versions of the truth. The play is part of the larger epic story of Tremblay's family saga, with many characters appearing in more than one of his plays and/or novels. All four of the characters in this play appear in other works. As far as the Tremblay plays translated into Scots are concerned, only Madeleine appears again, in *Albertine, In Five Times* (See Volume 2) which in its original version was the play Tremblay wrote immediately before *Le Vrai Monde?*.[1]

The Particular Challenges of Translating *The Real Wurld?*

As the title of *The Real Wurld?* indicates, Tremblay offers the play as a question, one which does not have a simple answer. The question mark immediately engages the audience in the consideration of which version, if any, gets closer to the truth.

Bill Findlay and I struggled with choosing the title for this our second translation. The challenge lay in the double meaning of the word *monde* – world or people – which eluded us in framing our title in such a way that it would focus on the individuals as much as on the society. In the event, this proved beyond our reach. The play, in English translation, had already been presented in Glasgow by a touring company from Canada with the title *The Real World?*, so we wanted to make it clear that ours was a different translation. Following the example of *The Guid Sisters*, we proposed a Scots title, *The Real Warld?*. We were, however, uncomfortable with the word *warld* as Bill outlined in a letter to Michael Boyd dated 25 November 1990:

> As you know, a reservation we have about *The Real Warld?* is that the word 'warld' might be interpreted as having, variously, rural or historic or kailyaird connotations. If one were to put a case for the title, one might argue that the kailyardy connotation is meant ironically, given the harshness and unsentimental nature of the play. But...
>
> [...] On the attached sheet you'll find a number of possible alternative titles. The front runners among these, so far as we are concerned, are TRUE TAE LIFE? and TRUE TAE WHOSE LIFE? The former is more catchy than the latter, but the latter more truly renders the meaning in the original title, *Le Vrai Monde?*. We'd be happy to go with either.
>
> A consideration in opting for these titles is that we would prefer if the chosen title suggested the language of the translation, as did *The Guid Sisters*. The word 'TAE' unobtrusively but effectively achieves this, and conveys that the translation is demotic.

The attached list of titles offered fifteen possibilities. Michael chose the second title on the list, *The Real Wurld?* and we were happy to agree despite it not fully capturing the meaning of the original title. Because *The Guid Sisters* is the perfect equivalent of *Les Belles-Sœurs*, we had gone with a Scots title as we were eager to declare the play was in Scots by the title as we were in the case of *The Real Wurld?*. These two plays would be our only translations of Michel Tremblay for which we had a Scots title. As we continued to translate Tremblay's plays – there were six more to come – we no longer felt the necessity to declare in the title that the translation was in Scots.

The first mention of our decision to translate *Le Vrai Monde?* occurs in a letter from Bill dated 25 September 1987, just weeks after I had returned home from Scotland and the reading of *The Guid Sisters* in Edinburgh:

> Let's just hope there is a return match in Montreal, with a reading of *Le Vrai Monde?* to boot! (By the way, I look forward to receiving the latter in instalments as you manage). [...] It'd be great if we could get a Scots version of *Le Vrai Monde?* finished on paper by next August so as to sit down together in Montreal [...] and complete the refinements.

Three weeks later on 13 October, Bill wrote:

> I'm salivating at the thought of *Le Vrai Monde?*. It's vernear definite that we will be winging to Baltimore next fall. [...] It's great that our visit will tie in with our hoped for final revision of *Le Vrai Monde?*

On 3 February 1988 Bill wrote:

> Many thanks for [...] the first instalment of *Le Vrai Monde?*. [...] I've already skimmed through it but I feel I can't comment on its translatability into Scots till I read it properly and have a go at putting it into Scots. I think I'll aim to do the latter in a rough version directly onto the word processor; and then send you what I've done to see how it strikes you.

Then on 8 October from Baltimore, Bill wrote about one of the most challenging elements in the translation of this play with its two sets of characters, identified as I and II as in Madeleine I for Claude's mother and Madeleine II for Madeleine I's counterpart in the play-within-the-play:

> It's very wordy by comparison with *Les Belles-Sœurs* so it's a bit slow going, but I'm getting there. [...] Tremblay uses lots of exclamations – probably too many for Scots – should we eliminate them all or keep as seem necessary? I haven't settled on a linguistic differentiation for 'I' and 'II' though 'I' I've made slightly thinner. But I feel it's best to get a first 'solution' down on paper and rethink the position then.

> Our experience with the rehearsals leads me to think we needn't be too linguistically fastidious in any event.

By 28 February 1989, Bill wrote that, two months before the première of Michael Boyd's production of *The Guid Sisters*, the prospect of a second Scots Tremblay production was looking good:

> I'm glad you think our translation's worked out fine, as I do, too. Michael Boyd also thinks so as he's extremely keen to find a way of staging it – the 'way' here referring to money. The Tron is fully committed for next year, what with 1990 being European City of Culture, but he's going to explore some avenues – among which will be, I suspect, seeking Quebec money if *The Guid Sisters* goes well, and/or interesting Edinburgh's Royal Lyceum in a co-production. I've said we appreciate his predicament and are prepared to give him time to see what he can do.

In retrospect, the decision to translate *Le Vrai Monde?* seems to me now to have been a daring one. Certainly, I had not fully taken on board the complexity of translating a play which required finding three different registers for the seven characters. I had seen the play in Ottawa in 1987 and then again in Montreal in 1988 with Bill. We both recognised the opportunities it offered for us to show another side of Tremblay's work in the theatre. Tremblay's script is in the vernacular French of Plateau Mont-Royal, his own neighbourhood, as was the case in *Les Belles-Sœurs*. *Le Vrai Monde?*, however, is radically different from his first play to be produced. The earlier play is full of cultural references which are declared in every scene. In *Le Vrai Monde?*, the cultural differences from Scotland are less obvious and there is little in the text, except for the mention of various towns in Quebec that Alex, the father, mentions as he travels for his work. Scottish audiences would not be familiar with Quebec geography, so we added information concerning distances between Montreal and some of the towns mentioned.

Although both plays are set in 1965, the 'worlds' of *The Real Wurld?* offered a different challenge to us as a subject for translation. Unlike *Les Belles-Sœurs*, which presents an entire society through its many characters, this play focuses on the life of one family. As *The Real Wurld?* begins, Claude has decided to show the script to his mother. She is appalled when she reads Claude's play by what she considers to be his distortions of the actual circumstances of their life. Tremblay's play focuses on the question of to what degree a writer is free to write about his own family experiences. And beyond that, he opens up the question of whether the truth in any absolute sense can ever be known. Claude has not hesitated to expose what he thinks actually happened. What Tremblay contrives in his play is a double structure that for much of the work allows the two 'worlds' to occur simultaneously. Tremblay juxtaposes the action in the two versions, one which we initially understand to be about what happened in the repressed behaviour of the 'real' family and the other which is either a fantasy of Claude's overheated imagination, fuelled by his hatred of his father and his defence of his mother, or an account of what actually happened that the three 'real' characters have denied.

As translators, our challenge was to find a way to represent the language of the two families by finding appropriate registers for each family as well as for Claude. In other words, there needed to be the potential in the written script for actors to find a way to differentiate between the two families as well as to reveal in Claude's language some difference between his language and that of his parents and sister.

We sent an early version of the script to Ian Lockerbie and in his letter of 9 June 1989 to both Bill and me, he noticed a problem with Claude's language:

> The only other general comment I have is that in Tremblay's text Claude's language is – as you would expect – [a] slightly higher register, than that of the other characters. I'm not sure if that distinction comes over in the translation – but perhaps it could be solved at the production stage by appropriate indications to the actor, since you are both likely to be involved in rehearsals.

On 21 June Bill wrote to me about Ian's comments:

> You will have received the same letter from Ian I got regarding [...] what he calls *contresens*. I'll leave it to you Martin to come back to me on these. In my reply I, of course, thanked him very much, and did say that you were aware that a number of omissions and deviations had crept in between the first and second Scots versions. I also explained that you'd told me at the outset that Claude's register

was slightly higher than the others, and that I'd fully expected to use a Scots/English register reflecting this but that, to my own surprise, Claude had taken over and expressed himself in a register almost the same as that of the others. However, I said Claude's register would nevertheless be on the agenda for reconsideration.

When Bill imagined the language of the characters, the prescribed higher register just did not sit comfortably for the Scots-speaking version of Claude. In the original version of the play, Claude's higher register suggests that he is beginning to differentiate himself from his family by speaking in a way that he judges to be appropriate to a budding writer. Somehow that just did not ring true for Claude in the Scots version. Whatever airs the Claude of the original version was putting on by speaking 'posh', in the Scots version it did not seem believable that he would do that within his family.

A further complication about how to handle the three different registers can be inferred from Tremblay's note at the beginning of the script: 'The characters in Claude's play are dressed exactly like their "real" counterparts with, however, something of a change which makes them seem almost like caricatures'. If this is true of the costumes, is it not also true of the language of Claude's characters, that they speak in some kind of exaggerated and inauthentic way? And yet, even so, how is that to be handled in a Scots translation? The risk here is that one of the fundamental characteristics of the contemporary Scots language, as Bill understood it, will undermine any formulaic approach to register, namely the 'inconsistencies' in Scots versus English usage that speakers of Scots demonstrate. So theoretically in the Scots translation of *Le Vrai Monde?*, the speakers in Claude's play may be shown to speak in a slightly caricatured register while the 'real' characters will speak with all the richness of emphasis that inconsistencies allow.

On 13 February 1991, less than two months from the beginning of the rehearsals for *The Real Wurld?*, Bill sent me the rehearsal version of the script:

> I think the new text will be good enough for the rehearsals, and we can communicate any revisions we would like at the actual rehearsals when we will inevitably be fashioning a further performance version as per The Guid Sisters.

A revision I have not done is to adjust Claude's language to a slightly higher register. Partly because of the time factor, I think it best to leave this till the rehearsal; but also partly because I think a satisfactory solution might depend more on the 'ear' of the actor taking the role and how Michael reads Claude. This is not to say, of course, that we surrender our advisory role. When I get the clean text from you to copy and send to Michael, I'll alert him in my covering letter to the question of Claude's register.

So, right from the beginning, Bill and I were aware of the unique challenge that this particular play offered. Two plays co-exist, one a realistic play about characters rooted in a real world and the other set at one remove into a 'fictional' world originating in the mind of the young man whose motivation to write is to force his parents and sister to admit that they deny the reality of their lives which he exposes in a melodrama of betrayal of both the mother and the daughter. Claude may be unaware of the dangers of his project which threatens to destroy the family. There is plenty of discussion in both 'plays' about the relationship of truth and art in the clash of opposing views on how to deal with the crises of family life. And this was the reason we wanted to translate it. We saw the play as offering another opportunity to achieve what we had set out to do in *The Guid Sisters*, and we thought we had the play to do it with, as nothing quite like it as far as we knew had been attempted in Scots. Our first intention was to do the play in East Coast Scots centred on Bill's West Fife register. Of course, we were learning about the collaborative nature of work in the theatre, and the importance of the final stage of the translation process when the text goes into rehearsal. Not that this script was Glaswegianised, but it became something that might best be described as a non-regional Scots, something of course that doesn't exist except in literature. We had read observations about Michel Tremblay's stage language, that it is not a language spoken anywhere in Montreal, but rather his own invented theatrical language. *The Real Wurld?* as it evolved became something similar. Our original idea was that the translation would show contemporary Scots capable of theoretical discussions about the relationship of art to life. This aspect, however, was not developed in Michael Boyd's superb production because he cut out much of this kind of material in the script, reducing it to about seventy-five per cent of its original length. Critics were strong in their praise of the production. Some, however, felt that the translation did not ring true.

In a letter in June 1991, Bill showed how seriously he took the comments about the language of the translation in the reviews and offered a detailed consideration of the 'theatrical' Scots of the translation:

> There are two distinct issues: the contemporaneity of the Scots, and the quality of 'inconsistency' [...]. I would stoutly argue that the language I [...] use is contemporary [...]. There is not a word or idiom [...] which is not, for example, on the lips of my family in West Fife. The exceptions to this are the few occasions when I changed some East Scots forms to West Scots ones, e.g. ken to know, bairn to wean, etc. [...].
>
> [...] a difficulty for critics if they lack an intimate knowledge of an urban Scots speaking community other than Glasgow is that Glasgow Scots' monopoly of representations of urban Scottish speech in our media and in our theatres can lead them to believe that Glasgow Scots can be taken as wholly representative of urban Scots speech generally. Whilst I am pro-Glasgow and I'm delighted that writers have given vigorous voice to the city over the last twenty-five years or so, I regret the fact that there is ample evidence that the aforementioned mind-set has developed both in critics and audiences.
>
> I grew up in West Fife but I have also lived (for a number of years in each instance) in East Lothian, Stirling, Edinburgh, and Glasgow. I am therefore strongly conscious of the fact that Glaswegian does not have a monopoly on what constitutes urban Scots. It seems often forgotten that urban Scotland stretches in an 'S'-shape from North Ayrshire, Renfrewshire, Dunbartonshire, Glasgow, Lanarkshire, Stirlingshire, the Lothians and Edinburgh, through Fife and up to Dundee (leaving aside the 'detached' case of Aberdeen). As this geographical spread suggests, there are many more varieties of urban Scots than just Glaswegian.
>
> Part of the rationale behind our first Tremblay translation, *The Guid Sisters*, was to challenge the maturity of Scottish audiences in accepting that a work translated into Scots need not therefore require adaptation of names and cultural terms of reference. The same rationale lay behind *The Real Wurld?* and *Hosanna*, but with them I also wanted to explore further the potentialities of contemporary urban Scots by using it in a differentiated way in each of the two

plays – and in differentiation from what I was doing in *The Guid Sisters*.

The Guid Sisters invited a Montreal-Glasgow parallel, as did *Hosanna*. The classical qualities of *The Real Wurld?* (Tremblay greatly admires classical drama), and the fact that the play makes little significant reference to the culture in which it is located, led me to believe that there was an opportunity to break the mould of much Scottish theatre and draw on the urban Scots of the Central Belt outwith Glasgow. What I wanted, in effect, was a sort of 'amorphous', or 'national' contemporary urban Scots.

The risk attached to this was that a Glasgow audience, assuming that a Montreal-Glasgow parallel was being drawn (as per *The Guid Sisters*), might find the language 'inconsistent' [...]. The reason for changing bairn to wean etc. was partly that 'national' Scots had to include some Glaswegian forms, and partly that I did not want the language to seem wholly incongruous to a Glasgow audience. What I was aiming for was a kind of 'controlled' incongruity; and there were two particular reasons for this...

Firstly, though staged in 1987 *Le Vrai Monde?* is set in 1965. The parents in the play are late 40-ish in age; therefore their formative linguistic years were the 1920s and 30s. That fact, and the 1965 setting, suggested that the Scots might have for Glaswegians a certain 'difference' which could help convey the period. [...]

Secondly, and more importantly, the play-within-the-play demands a certain linguistic 'incongruity'. Tremblay told Martin Bowman and me when we attended the revived Montreal production that he intended Claude's play to be 'a bad play' (his words), and that productions to date (in French and English) had not really achieved conveying this. This last is not really surprising when one considers the difficulty in trying to convey to an audience that Claude's is a bad play, whilst at the same time securing their emotional engagement with it. However, Martin and I decided that, in our translation, we would try and do justice to Tremblay's intent.

One way of approaching the difficulty, we felt, was through language. Tremblay's Québécois is broader in the speeches of the 'fictional' characters; in the stage directions Tremblay indicates that these characters are to seem 'almost like caricatures'; and in the play he has the 'real' mother accuse Claude of having portrayed his family as 'coorse'.

As regards the language having something of the caricatured portrayal of the fictional family about it, and it being 'broader' in register, one way to achieve this is by using Scots words and idioms in a density of occurrence which is not entirely realistic. By this I do not mean that the Scots is lacking in realism in terms of reflecting contemporary usage, but that the frequency of occurrence of words and idioms in daily speech has been increased to achieve a kind of heightened register to suggest something of Claude's tendency to melodrama and 'distortion' of perspective. In linguistic terms one may ask – as intended in more ways than one by the question mark in the title – is Claude's *'The Real Wurld?'*.

By using such a register, it was hoped that the quality of 'oddness' which arises would signal something about the quality of Claude's play. There is, of course, a potential for humour in this, regarding Claude's gaucheness (and which again Tremblay told us he intended). Had one attempted to suggest this humorous aspect with Glasgow Scots – and a 'coorse' variety of it, were one to follow the 'real' mother's reference – then, given the audience's tendency to associate stage Glasgow Scots with the comic, I think it would have been difficult to achieve the level of distantiation one wanted the audience to have in finding the language of Claude's play slightly odd whilst not causing them to dissolve into unbridled laughter. Hence, again, the reason for a 'controlled incongruity'.

My original thinking was that the 'fictional' family would deliver their lines in a noticeably 'coorser' way than the 'real' family, the better to signal the difference in register and the gaucheness of Claude's play. However, in rehearsal, the director Michael Boyd, took the wholly valid decision to take their delivery subtly in the opposite direction. This still conveyed the required sense of incongruity in register and delivery, in that the characters (and especially, the mother, whom Claude idealises in some ways), sounded like people to whom Scots did not come entirely naturally. [...]

In conclusion, then, the Scots of the translation was, I would contend from my experience, contemporary; but it was not intended to be Glasgow Scots. [...]

Of all the plays by Michel Tremblay that Bill and I translated into Scots, *The Real Wurld?* presented a difficulty concerning register that we did not encounter in any of the others, with the possible exception of *Solemn Mass for a Full Moon in Summer*. The goal of having three registers was clear enough. Claude speaks in a higher register than his family. The language of his parents and sister approximates the vernacular language of the neighbourhood, and the 'fictional' versions of these characters speak in an exaggerated and at times grotesque manner.

The response of those critics who were unsure of what was going on in the language suggests the difficulty of finding convincing voices for all the characters so that the audience understands, for example, that Claude has written a 'bad' play without the play as a whole being spoiled. An 'amorphous Scots', to use Bill's term, perhaps creates a problem in production. So, we have a script that approximates the differences of register in the original play but not necessarily in the same way as the playwright intended. It is a question of finding an equivalent theatrical language that recognises the differences in register without simply replicating them. It is as if the language of translation has a mind of its own and solutions have to be found that respect the original text while allowing the translation to live in its own new voice.

It comes down to what happens in rehearsal where the director and the actors work collectively to achieve the differentiation of registers. So much depends on the actors' linguistic resources and their understanding of the nuances possible in the delivery of the lines in Scots. Michel Tremblay certainly recognises the crucial part played in the rehearsal process: 'The striking quality of my work in the theatre lies in the fact that directors can do whatever they want to do'.[2] Certainly, for *The Real Wurld?* the rehearsal period is crucial in working out how to approach the different registers among the characters. In other words, and this seems particularly appropriate in *The Real Wurld?*, the script becomes a template from which the director and the actors find their way to recreate the world of the source play by making it live anew in the translation. It may be that a similar freedom exists for translators, not to betray the original work but to understand it in a way that allows for solutions that take the necessary freedom to bring the play to life in its new guise.

The same can be said for Michael Boyd's distillation of the play. With the cuts to the script, the production ran for an intense one hundred minutes without an interval and was a critical triumph notwithstanding the reservations of a few critics about the translation and its theatrical Scots. Alasdair Cameron recognised that something important had happened: 'The cast is superb, and the play's impact heightened because, although the drama is set in Quebec, the actors' dialects imply that it could be set in Scotland.'[3] Joyce McMillan, despite her misgivings about the Scots of the translation, observed: 'But what the Scots rhythm of the dialogue does achieve, in its less self-conscious moments, is a kind of liberation – for this Scottish cast –of the psychological and social realities that underpin the complex structure of the play.'[4] Catherine Lockerbie, writing about Sue Glover's *The Bondagers* as well as *The Real Wurld?*, recognised that 'Both plays [...] evince a sophisticated concern with the language of Scotland, eschewing what has become almost a new Scottish stage orthodoxy of urban west-coast patter'.[5] John Linklater had no comment to make on the language of the translation, in his reaction to the play in Scotland: 'The Mayfest show that impressed me the most was Michael Boyd's production of *The Real Wurld?* for the Tron Theatre. I came out with a physical reaction, shivering and trembling.'[6] Linklater was with the company when *The Real Wurld?* transferred to the International Theatre Festival in Stony Brook, New York in mid-June. There he noted that difficulties with the language hardly mattered:

> The weight of the play and the powerful production struck a note with an America in which threats to the stability of family are regarded as a central political issue and trouble the national psyche. Standing ovations followed the opening performance.[7]

Bill Findlay also reported to Scotland about the success of the play in the United States. Like Linklater, he commented on the comprehensibility of theatrical Scots to a North American audience for this second of the Tron Tremblay productions to travel there in as many years: 'Interestingly, as was found in Toronto with *The Guid Sisters* last year, the Scots translation was no barrier for audiences. Indeed, we were all surprised by how responsive Americans proved, not just to meaning but to nuance.'[8] Bill's article was published under the headline 'Ovation for a living language'. Most of the critics agreed, some explicitly and others implicitly, that the Scots language had allowed the Scottish audience, and perhaps more importantly, the Scottish actors themselves, to experience this play from another country directly and authentically as theirs, while keeping it in its original world. There was no foreignness in this real world on the stage of the Tron Theatre in Michael Boyd's daring production. For Bill and me, *The Real Wurld?* broadened our understanding of the possibilities of translation, breaking through the surface of the play into the depths within. In that way, it showed us the way to a future we could only hope was there.

Endnotes

1. For full details of each character's appearance in the œuvre of Michel Tremblay, see Barrette, Jean-Marc & Serge Bergeron, *L'univers de Michel Tremblay: Dictionnaire des personnages*, 2nd ed., (Leméac: Ottawa, 2014).

2. Rachel Killick, *Michel Tremblay, Albertine, en cinq temps Genèse et Mise en Scene* (Montréal: Les Presses de l'Université de Montréal, 2018), p. 250, quoting Roch Turbide, 'Michel Tremblay: Du texte à la représentation', *Voix et images*, 7.2 (hiver 1982), p. 218: 'La grande qualité de mon théâtre réside dans le fait que le metteur en scène peut en faire tout ce qu'il veut' [my translation].

3. Alasdair Cameron, 'In touch with the local tongues of yore', *The Times*, 14 May 1991.

4. Joyce McMillan, 'The Real Wurld?', *Guardian*, 13 May 1991.

5. Catherine Lockerbie, 'Working bonds at a premium', *Scotsman*, 6 May 1991, p. 12.

6. John Linklater, 'An author in pursuit of six characters', *Glasgow Herald*, 13 May 1991, p. 6.

7. John Linklater, 'Transatlantic Tron', *Glasgow Herald*, 29 June 1991, p. 34.

8. Bill Findlay, 'Ovation for a living language', *Scotsman*, 1 July 1991.

THE REAL WURLD?
(Le Vrai Monde?)

by

Michel Tremblay

Translated by Martin Bowman and Bill Findlay

ASL Publication Version 2023

Le Vrai Monde? premièred at the Théâtre français du Centre national des Arts, Ottawa, on 2 April 1987.

A reading of *The Real Wurld?* was given at the Tron Theatre, Glasgow, on 13 May 1989.

Cast

CLAUDE	Peter Capaldi
MADELEINE I	Irene Sunters
MADELEINE II	Kay Gallie
ALEX I	Peter Arnott
ALEX II	Peter Mullan
MARIETTE I	Julie Graham
MARIETTE II	Ann Swan
Director	Peter Arnott

The Real Wurld?, in a production by the Tron Theatre Company, was presented at the Tron Theatre, Glasgow, 2 May–2 June 1991.

The production then toured to the Stony Brook International Theatre Festival, Long Island, New York, 19–23 June 1991.

Cast

CLAUDE	Forbes Masson
MADELEINE I	Jan Wilson
MADELEINE II	Elizabeth Millbank
ALEX I	John Stahl
ALEX II	Robert Carr
MARIETTE I	Ashley Jensen
MARIETTE II	Wendy Seagar
Director	Michael Boyd
Lighting	Nick McCall
Production Manager	Marek Obtulowicz

Characters

CLAUDE, age 23
MADELEINE I, age 45
MADELEINE II, age 45
ALEX I, age 45
ALEX II, age 45
MARIETTE I, age 25
MARIETTE II, age 25

The living room of a flat in the Plateau Mont-Royal district of Montreal. Summer 1965.

The characters in Claude's play are dressed like their 'real' counterparts with, however, something of a change which makes them seem almost like caricatures.

The living room is empty.
The third movement of Mendelssohn's Fifth Symphony can be heard.
Enter MADELEINE II, *who seems worried.*
She goes to the window, opens the curtains, looks outside. She goes back across the room and exits.
A popular song of 1965 is heard.
Enter CLAUDE *and* ALEX I. CLAUDE *is holding a leather briefcase, his father a small suitcase.*

CLAUDE Hiv ye been drivin oan every durt road in Quebec the haill time ye've been away? Ah've nivir seen a motor that fulthy …

ALEX I That's no true … When ye wur wee, ma car wis aye as durty as that … Paved roads wur few and far atween in the forties … But, of coorse, ye'd nivir notice that kinnae thing, you … Ye couldnae hiv knew whit ma car looked like. You'd aye yir neb in yir books …

Enter MADELEINE I *who comes in from the kitchen. She is dressed like* MADELEINE II *but more simply, more 'realistically.'*

MADELEINE I Ye're here awready, Alex? Ah wisnae expectin ye till the moarn … (*She is visibly ill at ease; coldly.*) Hullo, Claude …

CLAUDE Hullo …

He kisses his mother awkwardly.

ALEX I Here, this is some wey tae welcome yir man. Ye hivnae seen me fur a haill week an ah dinnae even git a wee peck? Yit ye see this wan vernear ivry day! Tae hang wi that, he can take his place in the queue …

He lifts her from the floor, gives her a big kiss on the cheek.

MADELEINE I Alex, behave yirsel …

ALEX I Somethin smells guid … Ah mean, you smell nice, tae, but somethin ben the hoose smells guid …

MADELEINE I It might come as a surprise tae ye but life rolls oan even when ye're no here.

She goes out.

ALEX I His somethin happened while ah wisnae here?

CLAUDE How wid ah know … Ah've no been here fur a week either … Ah'm no always pittin ma nose in here …

ALEX I   It wisnae that, though, when ye moved oot, wis it? ... Ye came back tae yir mammy fur aw yir meals, didn't ye?

CLAUDE   It's been two years since ah moved oot ...

ALEX I   Git away! Two years. Are ye shair?

CLAUDE   Ah've hid plenty time tae learn tae cook a meal fur masel. An no aw oot ae a tin either.

Silence.

ALEX I   An d'ye like yir new joab?

CLAUDE   It's awright.

ALEX I   Is that aw ye can say aboot it? "It's awright."

CLAUDE   Look, faither. Ah hate ma joab. It's borin. But jist swappin it fur anither wan as bad's no gaunnae make things better ...

ALEX I   If ye'd listened tae me in the furst place ...

CLAUDE   Aw, c'moan, dinnae stert that again. Ah've heard it fae ye a hunner times. It leads naewhere. Jist accept that ah've nae interest in traivellin roond the country aw year tryin tae flog insurance bi pittin a face oan an actin the coamic aw the time. An ah especially dinnae waant tae dae it in the compny ae ma famous faither. Could you really see us traivellin thegither? We'd be slittin each ither's throats at the end ae two weeks.

ALEX I   Ye'd've finished up staundin oan yir ain two feet! Ye'd've built up yir ain clients, jist like ah've done!

CLAUDE   Och, gie it a brek, faither. God forbid ah should turn oot like you.

ALEX I   Ah'll tell ye again thit it wid've been a loat less borin than yokin yirsel tae a machine ye hate fur the rest ae yir life ... an ye'd've seen somethin ae the country! Ah've at least goat oot in the fresh air aw ma life. Ah've enjoayed masel. Ah've gaun through life havin a bit fun. Ah've no been loacked up eight hoors a day in some stinkin shitehoose ae a printer's workshoap!

CLAUDE   Ah'll no be "yoked", as you put it, tae that machine much longer.

ALEX I   Aw aye, stull dreamin aboot bein a writer. Furst ye make sweetie-money yokin yirsel tae a machine ye dinnae like, then ye dream aboot stervin in a joab thit'll nivir gie ye a livin wage ... Ah'll nivir understaund you ...

CLAUDE   Ah've knew that fur long enough ...

ALEX I looks at his son for a few seconds. The tension mounts between them.

ALEX I   D'ye stull go oot tae work wi yir wee briefcase, actin the intellectual? Whit d'ye pit in it? Yir piece? (CLAUDE *lowers his eyes.*) Yir piece and yir bits ae scribbles? When're we gaunnae git a keek at the masterpiece, eh? When it's a blue moon? ... Anyhow, if it's poetry, ye can keep it tae yirsel ... Ah've hid it up tae here wi aw you bloody beatniks scrapin guitars in every bloody hotel ah go intae in the province ... How come yese've taken tae twangin away at guitars aw ae a sudden, eh? It's spreadin like the plague! Ah jist seen wan ae yese Setturday night thair in Saint-Jerome ... Jesus Christ, even yon Felix-bloody-Leclerc isnae as sair oan the lugs as thon wis ...

CLAUDE   Aw keep the heid. What ah write's goat nothin tae dae wi guitars.

ALEX I   Well, ah'm gled tae hear it ... that's a relief ah'm shair! (*He laughs.*) Ah think ah know ye well enough, oor Claude, tae know thit anythin ye write couldnae tickle wan ae ma baw-hairs ...

CLAUDE   Well, you'll know whey ah don't show it tae ye then, eh ...

MADELEINE I comes back in holding a manuscript against her. CLAUDE *turns away a little.*

ALEX I   Is that veal or a chicken ah smell?

MADELEINE I   Roast veal. (*Ironically.*) It's Claude's favourite ...

ALEX I   Oh, here, that minds me, ah've goat a bag ae corn-oan-the-cobs in the boot ae the car if ye waant tae go oot an git it ... The furst crop ae the year ... Thur fresh, white an firm ... Jist like masel!

MADELEINE I raises her eyes to the ceiling.

MADELEINE I   Ye can keep thae insurance man's jokes tae yirsel, eh ...

ALEX I   It's ma insurance man's jokes peys fur yir roast veal, Madeleine. (MADELEINE I *and* CLAUDE *look at each other.*) Right, well, ah think ah'm gaunnae take a guid long bath ... ah git the impression ah've goat B.O. ... (*He laughs.*) Noo, dinnae greet yirsels oot ony mair fur me ... ah'll be back in nae time ...

He goes out.
Silence.
MADELEINE I *places the manuscript on the coffee table.*

CLAUDE   Hiv ye read it?

MADELEINE I   Aye. (*Silence*.) How could ye dae sich a thing? ... Ah wis that ashamed when ah read it, Claude ... Ah seemed sae ... sae hard an twistit ...

CLAUDE   Hard? Twisted?

MADELEINE I   (*Brusquely*.) Thon's no me. Ah'm nothin like that. Even if that wummin his ma name, she's nothin like me. Nothin. How could ye dae that, Claude, gie her ma name?

CLAUDE   But Mum, she's only a character in a play. It disnae say anywhere that she's meant tae be you ...

MADELEINE I   Oh, come aff it, Claude! Who dae ye think ye're kiddin? That's oor livin-room ye describe doon tae the last detail! The furniture, the curtains, the worn-oot rug in front ae the door, the television set ... Thur aw oors. How did ye think we widnae see oorsels in yir characters, Claude! Ah even recognised ma froack, ma hairset, but what ah didnae recognise wis me, that wummin!

The beginning of the third movement of Mendelssohn's Fifth Symphony is heard.

Enter MADELEINE II *seeming worried.*

MADELEINE I *takes the manuscript in her hands.*

That's no me that's in here!

MADELEINE II *goes to the window, opens the curtain and looks outside.*

It's no me!

MADELEINE II *goes back across the living room in silence and leaves.*

It's no even the kinnae music ah listen tae! Ah don't know the kinnae music you've put in thair. Whit's mair, ah dinnae waant tae know it. The kinnae music ah listen tae is simple music an easy tae sing along wi. That music ye can hear ben the kitchen oan the wireless is what ah like. That's ma kinnae music, no yir ... yir Mendelssohn that ye put in fae God knows where ... fae yir ain posh taste nae doot ... Are ye too ashamed tae put oor music in yir play? Ah don't know what ye thoat ye wur daein. Oan the wan hand, ye make us oot tae seem coorse, yir ain flesh an blood, but oan the ither ye hiv us listen tae music you like cause it's deeper than the kinnae stuff we go fur.

You're lookin doon at us in daein that, Claude, dae ye understand that? Lookin doon at us.

CLAUDE   Naw, ah'm no. Ah'm no lookin doon at anybody. Look, come an sit doon an ah'll try an explain it tae ye …

MADELEINE I   It's no explanations ah waant. It's too late fur that. The herm's awready done. If you but knew how much ye've hurt me … (*Silence.*) How could ye pit sich thoats intae ma mind … Hiv me sayin sich terrible things like that aboot yir faither!

CLAUDE   Ah know you've nivir said thae things … that's exactly whey ah wrote thum. There are things in here, Mum, thit should've been soarted oot a long time ago but are still gaun oan …

MADELEINE I   It's no fur you tae decide what should be soarted oot atween yir faither an me …

Enter ALEX II *with a huge bouquet of flowers.*

ALEX II   Madeleine! Are ye thair, Madeleine?

CLAUDE   Ah don't want tae soart anythin oot … It's no thit ah'm tryin tae soart things oot … ah jist want certain things tae be said oot in the open wance an for aw.

MADELEINE II *comes back in, her arms crossed, just as the real one always does.*

MADELEINE II   It's no flooers'll make up fur the twa days ah've been hingin oan here waitin fur ye.

ALEX II   Fur-cryin-oot-loud, dinnae stert that again … Ye knew ah wis gaun a far distance …

MADELEINE II *looks him right in the eyes.*

MADELEINE II   Ah know fine jist where ye've been, Alex …

ALEX II   An whit's that supposed tae mean? Ah tellt ye thit this time ah'd likely hiv tae go as far as Sept-Iles … Sept-Iles, Madeleine. That's mair than five hundred miles away … It's no the nixt street!

MADELEINE II   Naw, but Sorel, fur instance, that's jist nixt tae here is it no? (ALEX II *is disconcerted. Silence.*) Sept-Iles! Who are you kiddin? It's been a long time since ah stoapped believin ye covered the haill province ae Quebec yirsel. At the ootset, when as wis young, ah swallied it, ah thoat ye covered the haill province, aw yirsel … Ah wis even daft enough tae think the success ae the compny aw depended oan you ... When ye talked aboot yir joab ye made yirsel oot tae be that important thit ah finished up believin the compny wid go bankrupt if somethin happened tae ye ... Ah loved ye that much ah wis blind.

ALEX II   Whey dae ye say "loved" in the past? Dae ye no love me onymair? Ah still love you.

She looks at him a few seconds before replying.

MADELEINE II   Sometimes, jist tae git masel through tae the end ae a day, ah tell masel that ye must love me in yir ain wey, whativer.

ALEX II   Ah'm gittin worried aboot you, Madeleine ... Ah've noticed fur some time thit ye've been kinnae distant, but ah've tellt masel thit it's a passin phase ... thit it wid go away ...

MADELEINE II   Ah'm passed the stage ae lookin fur an explanation fae you, Alex, well past it. Ah'm fed up ae bein taen a len ae ... Ah kin see noo that ah've been nothin but a sap, Alex, an ah've had enough ae it.

ALEX II   An explanation ... aboot whit?

MADELEINE II   Ivrythin! The lies, the stories, the sleekitness. Ah wis the last wan tae see through thum. Ah believed ye fur long enough an ah wis happy tae believe ye ...

ALEX II   So that's aw the thanks ah git fur bein in a guid mood! By-the-Christ! It's bad enough thit the kids take the mickey oot me fur the same thing. It's true ah've goat the gift-ae-the-gab but ah turn it oan cause ah like folk tae like me. That's aw ah dae it fur. It disnae mean tae say ah'm the lowest ae the low.

MADELEINE II   It's no folk in general ah'm talkin aboot, Alex. Ye can say tae thaim what ye like, that's yir work. It's yir joab tae sook up tae thum wi yir patter an durty jokes so's they'll sign thur names at the boatt'm ae some contract thit'll screw the last cent oot ae thum ...

ALEX II   Is that how you see ma joab ...

MADELEINE II   That's how you speak aboot it ... Hiv ye nivir listened tae yirsel? Hiv ye nivir took the trouble tae stoap an think aboot the noansense ye slaver day in day oot? The occasional joke, an even the oadd blue story sometimes, okay, but no the haill year roond, Alex! At the stert ae oor mairrage ah wis prepared tae see it as you jist waantin tae make me laugh an keep me happy. Ah thoat it wid pass in time ... but then it eventually dawned oan me thit ye wur boarn like that an wid likely nivir cheynge … It goat oan ma nerves but ah widnae admit it tae masel … Ah loved ye owre much … Ah wis the only wan in ma faimly tae've fund onythin near tae love an ah did ivrythin, ivrythin no tae loass it … even as far as closin ma een tae the things ye wur daein …

ALEX II   But whit wis it ah'm supposed tae've done? Aw ma life ah've cawed ma guts oot tae gie you an the kids a decent life … Ye've nivir hid ony reason tae complain. Nivir. True enough ah oaften hid tae go away oan a trip, but when ah come back thur was aye fun an jokin in the hoose. We hid loats ae laughs durin oor years here, Madeleine … An ah dinnae see whit ye've tae complain aboot when yir ain faimly's aye at each ithers' throats. Mebbe it rins in your faimly thit yese waant tae suffer, eh? Wid ye've liked it better if ah'd battered ye whenivir ah came hame a wee bit stotious – jist like that brither-in-law ae yirs dis tae yir sister? When the kids wur wee thur pals dreamed ae hivin me fur a faither, Madeleine, fur ah wis like a Santa Claus tae oor Claude an Mariette. Wid ye hiv liked it better if ah'd been like a bogeyman tae thum an they'd rin away whenivir ah came back fae a trip? Thae weans wur showered wi presents, no leathered black an blue. Whenivir ah came back it wis like a tonic … Ah brightened up the place … the haill street wis pleased tae see me, fur Christ's-sake! Aw yir neebors wur jealous ae ye. An noo ye turn roond an tell me ah made ye unhappy!

MADELEINE II   Ah know only too well, Alex, that ye've goat an answer fur ivrythin … That's whey ah aye avoid explanations. Ye've the gift ae the gab … ye made yir livin oot ae it … it's how ye can twist things roond aw the time tae yir ain advantage … Naebdy can git the better ae ye … That's how folk aye lit ye win. Somedy could argue wi ye till they wur blue in the face an at the finish-up aw ye wid dae wid be tae turn oan the patter or come oot wi some joke … See, ye've awready twistit the conversation roond. Ah decided wance an fur aw thit ah wis gaunnae try an speak tae ye seriously an tell ye ah've knew all along whit ye've been up tae aw thir years, but ye've goat me aw mixed up afore ah've even goat stertit … Ah wish ah could jist go back in that kitchen an make masel believe ah knew nothin. When ah wis naive, ah wis happy. Ah wis better aff when ah wis stupit, when ma wurld only streetched as far as the doorstep an aw ah hid tae worry aboot wis makin sure ma weans goat thir meat, hid claes oan thir backs, an ivrythin wis jist tae yir likin when ye came hame … Aye, nothin shairer … When ye know nothin, ye cannae git hurt … See that door? … Ma wurld ended thair, Alex, an ah wis contented … fur vernear twenty year. When you wur away, oot ma sight, it wis nearly as if ye wurnae real … ye became … oh, ah don't know, like a Prince Charmin away oan business … Oh, ah knew ye'd be actin the clown fur oor sakes, tae git a wage, but ah nivir seen ye dae it so ah could imagine whit ah liked … You wur ivrythin tae me … an ah thoat the wurld ae ye! (*She goes to sit down on the sofa just beside* MADELEINE I.) Ah nivir thoat ah'd fund masel in the middle ae a scene like this. Ah don't know how tae go oan.

MADELEINE I   Did it nivir occur tae you, Claude, that ah wis too proud tae admit things like that … Ah wid kill masel afore ah'd say sich things tae yir faither!

ALEX II   Ah've aye thoat the wurld ae ye, tae … (MADELEINE II *sits up straight*.) Naw, naw, hear me oot …

MADELEINE II   Naw, Alex, naw. … ah know what ye're gaunnae say but ah'll no faw intae yir trap … Ah'd raither say nothin mair than risk bein catched in yir trap again …

ALEX II   Dae ah no hiv the right tae speak in ma ain hoose onymair? Is that it? You jist waant me tae haud ma tongue cause ye're feart ye're in the wrang. The wan time ah wis gaunnae open up and tell ye the truth aboot how ah worship ye, ye pit yir fingers in yir lugs!

MADELEINE II   Aw, aye, Alex, turn it oan … that's right, tell me ye worship me. It's aw guff. Ye worship me as if ah wis nae mair than a stookie in a display cabinet. Ah'm jist a convenience tae ye, like the tin ae Campbell's soup ye open when ye come hame hungry at eleeven a'cloack at night. Worship? Huh! Aw you worship is the fact thit ah've been here tae serve ye haund an fit when ye've come hame. This hoose has been nae mair nor a hotel tae ye. Ye jist caw in oan yir wey oot again. Helluva convenient, intit no? When ye wur away actin the travellin salesman, stravaigin here an thair, ye must hiv laughed tae yirsel tae think oan the three eejits wur back here waitin oan ye, keepin yir meals hoat, yir bed clean, an waarmin yir baffies at the fire!

ALEX II   This isnae the Madeleine ah know …

MADELEINE II Ye're damn tootin it's no! An it'll be a lang time afore ye see her again!

ALEX II Here, c'moan ... calm doon ... Lit's try an talk aboot this quiet-like ... Ah came back here wi the best ae intentions, wi a bouquet ae flooers thit coast me a small fortune ... an ah wis hurryin tae git here as it's mair than a week since ah've seen ye ... but ah git back hame an whit dae ah find? Ye're anither wummin!

MADELEINE II Ah, that's jist whit ah waant tae talk tae you aboot. Thank you very much, ye've hit the nail oan the heid ... Anither wummin!

MADELEINE I gets up.

MADELEINE I (*Very brusquely.*) Ye're no backward in comin forrit, eh! Inventin stories like that tae draw attention tae yirsel! Yir faither wis right! Ye've aye hid a twistit imagination ...

CLAUDE Ye'd raither stick up fur Dad than admit the truth ...

MADELEINE I Whose truth? Yirs? The wan thit suits you cause it's better fur yir play?

CLAUDE Och, Mum ... thurs nae point keepin kiddin oan ye don't know aboot Dad ... Mariette an me hiv knew fur long enough what he's really like ...

MADELEINE I Well keep it tae yirsels! Thurs nae need tae pit it doon oan paper! Somedy could read it! Anither wummin? Ah wouldnae even sae much as admit things like that tae masel, far less accept you writin it doon in a play! Fae noo oan ah'll nivir be able tae see yir faither in the same light eftir readin that! You nivir thoat ae that, you, did ye? Aw thit maittered tae you wis tae pu' him doon in the durt! Tae pull us baith doon in the durt! Thurs been nae scene like yir wan oan the subject ae anither wummin an thur nivir wull be, understaund? As long as ah draw braith, ah'll stoap that scene happenin!

CLAUDE Ah hid hoped it wid help ye ...

MADELEINE I It hisnae helped me. It's broat back somethin ah thoat ah'd put tae the back ae ma mind forivir. For-aye-an-forivir. But ye've broat it back, Claude ... the very thing thit hid me vernear aff ma heid ... doubt! Because ae you ah've sterted tae doubt again ... ah'll nivir forgive ye!

She leaves the room.

MADELEINE II   Ah've nivir spoken tae ye aboot ither wimmun...

ALEX II   (*Ill at ease.*) Whit ither wimmun!

MADELEINE II   Oh, Alex, thurs nae point makin things mair difficult than they awready are ... ah've enough tae contend wi as it is. Thurs nae point in pretendin. Evrubdy in the hoose knows aboot yir cairryins-oans, Alex. Wuv knew fur a long time.

ALEX II   Then whey bring it up noo?

MADELEINE II   Mebbe so's ah can be free at last.

ALEX II   Ah don't want tae discuss the subject. It's embarrassin. Forbye, it's no important. Ah've aye been attracted tae wimmun, as ye well know ... It's no somethin ah've hid ...

MADELEINE II   Don't ah know ... Whenivir the hoalidays come roond ma stomach wid stert churnin ... A wummin couldnae come intae the hoose tae see us athoot ye bein aw owre her.

ALEX II   Noo wait a minute, Madeleine! Certainly wi a wee dram or two in me ah goat a wee bit frisky, but aw men are like that!

MADELEINE II   That's exactly it! Yese wur aw the same! When yese hidnae a drink in yese, yese wur aw shy, but as soon as yese hid a wee goldie, yese couldnae stoap yirsels chattin up the wimmun. Whither it wis the hoalidays, or a weddin, or a furst communion, yese went owre the score, wirin intae the drink an lookin fur a bit hanky-panky in the coarner where ye thoat naebdy could see yese. That wis yir idea ae a pairty. Touchin up yir wee cousins an guid-sisters an laughin an jokin tae try an kid us oan nothin serious wis gaun oan. The drink wis an excuse fur yese, ye thoat, yit yese knew yese could only go so far an nae further. An as fur us, the eejits, we jist looked oan an laughed, tae. We didnae know whit else tae dae. We wur embarrassed so we laughed, but unnerneath we wur ashamed. We wur laughin tae hide oor shame ... But it's no aw that ah'm waantin tae talk aboot. It's what ye did when ye wur away, an mair likely still dae, thit ah waant tae hiv oot wi ye ...

ALEX II   Whit ah dae when ah go through that door is ma business, Madeleine. If it happens at the ither end ae the province, whey git worked up? Ah'm a man in good health, wi energy burstin tae burn! Ah'm away fur weeks oan end sometimes, an ... well, thur're wimmun tae satisfy that kinnae need as you know fine, Madeleine. But thurs nothin serious in it. It disnae affect how ah feel aboot ye.

Ye've nivir hid reason tae complain aboot you and me when ah've come back ... You cannae say, when ah've come back ah hivnae ... Och! ah jist cannae talk aboot thae kinnae things! Whey dae ye hiv tae know ivrythin? What ye don't know disnae hurt ye!

MADELEINE II   Fur yir information, ah already know enough tae be hurt! Ah've goat pride, tae, ye know! Ye cannae trample aw owre it an no expect me tae be hurt. Ever since oor weddin ye've laughed up yir sleeve at me, but ye'll dae it nae mair!

ALEX II   Ah've nivir laughed at ye!

MADELEINE II   Ye can go oan lookin me straight in the face an laughin at me fur noo, jist because ye're no sure how much ah know ... because ye hope ah don't know ivrythin! Lit me tell ye jist wan wee story. Jist tae lit ye see how much ah've hid tae pit up wi. Wan braw day oor doorbell rang ... Ah answered it. It wis a wummin wi a wee lassie in her airms. Ye can guess what ah'm gaun tae say, Alex, eh? (*ALEX II turns away.*) She said her name wis Madame Cantin ... Dis that mean somethin tae ye, Alex, Madame Cantin ... fae Sorel?

ALEX II   She came here?

MADELEINE II   That wis some years back. She tellt me she hidnae seen ye fur months an thit ye hidnae left her a cent ...

ALEX II   Baith ae yese knew aw thae years an yese nivir lit oan tae me, neither wan ae yese!

MADELEINE II   We can hiv oor wee secrets, tae, ye know ... how auld is the wee lassie noo? She must be aboot grouwn-up. Dinnae git worked up, we dinnae see each ither in secret. Ah've no even goat thur telephone number. But ah know thur oot thair somewhere, an that breks me up! Can ye imagine how ah felt when ah took ten dollars fae ma purse tae gie thum? Eh? The humiliation! Fur her as much as fur me! Ye seemed the joker, the coamic, the patter-merchant, but unnerneath thur wis anither man ah'd nivir seen ... wan thit led a second life ah knew nothin aboot, an likely covered up a third life wi the second ... Is thur any end tae yir lies, Alex? Hiv ye sown yir seeds aw owre the province? Is thur a Madame Cantin in Sept-Iles? An anither in Drummondville? An dae they aw find it hard makin ends meet tae bring up thir weans? Madame Cantin fae Sorel phoned yistirday efternin, Alex ... Yit again ye "forgoat" tae leave her money ... Ye can take it fae me, Alex, ah'm no gaunnae live wi the pretence onymair.

ALEX II   That bairn's mebbe no even mines! Ah wis trapped intae it. Whit else wid ye've hid me dae? Tae begin wi she wisnae mair important than the ithers but ... but wan day she tellt me she wis pregnant bi me an ah believed her ... Ah should've walked oot oan her thair an then, fur she'd been wi a loat ae men afore me an thur wis nae wey ah could tell the wean wis mine ... But ... you didnae waant ony mair weans, an the thoat ae anither wan tempted me ... Ah wis flattered ...

MADELEINE II   That's right, go oan, turn it roond, blame it oan me ...

ALEX II   (*Interrupting her.*) Ah've always squared up tae ma responsibilities ...

MADELEINE II   Ye regularly left her wi nae money ...

ALEX II   Ah didnae hiv any! It took me aw ma time tae earn a livin fur you wans here! Ah wis caught aw weys, Madeleine! Sometimes ah hid tae leave you withoot money! If ah didnae even hiv enough fur you wans, how wid ah've fund any tae gie her? An rest assured thit thurs naebdy else at Sept-Iles and Drummondville! She's the only ...

MADELEINE II   In ither words, she's the only wan saddled wi a wean but thur're ithers aw owre the place ...

ALEX II   Some men shouldnae git mairried. Ah'm wan ae thum but ah didnae realise that till it wis owre late ...

MADELEINE II   It didnae take ye long tae work oot an escape, though, did it! Every summer, fae June till September, ye took yirsel as far awaw fae here as ye could ... As far as you wur concerned, ye wurnae mairried. Ye jist peyed us a visit when ye felt like it. Drapped in an drapped oot again ... A great life that, eh? A bachelor again, wi three months tae sow yir oats as ye waanted. Wan month wi wan wummin, a month wi anither ... Did ye gie thum aw the same answers when they asked ye questions, eh? Did ye tell thum ah meant nothin tae ye? Or better stull, did ye say ah wis happy jist tae be the queen bee?

ALEX II   How d'ye expect me tae answer? Dae ye think ah wis happy durin aw thae years?

MADELEINE II   Aw, try no tae make me feel sorry fur ye, if ye please!

ALEX II   Jist hear me oot! It's true thit ... thit ah wis inclined tae "sow ma oats" as ye put it, in different places ... But fur me thur wis nothin serious aboot it ... It wis jist ... it wis jist a kinnae natural urge that wid come tae me some Setturday nights when ah wis aw alane ... in some depressin hotel somewhere ... Och, if she'd nivir hid the wean ...

MADELEINE II If she'd nivir hid the wean, ah'd nivir a knew, an ye'd a went oan the same wey fur the duration, eh? Deep doon, that's your dream, intit? Makin yirsel oot tae be aw thit's guid while laughin up yir sleeve at me as ye go kissin and cuddlin fae place tae place, wummin tae wummin, knowin aw the time thit ah'd aye be thair, the sap, the eejit, wi ma roast beef an ma aipple pie ... An tae think ah spent aw day yistirday makin thum again while ah wis waitin fur ye ... roast beef an aipple pie yir favourites ... Stull, the roast beef's aw dried up an leathery an ah couldnae keep masel fae stertin oan the aipple pie. Thurs two big bits oot ae it.

She crosses her arms.

ALEX II Whit's wrang? Is it yir pains again?

MADELEINE II Nivir mind ma pains ... Ah can cope wi thum masel ... Switch oaff yir sympathy act. It's as putrid as yir jokes. Noo ye know ivrythin, ah've nae need tae tell ye ah've hid enough. If ye only knew how much better ah feel tae tell ye tae yir face thit ah'll nivir see ye as a funny man again. Come hell or high water, an nae maitter how long it takes, ah waant a divorce, Alex. Till it comes through, whenivir ye're back here in Montreal, ye can go an stey in wan ae thae depressin hotels makes yir Setturday nights sae excitin ...

She goes out.
Silence.
ALEX II goes towards the telephone.

ALEX II Buggeration! She'll pey fur this, so she wull!

He goes out with the telephone.
MADELEINE I enters. She is holding a glass of milk.

CLAUDE Still bothered bi yir pains?

MADELEINE I It's nae business ae yirs onymair, though ah suppose it makes nae difference tellin ye. Thurs jist wan thing ah waant tae say tae you, Claude. It'll no take long as ah'm aboot tae hide masel away in ma kitchen as usual. It's a ham-end this time, jist so's it's no the same as in yir play ... But dinnae worry, thurs still a aipple pie ... (*Silence.*) Ah waant tae talk tae ye aboot somethin ye left oot in yir play ... silence.

CLAUDE Ah know what ye're gaunnae say aboot silence, Mum ...

MADELEINE I Well listen tae me jist the same! That wey, if ye quote me again it'll be right fur wance. (*She places herself next to her son.*) In this hoose silence is the maist important thing. It's because ae silence thir waws are still staundin. When yir dad's been away a while an yir sister's oot at work, ah get bored. Ah prowl aboot the hoose no knowin whit tae dae wi masel ... The TV ah fund borin and ah've nivir been much ae a reader ... Ah'm past the age ae hivin tae go oot the hoose every day, ae inventin wee messages ah need tae go tae the shoaps fur ... So day eftir day ah wid fund masel here, in the livin room, sat oan the settee, ma haunds croassed oan ma knees, an a gless ae milk in front me oan the coaffee table in case a pain took me ... The furst minutes are aye the worst ... Ivry day withoot fail ... ah wid git aw wroat up, ma hert wid stert thumpin an ah wid ask masel how ah could git through the nixt minute, nivir mind through the comin eftirnin ... Sometimes ah wis that feart ah wis doubled owre. Or, at least, it wisnae fear as such. Ah'm no feart ae somethin happenin tae me, fur ah know thurs nothin actually wrang wi me. An anyhow, nothin ivir happens tae me! But ah'm aw wroat up cause ah feel ah'm gaunnae die ae boredom. Ah've nothin tae dae. Yir faither isnae comin hame, an ah've jist a bite ae tea tae see tae fur Mariette an me aboot six o'cloack ... an if Mariette phones tae say she'll no be in, ah can git by wi a tin ae soup or a piece in ma haund ... (*Silence. Her anguish is obvious.*) That means ah've five hoors tae full. In silence. An then, in the middle ae the silence, ah feel the storm comin. Ah feel it buildin up ... Sometimes ah'm too tired tae thole it, or ah've a pain in ma side, but it comes jist the same ... mebbe because ah need it ... tae help pass the time. An then ... when it breks owre me, ivrythin ye've put in yir play rins through ma heid ... Ah tell ye then aw the things ah cannae admit tae masel ... Thur no true, of course ... Ah'm no stupid, ah know the kind ae life ah lead. Ah make up scenes thit go oan fur hoors, scenes sae angry thit ye widnae believe it ... Ah shed aw ma worries, an ah stert actin oot things ... Ah become ... a kind ae superwummin... Ah demolish the hoose an ah set it oan fire, ah slit yir faither's throat, an even worse things ... Ah rage an bawl at yir sister and then at you ... The things ah couldnae dare tae tell ye oan the phone or when ye're here come burstin oot ... in waves higher than the hoose! But that aw happens in silence, Claude. Ye wid come in in the middle ae it aw an ye wid jist think ah wis daydreamin or wonderin whit ah wid make fur the tea ... cause that's the picture ae me ah've worked tae gie ye ... Silence. That's ma strength. It's ayeways been like that. The silence. Ah know nothin aboot plays but ah'm shair ye'd fund it hard tae show a storm ragin inside ma heid! But ah can tell ye that's the best kinnae faimly scene. An imagined wan dis nae damage! Ah've ayeways tholed in silence, fur at the end ae the day ah've nae better choice. Ye can think whativir ye waant when ye keep it tae yirsel an lit ither folk believe ye're somedy different ... Anyhow, what good wid it dae me tae act like in yir play? Where wid ah go if ah goat a divorce like that? Jist depress masel somewhere different? End up in some ludgin-hoose fur halfwits like masel hidnae the gumption tae keep thir silence? Hiv tae go oot an fund masel a joab? Aw ah'm trained fur is keepin a hoose an eatin! Ah'm no gaunnae be reduced tae cleanin the hooses ae toffs fur the rest ae ma days jist cause ah opened ma hert oot wance! Ah'm no gaunnae see ma life oot still gaun aff ma heid wi the self-same brainstorms in some poky rented room. That wife in yir play thair, her, the wan his ma name and dresses like me, whit'll she dae the moarn's moarnin, eh? Eftir she's acted the hero? That'll shairly no interest ye, wull it? When she opens the door an walks aff the stage, she stoaps existin as far as ye're concerned, ye've dumped her an, oh, ye've written sich boanny scenes! But me, ah hiv tae go oan livin the moarn, an the nixt day, an aw the rest ae ma days! If ye've nivir seen thit ma silence covers up ma howls ae anger, Claude, ye're no a real writer. (*Silence.*) Ye've nothin tae say. Admit ah hivnae said the things ye thoat ah wid say aboot silence ...

CLAUDE   Aye, ah admit it. Ah did see ye in a different wey. But ah still think it's no healthy tae boattle ivrythin up. Ye cannae live yir haill life in silence ...

MADELEINE I   Aye, ye can.

CLAUDE   Ye told me aboot yir pride the noo ... Ye said ye wur too proud tae discuss thae things wi Dad ... But is it no humiliatin fur ye tae sit silent aw the time? It's aw fine an well tae stey here in yir hoose bi yirsel an lit it aw oot in yir heid, but dis it no humiliate ye tae cover up like that fur aw he's done tae ye in his life? Did ye hear him singin a minute ago up thair in the bath ... Dis him jist bein here no humiliate ye? Dis it no gie ye the boke, his fulthy tongue, his riftin, his fartin like a machine-gun? If it wis left tae me … ah'd like nothin better than tae go up thae stairs an tell him in his bath thit ye've knew aboot his cairryins-oans aw along an thit ye hate him.

MADELEINE I   It's you thit that wid help, Claude, fur it's yir ain problems ye've pit in yir play thair, no mines. An dae ye waant me tae tell ye somethin else thit'll gie ye the boke even mair? Ye're no fair tae him!

CLAUDE   Aw, Mum!

MADELEINE I   But it's true. Ye're unfair tae him. He's nothin near as disgustin as ye've made him oot.

CLAUDE   Are ye referrin tae that bit wi Mariette? Well, let's talk aboot it then.

MADELEINE I   Ah waant tae talk aboot the haill loat. Ye've made him oot tae be a monster when he's jist an oardinary man thit tries tae make oot through his stupit jokes that he's oot-the-oardinary. He's goat a great memory fur jokes an it gies him the impression tellin thum thit he's a somedy. That's aw thur is tae it. He's no evil. Okay, he's goat an eye fur the wimmun, he's away a loat, an he has the occasional … But did it nivir occur tae ye thit it's ma business if he sees ither wimmun when he's away fae home?

CLAUDE   See, ye'll no come oot clean and tell the truth!

MADELEINE I   Aye, ah think ah wid say anythin jist tae show ye ye wur wrang … (*Brusquely.*) It's true ah've ayeways swallied ma pride but that disnae gie ye the right tae judge me. (*She approaches very near* CLAUDE.) Ah'm aw alane wi masel inside ma heid, Claude, an that means only ah know whit ah'm thinkin. Who d'ye think ye are tae come an tell me whit ah'm supposed tae be thinkin? The Lord God above? Hiv ye come tae save me? Ah can save masel, if ye please. Ah don't need ye. An furthermair, ah don't need ye tae come an make me no shair ae masel. Ah admit ah wis shakin when ah read yir play. Ah began tae doubt masel. Ah thoat ah mebbe wisnae right. Ah saw masel here, in the livin-room, gien yir faither a bawlin-oot, gien him a roastin wi a gift ae language ah nivir knew ah hid in me. Then ah said tae masel, what a boanny endin, what a braw wey tae pit an end wance an fur aw tae ivrythin. Then ah goat feart when ah thoat what wid happen eftir that. Ah preferred tae go oan dreamin aboot made-up scenes thit ah can cheynge aboot when ah waant tae raither than risk nivir forgien masel fur creatin a real wan thurs nae gaun back oan. (*Silence.*) Ah wis that proud when ye tellt me ye'd written a play. Ah wis aye happy fur ye tae become a writer ... Ah encouraged ye as much as ah could, even when the ither wans pu'd yir leg aboot it ...

CLAUDE They wurnae pu'in ma leg, they wur laughin at me!

MADELEINE I Even supposin they wur, ah said tae masel, an artist in the faimly ... a writer ... That wis gaunnae make life different fae noo oan. Ah'd nivir met onybody in ma life who'd waanted tae be a writer, an all ae a sudden here wis wan in ma hoose. It's no that long ago, when ye wur still steyin here, thit ah fund ye asleep in yir bed wi a pencil an paper still in yir haunds ... Ye'd come back fae that beatnik club ae yirs, up tae the oxters in paper, an shut yirsel away in yir room fur hoors. Ah thoat the crowd ye wur mixin wi wis dangerous ... but pairt ae me wis pleased ... that here in ma ain hoose, thur wis somedy who wis interested in mair than ice hockey in the winter an that bloody baseball in the summer. Noo thur wis somedy tae support me oan Setturday nights at eight a'cloack when the telly wis aye switched owre tae the hockey. ... Dae ye mind when ye wur wee, an if yir faither wis here oan a Setturday night, the barnies we used tae hiv cause you an me waanted tae watch Channel 6, even if it wis in English, an yir faither an Mariette waanted tae watch the hockey? They ayeways won an ye'd slam the door ae yir room ... But ah knew what ye wur daein ... Ye widnae lit me read what ye wur writin but ah kept askin ye jist the same ... Ah kept waitin ... waitin fur whit happened this week ah suppose ... thit wan fine day ye'd arrive an say tae me "Here, read this an tell me what ye think ae it ..." Ah wis that proud the ither day. At last, a big pile ae paper tae read ... Ah'd nivir seen "a manuscript," as ye caw it. It didnae look like a book but it wis oan the wey tae bein wan ... An ah wis wan ae the furst tae read it ... afore the publisher ... afore the printer ... As soon as ye left, ah came an sat masel doon here ... Ah wis shakin ... Ah kept tellin masel ... Ah'm finally tae learn ... aw thit he's been puttin doon oan paper aw thit time ... Ah read the title ... Ah didnae understand much ae whit it meant but that didnae maitter ... Ah read the names ae the characters ... Ah thoat it nice thit ye'd gien oor names tae the characters in the play ... ye know ... Ah'd nivir read a play afore so at the beginnin ah hid trouble followin whit wis gaun oan ... But eftir two-three pages ...

the disappointment ... naw, it wis worse than that ... Ah'm no sure if thurs a word tae describe exactly how ah felt ... It wis like thur wis somethin burnin in ma stomach ... like ye go dizzy when ye git bad news aw ae a sudden ... Ah felt as if ah'd been ... betrayed! – aye, betrayed bi ma ain wean ... Ah saw ma haill life twistit oot ae recognition ... Ah heard Mariette when ye wur wee greetin tae us that she'd fund ye in a coarner again tryin tae spy oan her ... An ah asked masel ... Could it be thit aw this time it wis she who wis right? Ah'd broat up a spy who wrote doon ivrythin we did so's he could laugh at us later ... An tae tap it aw, ye kept yirsel oot ae this faimly picture ... That's what ah maist waant tae hiv oot wi ye. Ye wrote aboot evrubdy in the faimly except yirsel. The characters make mention ae ye but ye're no thair. Nivir. How come, eh? Ah aye thoat writers wrote so's tae talk aboot thirsels ... But you, ye didnae even hiv the courage tae pit yirsel in yir ain play. When ye've read the play an pit it doon, ye've nae idea who ye are or what ye're like. Ye've kept yirsel oot the picture, yit ye've decided what's real an whit isnae, as if ye could jurmummle the facts up howivir ye waanted. Ye've made the rest ae us look like monsters an've even kept oor names, but you, ye're naewhere tae be seen, Claude. Ye've kept yirsel in the background so's ye can say tae the wurld, look how coorse an stupit they are ...

CLAUDE Ah've nivir said ye wur coorse or stupid. An if ah've left masel oot mebbe it's because ah don't find masel interestin enough.

MADELEINE I Oh, that's a guid wan. How come aw ae a sudden ye dinnae find yirsel interestin when afore ye did ivrythin ye could in here tae draw attention tae yirsel? The reason is ye're feart ... Ye criticise yir faither aw through yir play fur bein a coward an yit ye're no much better yirsel ... It disnae take much courage tae write a play aboot folk who cannae defend thirsels ... What comeback hiv we goat? Aw we can dae is sit an take yir impudence an pit up wi yir lies ... Fur that's aw yir play is, Claude, lies ...

CLAUDE Thur no lies, Mum. It's jist ma wey ae seein things ... It's a ... version ae reality.

MADELEINE I It's a version that you waant tae bring oot fur aw the wurld tae see whereas oors we've tae keep tae oorsels.

CLAUDE Ye say thit ye like silence better ... Ah've jist decided tae pit that silence intae words ...

MADELEINE I   But that's no right. Who gave you the right, Claude, tae speak oor words? An whit's mair, it's only yir version ae the truth folk'll see, fur only yirs is written doon. Ye've nae right tae dae that. Ye've nae right. Speak fur yirsel as much as ye like, express yir ain feelins, tell us how unhappy ye are, but jist lea us alane. Ah opened that thinkin ah wid find oot at last who ma laddie wis, an aw ah fund wis … Ach, thurs nae need tae go aw owre that again …

CLAUDE   Aw writers dae that, Mum. They take the things thit are nearest at haund an write aboot thum fae thir perspective, fae the wey they thirsels see thum …

MADELEINE I   That's nae excuse, Claude. Ah know nothin aboot ither writers, but ah do know they dinnae write lies aboot me. Mebbe you jist don't know what tae say tae defend yirsel for what ye've done.

CLAUDE   Och, Mum, ye know nothin aboot plays …

MADELEINE I   Then whey did ye gie me that wan tae read in the first place? Ye gie me a picture tae look at wi ivrythin twistit in it an eftir ah look at it ye turn roond an tell me ah hivnae the brains tae understaund whit's in it …

CLAUDE   Och, ah'm no sayin that. Ah've jist new-done said ah thoat ye wid understaund, thit ye wid appreciate what ah wis tryin tae dae …

MADELEINE I   Appreciate! Appreciate whit! Makin fools ae us? Sneerin? Sneerin at us?

CLAUDE   Ye think ah'm sneerin in ma play? Sneerin at you even?

MADELEINE I   Aye.

CLAUDE   At faither, too true … but no at you or Mariette … Nae maitter what ye think, ah did it wi the best ae intentions … tae defend ye …

MADELEINE I   Ah've just done tellin ye … Ah don't need ye tae defend me …

CLAUDE   But what if ah hiv the need tae defend ye? If it's the only wey ah can begin tae express masel … through the rest ae yese? At the end ae the day mebbe it is true thit it's the work ae a spy, thit ah've yaised ivrythin thit ah thoat wisnae nice aboot the rest ae yese … thit ye don't want to hear … but ah've the right jist the same! Ye've goat tae accept ah've the right.

MADELEINE I   You have not!

CLAUDE   Even if ah acted in guid faith?

MADELEINE I   Ye cannae be in guid faith, fur ye're no wan ae us …

CLAUDE   That's where ye're wrong, Mum … Listen … Wull ye hear me oot jist fur a minute? (MADELEINE 1 *sits down beside* CLAUDE.) Ah've liked tae imagine masel inside ither folks' heids ... tae imagine how they feel. Ah've been daein that fur as long as ah can mind. Yese wid mebbe say that wis spyin ... But for me that's livin, that's jist how ah'm made. When ah wis sat in ma coarner watchin whit ye did, listenin tae what ye said, ah wis alive tae ivrythin that wis done an said in here. Ah was livin it. Ah wis storin it up, actin it oot an recitin it tae masel, an ah wid add things eftir tae what ah'd heard. It's true ah cheynged things roond bi daein that ... but ah wis trying tae understand each ae ye ... Ah wid try an become each ae ye ... Try an see what it wis like inside ye ... Ah wis tryin tae make sense ae what wis happenin bi changin things roond ... cause sometimes what wis happenin wisnae revealin enough ... That's what ah'm still daein ... Tryin ... tryin tae make sense ae what's gaun oan inside ither folks' heids ...

MADELEINE 1 An is what's gaun oan inside yir heid no interestin enough fur ye?

CLAUDE Ah've tellt ye, ah'm no interested in talkin aboot me ...

MADELEINE 1 Mair like it's whit ah've jist done tellin ye ... ye're feart.

CLAUDE Ach, thurs nae point in tryin tae discuss this wi ye ... We jist go roond an roond in circles repeatin oorsels ... Look, ah'm sorry ah asked ye tae read that ... If it'll make ye happier, ah'll cheynge the names ae the characters ...

MADELEINE 1 How'll that cheynge things fur me! Ah've read yir play wi ma name in it. It's too late noo, ah've seen masel sufferin in ma ain livin-room an sayin things ah'll nivir say. But thurs some ither reason ye've hid me read that ... ah know ye ...

CLAUDE Me an some ae ma pals are gaunnae put it oan in a wee theatre in the autumn.

MADELEINE 1 Ye're gaunnae take that oot ae here? Gauntae put it oan the stage, lit actors play us an hiv aw the wurld see it? Actors'll be peyed fur sayin thae things? An folk'll pey money tae listen tae thum? Ye're no gaunnae tell me the public goes tae the theatre tae see that kinnae thing! The public isnae stupit! Take that away wi ye. Ah nivir waant tae hear ye speak aboot it again. If it goes oan the stage, dinnae tell me ... An ah specially don't waant tae know if it's a sell-oot ...

She turns towards the door.

ALEX I re-enters, in a dressing gown and naff slippers. MADELEINE I *and* CLAUDE *are obviously ill at ease.*

ALEX I Fur-the-love-ae-Christ, wid ye look at thae faces! Ye'd think it wis a funeral, so ye wid. Yese'll cheer up this instant. Ah didnae come aw this wey tae look at lang faces. Yese are like a pair ae undertakers. If ah've tellt yese wance, ah've tellt yese a hunner times, when ah come hame it's pairty-time. Thurs plenty time tae soart oot yir problems when ah'm no here. Go an bring me a wee beer, Madeleine, eh? Ma thrapple's like sandpaper ... A cauld wan this time, though ... The wan ah hid in ma bath wis lukewaarm an gied me hertburn ...

MADELEINE I *exits in silence despite the obvious anger of her son.*

CLAUDE As if ye couldnae even go an git yir ain beer, eh!
ALEX I Tae each his station, ma son! Ah go an git the money, yir mither goes an gits the beer!
CLAUDE How can ye say stupit things like that an think thur funny!
ALEX I Ah'm jokin! Ye know fine ah'm jist jokin! Ah've aye treated yir mither like a princess an she's aye spiled me as if ah wis the prodigal son! It's an arrangement wuv worked oot an ye've nae reason tae pass comment oan it. Ye're the last wan tae talk. If thurs some laddie's been spiled rotten in here, it's you, nothin shairer! Compared wi you, ah've been treated nae better nor a dug! (MADELEINE I *re-enters with a bottle of beer.*) Maddie, is that no right? Ye've spiled yir weans rotten?
MADELEINE I When ye stert cawin me "Maddie," ah know ye've mair than a wee drap waarm beer in yir belly ...
CLAUDE (*To his mother.*) See? It's no true ye cannae gie as guid as ye get.
ALEX I Yir mither? Gie as guid as she gits? That's how she hooked me, ma son. Thurs naebdy could better her at puttin a boay in his place. She pit me in ma place that oaften thit ah said tae masel: the only wey tae git the upper haund is tae mairry her. But ah nivir won! Eftir twenty-six year ae mairrage, it's aye her his the last word!
MADELEINE I Ah aye hiv the last word fur you aye stert snorin afore ah'm finished speakin!

She exits.

ALEX I (*Laughing.*) It's a tonic tae come back here ... even eftir aw thir years ... An you, still nae weddin in sight?

CLAUDE *sighs in exasperation.*

> Ah'm like an auld record wi the needle stuck, eh? Naebdy gits mairried nooadays, eh? ... Ye jist dae whit yese waant an if it disnae work oot, cheeriebye an that's it! (*He drinks.*) Ah drove fur that lang withoot a stoap an the roads wur that twisty thit ma airms are stull stiff ... even eftir ma bath ...

Silence.

> Ah can see ah'll no git much conversation oot ae ye the night, eh? Wur youse two talkin aboot me when ah came in jist the noo? Ah suppose ah came in jist too soon, eh? Ah've goat the knack ae nivir arrivin at the right time. It's aye been, "Ah wis expectin you the moarn," or "Ah didnae expect tae see you onymair. Ah thoat ye wur deid!"

CLAUDE An when did ye ever tell us when we could expect ye back, eh? We jist hid tae take ye when we saw ye.

ALEX I That's right. Ye jist hiv tae take me when ah turn up, an appreciate me whilst ah'm here! (*He laughs.*) Ye think ah'm coorse, don't ye? Ye'll no talk aboot me wi yir wee beatnik pals, eh?

CLAUDE Beatniks wur a long time ago, Dad ...

ALEX I No as lang ago as aw that ... Ah still mind ye in yir poloneck an black breeks ...

CLAUDE Ah wis eighteen then ...

ALEX I D'ye mind when ah came tae git ye fae that cafe hangoot, the Paloma? Yir mither wis sick worried ye'd end up wi a fit ae the shakes eftir drinkin owre much coaffee? For bye she wis aye imaginin ye wur takin pills? Imaginin her darlin laddie wis bein perverted bi the bad crowd he wis hingin aboot wi! Ah bet ye wur ashamed tae see me there, eh? Thit yir daddy, the insurance man, should dare tae poke his nose intae the secret hidie-hole ae the revolutionaries plannin tae pit the wurld tae rights! The coorse an ignorant worker breenged in athoot knoakin at the door ae the inner sanctum ae the intellectuals! D'ye mind what ah did when ah left? Ah boat evrubdy a roond. At least ah know how tae live life!

CLAUDE But what ye don't know is thit naebdy drank it! They told me eftir that wance we'd left, they took the roond back.

ALEX I gets up, furious.

ALEX I   Ye nivir tellt me that!

CLAUDE   Ah wis too feart ye'd go aff the deep-end.

ALEX I   Ye wur right tae be feart, ma wee man. The shower ae snobs! The bloody wee stuck-up nyaffs! Is that Paloma still open or his some ither faither hid the sense tae set a match tae it afore me?

CLAUDE   That's right, typical, jist set fire tae things ye don't understaund …

ALEX I   Well, well, ah'm gaunnae gie ye a big surprise, ma wee man. Ah'm gaunnae show ye that ah'm no the ignoramus ye seem tae think. Aye, aye, ah know the word "ignoramus." Ye neednae look at me like that. Ah'm no like the rest ae ye, ah travel, git aboot … Ah see mair nor jist the fower square waws ae pokey wee flats in Montreal, ah dae. Ah move in the big, ootside wurld – no like yir wee gang ae naebdys thit thinks the world starts an ends wi thaim!

CLAUDE   Aye, ye must've seen a thing or two in yir travels …

ALEX I   Waant tae hear somethin? Ah wis in the bath the noo, ma belly stickin oot the watter, ma beer in wan haund an the facecloath in the ither, an ah fund masel thinkin ah'd been unfair tae ye. Aye, ah did. Ma only boay, that ah've aye been sae proud ae – at least until ye went tae the high school an yir fancy ideas turned yir heid – ma only boay waanted tae become a writer an ah'd laughed at him … Deep doon, ah should've been proud … Ah can just see masel arrivin in Thetford-Mines or Three-Rivers wi yir furst book … Ah wid make thum keech wi jealousy, ah can tell ye. Eh? … But as ah wis sayin, ah wis thinkin tae masel, instid ae gien him encouragement, ah pit him doon athoot even readin a word ae whit he writes! Yit ye nivir know, mebbe it's no half bad, mebbe ah'll like it. We're aw the same in this faimly, eh? We condemn afore we try tae understaund … Ye've tellt me that sae oaften, ah've come roond tae believin it, see … So, ma son, ah've decided tae take the big leap … Whenivir ye're ready tae show me somethin ye've wrote, ah'm ready, tae. Is that no big ae me? Ah've decided tae gie the tryer a brek … Ah promise ah'll read right through tae the end, tae the very last full-stoap. Ah swear it. But ah'm warnin ye, mind, if ah fund it borin, ye'll know aboot it, that's fur shair. Whit d'ye say tae that, then? Am ah no a guid faither tae ye, eh?

CLAUDE   Ye'll nivir be serious, wull ye? Eh? Ye play act at bein the good faither an ye're pleased wi yirsel.

ALEX I   Ah'm bein sincere!

ALEX II *brings the telephone back.*

ALEX II   What'm ah tae dae? Ah cannae lit them aff we stringin me along behind ma back like that. They ayeways trap ye in a coarner. Cannae hide nothin fae thum. Nuhin. Shower ae nosey-bloody-parkers ... Ah need a beer ... then a good, hoat bath.

He goes towards the kitchen.

ALEX I   Ye've nothin tae say?

CLAUDE   (*Softly.*) What's thur tae say? It's jist anither ae yir empty promises ... Thurs that many things in ma life ye've promised me but gien me nothin ...

ALEX I   Ah've gien ye nothin? Me?

CLAUDE   Don't twist it. Ah didnae say ye'd gien me nothin. Ah said ye'd promised me things ...

ALEX I   Ah aye keeps ma promises. When did ah promise ye somethin ah nivir gave ye, eh?

CLAUDE   Aw ma life, Dad, ye've made promises ye didnae keep ... right back till when ah wis jist a wean ...

ALEX I   Aw, well, if ye waant tae go aw the wey back till Methuselah ...

CLAUDE   That's right. As far as ye're concerned, if it's in the past, forget it. How far back dis yir memory go, Dad? Two weeks? Three? Fur that's the impression ye've ayeways gien me.

ALEX I   Ah remember the important things. As fur ither things ... wi the kinnae life ah lead, how can ye expect me tae mind awthin ...

CLAUDE   Listen, here's an example. Dis the juvenile police club ring any bells?

ALEX I   The juvenile police club? Whit's that when it's at hame?

CLAUDE   Thair, see! ... Ye went oan aboot it fur two years, Dad. Fur two winters in a row you promised ye'd register me in the juvenile police club. Ye said it'd make me intae a man an ah believed ye. Fur two years ye strung me along. Soon as ye came in the hoose, the first thing ye'd say wis: "Mind, ma son, nixt Monday night pit oan yir white shirt an Sunday troosers, we're gauntae the juvenile police club! Th'ull gie ye exercises, show ye how tae live, make a man oot ae ye! Ye'll take yir nose oot thae books wance an fur aw an ye'll learn how tae work up a sweat! It'll pour aff ye!" An every Monday ah goat aw excited an ma mum goat oot ma Sunday claes fur me ... But you wur nivir thair oan Mondays ... Nivir thair. That's whey ye must've always said that night tae me. An ah waited an waited fur ye! Aw itchy in ma best claes, ma nose pressed up against the windae ...

ALEX I   Ah said that tae gie ye some pleasure, Claude, tae show ye ah wis thinkin aboot ye, thit ye meant a loat tae me ... What mair could ah dae? Ah wisnae at hame that oaften, an ah waantit ye tae think aboot me ...

CLAUDE   Ye can rest assured ah wis thinkin aboot ye. Ye wur here sae seldom ah wis thinkin aboot nothin else but you. It became an obsession an when Mum said ye wur comin, ah'd git that worked up ah'd come doon wi a fever. Every time, every single time, ah wis waitin fur an explanation ... Ah'd've been happy tae accept any big lie raither than admit tae masel thit yir promise wis full ae wind ... Every time ye came back ye'd make the same stupit promise an then go an hiv yir stupit bath. An ah believed ye. Ah'd tell ma pals nixt Monday ma dad's takin me tae the juvenile police club an thur gaunnae show me how tae smash yir faces in. Ye'll understaund whey they jist sniggered, eh? But ah didnae care, each time ah wis positive that this time yir promise wis meant. An the next Monday it wid stert aw owre again. Ye'd get oot yir bath, wrap yirsel in yir stupit bathrobe an doon the plug-hole went the juvenile police club. Ah foallied ye like a wee dug, ma hert thumpin, ma eyes glued tae ye, ma nose nearly in yir plate as ye wur eatin ... but ye took no notice ae me. Ye'd said yir promise so ye'd done yir bit as far as you wur concerned ...

ALEX I   Surely ye're no tryin tae make oot thit ah ruined yir life jist cause ah didnae take ye tae the juvenile police club ...

CLAUDE   When ye pretend no tae understaund what ah'm sayin like this, it's really patronisin ... Ah'll give ye anither example. Aw, forget it ...

ALEX I   But whey are ye bringin aw this up aw ae a sudden?

CLAUDE   Because what ah write stems directly fae aw that. In fact, seein as how, ye'd mebbe better no read it therefore ...

ALEX I   Ye talk aboot me in yir play!

Enter MADELEINE II *who is rubbing her wrist, followed by* ALEX II.

ALEX II   Ye should content yirsel jist worryin aboot what goes oan inside thir four waws instid ae pokin yir nose intae whit happens far away fae here.

MADELEINE II   Oh, but ah don't need tae go pokin ma nose onywhere. What happens far away fae here comes tae ma doorstep.

ALEX II   Don't answer me back! Ye've ayeways an answer, eh! Ye've aye thoat ye're cleverer than me, eh? Ah've aye knew it. Ye watch me like a hawk, every move ah make, every word ah say ... But ye're happy enough tae take the money ah bring in here, though, eh? Well, lit me tell ye straight thit if ye think ye're leavin here, ye've anither thoat comin. Ah hivnae cawed ma pan oot bringin up a faimly jist tae fund twenty-five year oan thit ma wife an weans are sneerin at me ... or tae fund masel oan ma tod eftir some humiliatin divorce.

ALEX I   You watch yir step, ma boay. Jist watch whit ye say aboot me. Ah've aye been mair than patient wi ye, but even ma patience can run oot. Ah hivnae cawed ma pan oot aw ma life supportin ye, you an the rest ae yese in here, jist tae fund masel at the end ae the day wi an ungratefull son thit throws shite at me as soon as ma back's turned. Ye've aye judged me, ye've aye thoat yirsel cleverer than me, but watch yirsel! If ye push me tae raise ma fists tae make ye see sense, ye'll regret even mair thit ah nivir took ye tae the juvenile police club!

ALEX II   It'll be the furst time in twenty-five year ah've laid a finger oan ye, but if that's whit it takes tae make ye see sense ...

MADELEINE II   Ye've a shoart memory ... It's no the furst time ye'll hiv laid yir haund oan me.

CLAUDE   Ye've already tried usin yir fists. Hiv ye forgoatten?

ALEX I and ALEX II   That's no true.

ALEX II   Ah've nivir laid a haund oan you ...

ALEX I   Ah nivir lifted a haund tae any ae yese ...

CLAUDE   That's true, ye're right ... Ye came near tae it wan time but ye went nae further ...

ALEX I   Ah came near mair nor wance and mebbe ah should've went further mair nor wance. Mebbe ah'd've goat a wee bit mair respect aroond here.

ALEX II   When? When wis that? When did ah lay a haund oan ye?

ALEX I   An dinnae make up things intae the bargain. Ye're welcome tae haud it against me fur the wee promises ah made tae ye when ye wur wee an didnae keep ... Ye wur hingin aboot me that much ah hid tae dae somethin tae git rid ae ye ... But don't make up things thit backfire oan ye. Ah nivir hit ye, nivir, an ah'll no hear ye say the opposite.

MADELEINE II   It's fine and dandy fur ye tae decide tae forget it. That suits ye fine ...

ALEX II   Ah'm no decidin tae forget it! Ah don't remember!

MADELEINE II   That disnae surprise me. Ye're aye like that. Things thit are ae nae importance tae ye, ye forget right away ... or, raither, ye pit thum tae the back ae yir mind eftirwards. Fur me, though ... ah wis terrified, terrified as ah've nivir been terrified in ma life afore ...

ALEX II   Aw, aye, tell me again – wur ye terrified? Ye're a pure martyr so ye are! Afore the night's oot wull hiv nae option but tae canonise ye if things goes oan this wey, eh?

MADELEINE II   Don't act the goat, Alex, if ye please. No the day. This isnae the time nor place.

CLAUDE   Can ah ask you a question, Dad?

ALEX I   Ah'm no shair. Christ knows what else ye're gaunnae come oot wi the night.

ALEX II   Okay, then ... What did ah dae thit terrified ye? ... When wis it? ... Oan ma honour, if ah ever lifted ma haund tae ye ah wid mind it ...

MADELEINE II   Wance, wan time only in ma life, ah asked ye tae look eftir the kids ...

ALEX II gives a start.

CLAUDE   Dae ye remember wan time, when Mariette an me wur wee, Mum asked ye tae look eftir us ...

ALEX I   Could ah forget! It wis sae piggin borin ah drank masel fu! ... Mariette wis twelve-thirteen then an wis auld enough tae look eftir the baith ae ye athoot me bein thair tae dae it ... That's the kinnae thing ah meant when ah said tae ye the noo thit yir mother mollicoddled ye far owre much ...

MADELEINE II   Ma mither wis dyin an we'd decided tae sit wi her through the night, the haill faimly ...

ALEX II   Dinnae bring that up! Ah've tellt ye afore thit ah nivir waant tae hear ye speak aboot that night again! Nivir!

MADELEINE II   Jist because ye dinnae waant tae speak aboot it disnae mean it nivir happened, Alex ...

ALEX II   That's jist it! It nivir happened! It happened only in yir heid! That's whit's ayeways terrified me! Ah saw somethin in yir eyes that night ah'd nivir seen afore ... Ye're right thit ah decided tae forget it. Too bloody true. An ah've well an truly forgoatten it! Ah nae mair waant tae open it aw up noo than ah did then ...

MADELEINE II   That makes two ae us, Alex. Ah seen things in yir eyes that night, tae, thit ah'd nivir seen afore. But ah could nivir forget thum, even if ivry day since then ah've tried.

ALEX II   Ye've tried tae forget? Fae where ah'm staundin ye've worked hard at tryin tae forget nothin. No least cause nothin did happen, as ye fine know.

He takes her by the wrist.

ALEX II   If somethin hid really happened, ye'd've walked oot wi the weans. Yir accusations wur that hellish ye wid nivir've waanted tae see me again. The fact thit ye steyed proves thit nothin happened.

MADELEINE II   Ah steyed because ah'd nae place tae go tae ...

ALEX II   Ye steyed because ye knew ye'd jist imagined thit sich a thing hid happened. Ah did hit ye that night. That's true enough. Ah mind it fine ... Ah slapped ye. Jist wan slap, but it wis a guid wan ... An dae ye waant tae know somethin? Ye deserved it! Ye're bringin aw this up the night cause ye've taken it intae yir heid tae walk oot oan me an it suits ye tae invent as many reasons as ye can fur haudin a grudge against me. Ah can see what ye're up tae ... It's jist pure bloody badness an ye know it.

Silence.

MADELEINE II *goes close to her husband and she looks him straight in the eyes.*

MADELEINE II   Mariette tellt me ivrythin. That same night. A kid ae thirteen disnae make up things like that. If ye don't waant tae talk aboot it, that's fine. Ah'd prefer no tae talk aboot it, tae. But ah waant ye tae know once an for aw thit ah've always knew, an if ah've nivir said anythin aboot it, it's because ah've been feart. A man thit can dae that soart ae thing can dae a loat mair ...

ALEX I, *having gone out to get a beer, comes back in.*

CLAUDE   Dae you remember whit happened that night?

He sits down in an armchair.

MADELEINE II   Hiv you ever felt like ye'd been buried beneath a ton ae bricks? Or been hit on the heid bi a hammer? Because ivrythin in yir life hid cheynged in a flash? Wan minute ye're somedy thit thinks certain things … Ye're sure ye know who ye are … Ye've nae reason tae ask questions … Fur years yir wurld is crystal clear. Crystal clear, Alex. Ma wurld wis settled … forivir. Ah could see clear ivrythin that wis happenin tae me … Ah even hid … a grip oan ma worries. No thit they wur big wans, but they wur enough tae stoap me bein happy if ah hidnae thum under control … Ma mither's daith certainly shook me but ah saw it comin fur a long time an knew ah'd git owre it in due course … That night ah came back fae her hoose … at peace in masel. Ah'd done ma duty, ma mither wis feart ae dyin an ah'd managed tae calm her doon a wee bit, managed tae git her speak tae me … It's hard tae pit intae words … When ah walked up the stairs here, ah knew exactly who ah wis … but when ah pushed open that door ah became somedy different … Jist like that ah became somedy else, through nae choice ae ma ain … In a flash ma haill life fell in oan me … as if ah'd walked intae somedy else's life … but worse, the life ae somedy ah widnae waant tae know … Ah hid tae switch athoot warnin fae wan life intae anither. Ma man … ma kids … hid cheynged while ah wis oot … Ah'd left a happy, contentit hoose an ah walked back intae some hell ah didnae recognise. Ah didnae even feel ye hittin me. It wisnae me ye wur hittin … It wis somedy else … The unhappy wummin ah didnae know … Ah wis that confused ah couldnae even feel hate fur ye at furst … (*She looks at* ALEX II.) Ah've hid time tae fund masel again, tae straighten things oot in ma ain mind since then. But the time's nivir been right tae talk tae ye aboot it … or raither, ah've lit times pass an said nothin … through … fear, ah suppose … Ah've been feart ae ye since that day, Alex … But noo it's ma turn tae turn yir wurld upside doon. When ye came up thae stairs jist the noo, ye walked intae a different wurld. How did it feel? (ALEX II *does not reply.* MADELEINE II *shrugs her shoulders and leaves.*)

ALEX I   Nothin happened. Ah watched the ice-hockey oan the telly. Ye bawled like a wean cause ye waanted somethin else oan, an Mariette threw a fit cause ah widnae lit her go oot. Whey're ye askin me aboot that? That's goat nothin adae wi whither ah've ivir hit ye. Ah nae mair hit onybody that night than ah did ony ither night.

MARIETTE I enters suddenly.

MARIETTE I   Ma favourite daddie!
ALEX I   Ma favourite lassie!

They throw themselves into one another's arms and kiss. CLAUDE *is ill at ease.*

ALEX I   Ye've arrived jist in time. Yir brither's aboot tae interrogate me aboot somethin that happened wey back in the days ae oor Lord Jesus!

MARIETTE I   That's been his speciality fur long enough. Nosin aboot in the durt ... Hullo wee brither ... Still squeezin yir plooks? Fur the past five-six weeks he's been pesterin me aboot things thit happened when we wur grouwin up ... He's been draggin up stories fae when ah wis a wean thit ah'd totally forgoatten aboot. He his a memory like an elephant.

ALEX I   Aye, so he his. An ah think he's aboot tae stir up trouble wi it.

Enter MARIETTE II *who is in the process of closing an umbrella. She notices her father on the sofa. She leans against the frame of the door.*

MARIETTE II   Coontin yir sins fur confession?

ALEX II gives a start.

ALEX II   Ye gave me a fright ...

She enters the living room and takes off her raincoat.

ALEX I   An how're things wi you, Fanny-Annie?
MARIETTE I   Fab. Ah've been overdoin it an ah'm shagged-oot, but it's a nice shagged-oot ... Ah'm daein no bad.
ALEX I   Still shakin a leg, eh?
MARIETTE I   It's the only thing ah'm trained fur. That an things ye cannae tell yir faither ...

They laugh.

MARIETTE II   Mum's aw worked up, ye know ... Ye should phone her when ye know ye'll be a day or two late ...

ALEX II   Ah don't know when ah'm gaunnae be late ...

MARIETTE II   A phone call coasts nothin ...

ALEX II   Ah'm no ayeways in the mood tae hear her moanin ... When ah phone here ah feel as if ah'm punchin in. If ah'd waanted tae work in some factory ah wid've, but ah went fur a line ae work where ah wis free tae move aroond an keep ma ain time ... Yir mither knows aw that. Ah've explained it tae her a thoosand times so she should know bi noo ... Ah keep ma freedom!

ALEX I   Here, ah did see ye oan the telly the ither night ... Ah wis real pleased ye phoned tae tell me ye wur oan ... Ma lassie oan the television ... That made some ae thum's eyes pop oot ... They couldnae credit it. Neither could I, come tae that ... We goat a guid look at ye ... Ye wur nivir oan fur very long, but whenivir ye appeared we could see it wis you ... Ah'm sorry colour television hisnae arrived here yit.

MARIETTE I   Ah wis wan ae the furst go-go dancers in Montreal ... It's me shows the ithers whit tae dae as ah'm the wan wi the maist experience ... It's oan the cairds ah'll be oan even longer the nixt time ...

ALEX II   Ye'll go aw the wey, doll! Ye shoulda seen the guys at the Hotel Lapointe ...

MARIETTE I   Ye should see the technicians in the studio! We hiv a right cairry-oan wi thum ... If things keep lookin up the wey they are, ah'll be able tae cut doon dancin in the clubs ...

MARIETTE II   Oan the subject ae freedom ... that wis some coincidence the ither night, wisn't it no?

ALEX II   The ither night?

MARIETTE II   Och, Dad, dinnae act innocent! The ither night at Rancourt's club in Victoriaville!

ALEX II   Oh, that ... Right enough, aye, that wis some coincidence ...

ALEX I   Ye mean ye could make a livin jist through the television?

MARIETTE I   Well, no exactly, but ah can slacken oaff the dancin a wee bit cause ae the telly work ... It's nae dawdle, ye know, climbin intae a cage every night an forcin yirsel tae go-go fur hoors oan end ... It's no exactly a relaxin night oot ... Ah hiv tae dae the same thing night eftir night jist tae try an earn somethin ae a wage! Ah'm nivir in the same place fae wan night tae the ither, an sometimes ah end up in real dives … Ye widnae believe whit they wur like if ah described thum tae ye …

ALEX I   Oh, no? Ah've seen some sights oan ma travels, tae, though, Mariette, ah can tell ye.

MARIETTE I   Aye, ah suppose ye must see as bad, tae … Though ye've nivir lit oan tae us … Ye've nivir tellt us the stories aboot yir gallivantin roond every nook an cranny in Quebec … If ah'm no wrang, thurs some ye couldnae repeat … auld divil thit ye are …

ALEX II   Ah didnae even know ye wur in that dive … Ah went in thair bi a complete chance …

MARIETTE II   An it wis a complete chance ye hid six ae yir commercial traveller pals wi ye …

ALEX II   Listen, Mariette … it oaften happens thit some ae us git thegither oan a Setturday night fur a drink …

MARIETTE I   Claude wid've lapped up hearin aboot thaim, though … Eh, oor Claude? Did ye ask yir mammy questions tae fund oot whit yir daddy goat up tae oan his weekends …

ALEX II   We know where tae fund each ither an where tae leave messages …

CLAUDE   An you wurnae interested?

MARIETTE I   Ah wis, but ah didnae keep pesterin Mum aboot it …

MARIETTE II   An jist bi chance, wance a month ye land up in a hotel where ah'm dancin!

CLAUDE   No, because ah'm sure ye sooked up an asked him yirsel …

MARIETTE I   See who's the jealous wan …

CLAUDE   Ah'm no jealous!

ALEX I   Ye're best tae lea him alane. He goat oot the wrang side ae the bed this moarnin. Dinnae go near him, he bites!

They laugh.

MARIETTE II   While naebdy's here, ah waant tae ask ye somethin, Dad … ah've goat a request tae make … It's embarrassin fur me tae cavort aboot oan a stage when ah know ma ain faither's thair …

ALEX II   But fur-the-love-ae-Christ, it's no as if ye're daein a striptease!

MARIETTE II   It's bad enough thit the gang ye bring along goes owre the score, Dad … But tae make it worse, ye bawl oot louder than the ithers, ye clap harder than thaim … Thurs … ah don't know … thurs somethin sick aboot it …

ALEX II Sick! Me sick!

MARIETTE II Look, Dad, it's gotten so thit ah feel as if ye're ma pimp! Ye're always thair. Month eftir month ye foallie me aroond wi yir drunken pals ... The hotel managers caw ye ma fan club ... It's jist as well they don't know ye're ma faither! Pit yirsel in ma shoes! There ah am up oan the stage sloggin masel oot encouragin evrubdy tae dance an drink an aw the while ah know ma ain faither is oot thair swappin stupid jokes wi a pack ae durty pigs thit sees me as nae mair than a piece ae flesh!

ALEX II Well, dinnae dae the joab if ye're no up tae it.

MARIETTE II Ah am up tae it! Ah've been daein it fur long enough! But no in front ae ma faither! Can ye no understaund what ah'm sayin?

MARIETTE I Even worse. He's no jist jealous ae me, he's ashamed, an aw ...

CLAUDE Aw aye, here we go.

MARIETTE I Well, ye certainly didnae pit yirsel oot the ither night tae see yir go-go girl sister make her television debut!

CLAUDE Too true, but that disnae mean ah wis ashamed ... It jist means that kinnae programme disnae interest me ... An ah certainly widnae look at it jist because ma sister makes a full ae hirsel loacked up in some cage an jumpin up an doon like a monkey in a mini-skirt!

MARIETTE II Ah see yir eyes, ye know ... yirs jist as much as the ithers!

CLAUDE Look, ah'm sorry. That might sound as if ah'm bein superior ... Ah didnae mean it that wey ...

MARIETTE I Aye, ye did. It's what ye think ...

ALEX II Where's the herm in ma eyes lookin at ye ...

MARIETTE II They're disgustin! ... Jist like the ithers' wans!

MARIETTE I Ah've always hid tae pit up wi you lookin doon yir nose at me ... Ye've always spied oan me, ayeways invented stories oot ae things ah did or said ... Even when ye wur a wean ye wur always listenin in tae things thit wur nane ae yir business ... Ye wur sleekit so we nivir knew where ye wur hidin ... in the wardrobe or at the back ae the settee ... Ye grouwed up spyin oan us ... Ye went fur days sayin nothin tae onybody but we knew ye'd taken in ivrythin we'd said (*She sighs in exasperation.*) Ach! Ah don't know whey ah'm tellin ye this aw ae a sudden ... Specially when ah came in here in a guid mood ...

ALEX I Aye, c'moan, relax ... Hiv a wee beer wi me ... Wuv no seen each ither fur weeks ...

MARIETTE I Wid ye credit he came aw the wey tae Shawinigan fur tae ask me questions? ... Ah don't know what stage ae his life he's gaun through but he's no half actin weird ... He waanted tae know what happened wan night you looked eftir us when ma grannie wis dyin ... Dae ye mind that night?

ALEX I Dae ah no! Awbody seems tae be mindin aboot it the night! Aye, of coorse ah mind lookin eftir yese. Ah wisnae yaised tae watchin yese an ah vernear drank masel stotious. Yese wur baith actin up an jist gaun owre the score ... An as fur you, ye widnae go tae sleep unless ah steyed in yir room, sittin oan yir bed haudin yir haund ... Eftir bein in the huff fur hoors cause ah widnae lit ye go oot, ye then didnae waant me tae leave ye ... Ah even think ah ended up fawin asleep tae. Ah'd knoacked back that much beer ...

CLAUDE That wis the story ye gave us ...

MARIETTE II Ah'm no fur a minute suggestin anythin ... Ah widnae dare ... But when ye've hid too much tae drink an when ye hear jokes made aboot me ... dae ye sometimes forget ye're ma dad?

ALEX II What're ye tryin tae insinuate!

MARIETTE II Well, wan time ye well an truly did forget, didn't ye? ...

CLAUDE An wuv done ivrythin tae try an believe ye ...

ALEX I laughs.

ALEX I Claude! Ah nivir wid've thoat ye'd think sich a thing ae me ...

MARIETTE I Ye're sick!

ALEX II Okay, so ah did forget wan time.

MARIETTE I Ye're sick in the heid! Nothin shairer!

ALEX II But nothin serious happened that night ... Ah goat a haud ae masel in time ...

MARIETTE II Ye did nothin ae the kind! If Claude hidnae arrived in the nick ae time ...

ALEX I By-the-Christ, dae ye mean tae say thit aw this time ye've thoat sich a thing aboot me!

CLAUDE Ye wur always touchin each ither ...

MARIETTE II Ye wur touchin me fur a long time ... We hid always touched wan anither ...

MARIETTE I Aye, but we wur always like that, Claude ... Dad touched you, tae! He did it wi evrubdy ... An ah'm sure he still dis, even if no wi us onymair ... He's affectionate, he jist likes tae show his feelins, that's aw. That disnae mean tae say he's sick, dis it?

MARIETTE II   Ah liked it fine enough when ah wis wee ... Ah hid a dad wis different fae the ithers ... He wis no jist funny but he wis affectionate tae. Him an me wur aye kissin an haudin haunds ... Ye wid say sweet nothins tae me an ah wid come owre aw funny-like ... Ah gave ye wee kisses in yir ear an ye said it gave ye the shivers right doon tae yir taes ...

MARIETTE I   Thur wis a time him daein that did make me feel embarrassed, but ...

MARIETTE II   Ah liked that ... You wur like Santa Claus ... We hardly saw ye an when ye did turn up ye seemed tae be larger than life. Ivrythin cheynged in the hoose, ivrythin revolved aroond ye ... Nothin else coonted but you ...

MARIETTE I   Dae ye remember when ah began tae develop a bust ... It made me that shy ah tried tae hide it, but it showed up jist the same ... An when ye came back an seen it, ye wur far fae shy! Ah could've died. Ye rolled oot every travellin salesman's joke oan the subject ye could think ae an ah jist waanted tae curl up an die! Ah'd even asked Mum tae buy me a big overall tae scuff aboot the hoose in thinkin it wid hide what wis happenin tae me ... How naive can ye get! Ah tellt ye ah didnae waant ye tae touch me this time ... or in the future either ... The hugs an kisses wur finished! Claude could hiv thum fae noo oan ... He jumped in quick and took thum, tae, if ah mind right ... Ah couldnae look ye in the eye onymair. Ah wis shair that the cheynges takin place in ma boady wur obvious, wur stickin oot ...

She laughs.

Ah could speak aboot it wi ma pals ... But fur the rest ae yese ... ah couldnae even bring masel tae speak tae ma mum aboot it ... Ah wis cheyngin intae a wummin ... Mum'd been good at explainin tae me the physical side a stuff ... but she'd said no a word aboot what wis cheyngin in ma heid! ... When ah think back oan that time the day ... Ah long fur that time ... Even if ah wisnae very happy ... ah wis able tae blush then ... Ah'd like tae go back tae knowin nothin and feelin innocent like that again ... Sometimes ah really feel ah waant tae go back an be like that again.

MARIETTE II   It became less funny when ah developed intae a wummin ... Ah cheynged ... an you cheynged. Bit bi bit yir wey ae lookin at me cheynged ... Oh, ye still acted the coamical Santa Claus but ah could feel thur wis somethin else gaun oan thit made me uncomfortable ... Fur the first time in ma life ye wid look at me an say nothin ... that gave me the cauld shivers ... Yir kisses wur ... harder ... Yir jokes nearer the bone ... Yir compliments wur embarrassin ... Mum hid sterted tae stoap ye fae playin too long wi me ... Ah didnae understaund whey she hid but somehow ah knew she wis right. Ye played aboot wi Claude but ye wur half-herted aboot it. Ye nivir took much interest in him, did ye? Sometimes we goat the impression he didnae interest ye cause he wisnae interested in the same things you wur ... Ye made fun ae him wi his books an his television programmes ye thoat wur stupid ... But ye still hung aboot me ... withoot comin too close ... Then that night happened ...

ALEX II   Ah'm no waantin tae talk aboot thae things. Ah've soarted them oot in ma heid wance an fur aw an ah'm no waantin tae go owre thum again.

MARIETTE II   As long as ye've soarted it oot in yir heid, that's it then, eh? Ye've nae interest in what that did tae me!

MARIETTE I   D'ye waant tae know somethin? When ye came through tae ma bed that night, it soarted oot a loat ae things ... Ye wur ma daddy again, like when ah wis wee, an that made me feel guid. Ma Santa Claus hid come back again.

ALEX I   (*To* CLAUDE.) Thair, see?

MARIETTE I   Ah felt like ah wis a wee lassie again fur the last time in ma life ... like as if a cheynge wis takin place ... Ah think ah fell asleep fur a wee while ... But then that nosey-parker thair burst in an all hell let loose! Bawlin, greetin, commotion ... Mum ran in an couldnae understand whit was gaun oan ... The haill street must've been wakened up that night! Ah goat feart an sterted greetin ... an ivrythin goat aw twistit up intae a misunderstandin (*To* CLAUDE.) Thanks tae you, Claude.

MARIETTE II   Ye reeked ae beer, an yir eyes wur crazy ... Santa Claus wis naewhere tae be seen then, eh? Can ye imagine what it's like tae be a wee lassie an see yir faither in a state like thon? Ah've tellt masel time eftir time thit ye'd hid too much tae drink, thit ye wur mad at me cause ah wis actin up, thit ye wur in nae condition tae know whit ye wur daein … but thurs nae explainin what happened, Dad. Thurs nae excuses fur what ye did! That breks somethin forivir. That destroyed ivrythin ah felt fur ye … aw the respect … aw the love ah hid fur ye. Snuffed oot. Jist like that. An jist like that, tae, ah grew up that night. An you … ye died. An then Claude arrived jist in the nick ae time an flew intae a rage … likely it wis jist his jealousy but whativir … it saved me … saved me fae ye … Fur if he hidnae come … An if Mum hidnae arrived an took oor defence … We baith saw ye hit her cause she'd guessed what hid vernear happened. We saw ye hit her, Dad, cause ye'd vernear done somethin terrible! Ye should've been punishin yirsel, but no you! Ye hid tae hit her instid. It's ayeways ither folk hiv tae pey, eh? Raither than look yirsel in the face, ye punish the rest ae us. (*She approaches very close to her father.*) That's whit goes through ma mind when ye come tae watch me dance … Ragin through ma mind. Ah can see ye oot thair, ye know. The lights arenae that bright in ma eyes thit ah cannae see ye, you an yir pals. Ah can see nae difference atween how they look at me an how you dae. Nane. How dae ye laugh oaff yir embarrassment tae thaim aboot what yur daein? Dis it gie thum a thrill tae see ye watch yir ain lassie cavortin near-naked in aw the dives in the province? Ye've nae answer. Ye dinnae waant tae talk aboot it, right?

MARIETTE I (*To* CLAUDE.) Hiv ye goat whit ye waanted? Is yir sick curiosity satisfied? Whit ye thoat wis somethin terrible wis nothin eftir aw …

ALEX II Ah hiv tae cairry that roond wi me aw ma life, Mariette … Aw ma life! Dae ah hiv tae talk aboot it oan toap ae that.

MARIETTE II It'll mebbe dae ye some guid.

ALEX II Forgettin it dis me guid. Nothin else. Nuhin.

MARIETTE II Then forget me, tae, then! Ah came here tae ask ye … naw, no tae ask ye … ah came tae tell ye nivir tae come an watch me dance again, nivir! D'ye understaund? If ye set fit in the place ah'm dancin, ah'll dae somethin ye'll no forget in a hurry! Eftir what ah dae, thae fulthy pals ae yirs'll waant nothin tae dae wi ye. Ye'll be a pariah! Ah'm fed up feelin ashamed when ah see ye come in tae where ah work. It's youse gaunnae be ashamed for a cheynge. Ashamed fur the rest ae yir days! (*She takes her umbrella and her raincoat.*) Ye can tell Mum ah came tae git ma umbrella an ah couldnae stey fur ma taxi wis waitin …

She exits.

ALEX II   Ah don't take orders fae you! Ma Setturday nights are mines an ah'll dae wi thum whit ah waant! Neither wan ae yese's gaunnae cheynge how ah live ma life, get it!

He finishes his beer.

ALEX I   (*To* CLAUDE.) Thinkin back oan it, that night ah should've gien you the guid leatherin ye deserved … That wid've knoacked some sense intae ye. Instid ae makin up a pack ae lies an inventin stories fur yirsel, whey did ye no come an talk tae me? Did ye prefer yir ain version ae things, is that it? Wis it mair interestin jist to imagine whit hid happened? Tae keep yir imagination runnin riot doon through the years? Well, if that's the impression ye hiv ae me, ma wee man …

CLAUDE   It's ayeways been the same in here. Anythin serious that happened ended up hivin nae importance cause nane ae ye waanted it tae. Time eftir time ah've heard twistit versions like that. Ah know ah can nivir get anywhere wi any ae ye … Ah've finally accepted that at last … That's mebbe whey ah've done somethin else wi what happened here …

MARIETTE I   Ye still think ye're right?

CLAUDE   Ah don't know if ah'm right. But ah'm tryin …

ALEX I   Well, dinnae try sae hard, eh? Mebbe things is a lot mair straightforrit than how you see thum in yir heid.

CLAUDE   Mebbe ivrythin's mair complicated than you people waant tae admit!

ALEX II   Whey is ivrythin complicated like that?

MARIETTE I approaches her brother.

MARIETTE I   Make yir life complicated if ye waant tae but lea oors oot ae it. That means aw ae us, if ye dinnae mind. Ye can go an sniff aboot somewhere else. Mebbe it'll smell mair durty – the wey ye like … It smells jist oardinary here … It's no interestin … We're no interestin enough fur ye, Claude … We're no sick enough tae be interestin fur ye …

She exits.

ALEX II   Things used tae be that simple! That straightforrit! When ah wis wee, ma mither used tae say tae me that ivry sin gits fund oot, ivry sin his tae be peyed fur. Ah used tae make fun ae her. An ah've led ma life so's tae prove her wrang. Ah've been smert enough tae oarder ma life so's ah've hid ma freedom tae dae whit ah waant an ah'm damn shair ah'm no gaunnae loass it! Ah'm no gaunnae stert peyin noo fur somethin happened in the past. Thurs nae wey ah'm gaunnae pey! Nae wey! They'll can pit up wi me as ah am, lump it or leave it. Jist who's the gaffer aroond here? Eh? Ah'm no gaunnae be led aroond bi the nose bi some hysterical, slaverin wummin an a go-go dancer disnae waant folk tae go an watch her dance! Ah'll watch her dance when ah waant tae! If she waants tae show aff her flesh, lit her git oan wi it! It's guid fur ma business! Ma pals an ma clients envy me! An whit's mair, ah'll think whitiver ah waant tae think while ah'm lookin at her!

He drinks.

Ye bring up a wean … a wee doll thit ye love an could cuddle as much as ye like … Kisses oan the bum, the belly, big smackers oan the mooth, hugs an cuddles … Fur years ye did that … Fur years ye could dae ivrythin ye waanted, it wis jist fun an games, jist Daddy an his wee lassie enjoayin thirsels … Ye can see fine that she's grouwin up, an sometimes sae fast thit it unsettles ye, but it's still nothin serious, she's still yir wean, yir ain wee lassie thit ye still throw up in the air an kid oan ye'll no catch her so's tae gie her a wee fright an so's she'll gie ye the bigger hugs … Then wan fine day … the conspiracy sterts … the conspiracy ae females … It sterts wi whisperin in the coarner … Ye git the feelin thur talkin behind yir back … Thit thur hidin somethin fae ye … somethin thit ye should know aboot but they waant tae keep fae ye … Then yir wee lassie disnae come tae ye sae much … An she sterts gaun aw shy, her cheeks ridden mair quick … As fur you, ye waant tae play wi her like afore, yir ain wee wean who's cheyngin afore yir very eyes, but she's no willin, she rins away, makes excuses no tae come near ye … It's like hivin yir bloody hert broken! Ye come tae think she waants nothin mair adae wi ye fur somethin ye've supposed tae've done but ye don't know what. Then wan time … Ye've managed tae coarner her oan the settee in the livin-room … It wis the furst time in long enough an ye wur that pleased. Eftir two or three kisses jist like the wans ye used tae gie her, ye feel … fur the furst time … you yirsel

... ye can feel thit somethin his cheynged ... No jist in her eyes ... her boady ... under her blouse ... Then ye understaund ivrythin! The conspiracy! She's feart ae ye cause her mither pit it intae her heid thit she's a wummin noo an cannae touch her faither! It's thaim! Thaim thit pit that intae yir heid! Aw ye waanted wis thit yir wean steyed a wean but they pit it intae yir heid thit she'd cheynged, an thit if ye waanted tae ... Well ah waanted tae! Ah'm sorry but thair it is, ah waanted tae! An ah still waant tae!

He finishes his beer.

Ah'm thursty ... Ah'm thursty! Ah waant a beer! Ah waant somedy tae bring me a beer! This is ma hoose, it's me peyed fur it, it's me peys fur ivrythin in here, this wis aw provided bi me an ah waant a beer!

Enter MADELEINE I.

MADELEINE I   It's ready. Ye can come tae the table. But ah waant tae speak tae Claude furst. (*To* ALEX I.) You go an sit doon. Mariette's thair awready ... Ah'll jine ye.

They exit.

ALEX II   Ah waant a beer!

MADELEINE I *gives a start.*
Silence. MADELEINE II *enters the living room. She is holding* ALEX II*'s briefcase in one hand and a beer in the other.*

MADELEINE II   Here's yir beer. Take it. But it's yir last wan. Ah'm only too pleased tae serve it tae ye!

ALEX II   How d'ye mean, the last wan?

MADELEINE II   Don't act the innocent. Thurs nae reason fur ye tae stey here the night, is thur? It might end up the worse fur ye. Jist accept, Alex, that even jist the thoat ae ye bein here in this hoose gies me the grue.

MADELEINE I *takes* CLAUDE*'s manuscript, hands it to him.*

MADELEINE I   Don't stey fur supper wi the rest ae us the night ... Ah'm no puttin ye oot the door, ah'm jist askin ye no tae stey fur supper ... Ah wid feel ye wur still spyin oan us an ah cannae sit an say nothin ... An ah wid be watchin ivrythin yir faither wis sayin ... Ah don't think ah'll ivir again be able tae be natural wi you, Claude … (*She goes towards the kitchen door.*) Ah'll phone ye when ah'm able.

She exits.

ALEX II So ye think ye can pit me oot the door?

MADELEINE II Ah don't jist think it, ah'm daein it. Ah'm finished wi boattlin things in an tearin masel up inside … wi tellin masel that ah'm wrang tae think ae ye what ah dae, an thit deep doon ye're no aw bad but jist no too clever an no very reliable … Ah'm weary ae it. Ah've hid enough. If ye don't leave, ah'm leavin …

ALEX II Ye're gaun naewhere. An neither am ah. Ivrythin's gaunnae stey the same as afore, okay?

MADELEINE II Caw canny, Alex. Ah've ayeways been mild an reasonable, but thurs a haill ither side ae me ye've nivir seen yit. Evrubdy his hidden sides … It's no jist you, ye know, thit can hide things fae ither folk. Ye better watch oot fur the side ae me ye don't know.

ALEX II Are ye threatenin me?

MADELEINE II Aye. Ye could put it like that. If ah can threaten ye, Alex, ah begin tae feel better! Ah can begin tae see fear at the back ae yir eyes an that dis me guid. Fur the first time ah think ye can stert tae feel real fear … Ye're seein things different, eh? Things is less clear-cut than they wur, eh? … Well what ye're seein noo is nothin compared wi what ye might if ah lit masel go. Ah've twinty-five year ae bitterness inside me, Alex, an ye better hope it disnae win oot aw at wance! Ye'd be advised, aye, well-advised, tae go an rent yirsel a room in a hotel fur the night … That wey ye'll save yirsel fae the shoack ae a few home truths, fur the edge ae ma tongue'll cut ye doon tae size wance ah lit rip. But if ye waant tae stey, if ye insist, ah'm only too ready tae stand up tae ye an let ye hiv it aw. The haill loat'll come oot. Ivrythin. Ah could dae anythin the night, Alex. Ah could even spare ye yir punishment. Ah'll gie ye time tae decide what it's tae be … time fur ye tae drink yir beer, which'll be yir last fae me anyhow. If ye're still here when ah come back in a minute, watch oot fur yirsel …

The beginning of the third movement of Mendelssohn's Fifth Symphony is heard as MADELEINE II *slowly goes up to* CLAUDE *and pats him on the shoulder as if he was a good boy.*

She exits in her turn. CLAUDE *and* ALEX II *are shown alone on the stage.* ALEX II *puts his head in his hands.* CLAUDE *holds his manuscript to his chest.*

ALEX II (*Recovering.*) If ah've goat nothin left, ye'll hiv nothin left either.

Very coolly, he breaks some ornaments in the living room and he turns over some furniture. He exits.

ALEX I *enters slowly, approaches* CLAUDE, *and takes the manuscript from him.*

ALEX I Is this the only wan ye hiv or are thur mair?

CLAUDE It's the only wan ah hiv.

ALEX I That's a bit risky, is it no?

CLAUDE Aye. But ah hivnae hid time tae make copies. One ae ma pals is gaunnae lend me some stencils ... Ah've got a joab, ye know, ah've got ither things tae dae, ah've got tae earn ma livin same as you. Ah wrote that in ma free time, between oarders at work, in the coarner ae ma boss's office when he wis away, at night in the flat instead ae gaun oot ... at weekends ...

ALEX I A hobby, eh ...

CLAUDE (*Brusquely.*) It's a loat mair than a hobby, an ye know that fine!

ALEX I Naw, ah don't know that fine. Thurs no much aboot ye thit ah know fine ...

He leafs through the manuscript.

CLAUDE Thurs no a loat aboot me that ivir interested you ...

ALEX I Ye're repeatin yirsel again ...

CLAUDE Obviously, ah don't repeat masel enough ...

ALEX I See that, if ah wur tae tear it up, right here an noo, if ah wur tae set it oan fire, it wid disappear jist like that ... It widnae exist onymair ...

CLAUDE *stares at him for a few seconds.*

CLAUDE Are ye tryin tae frighten me?

ALEX I Aye. If ah wur in yir shoes, ah think ah'd be feart. A half-cracked faither who disnae waant his cheeky son tae talk aboot him in his "masterpiece" ...

CLAUDE As long as ye're makin fun ae me, ah know ye'll dae nothin daft ...

ALEX 1 throws the manuscript in the air. The sheets scatter all over the room. CLAUDE *does not react.*

ALEX 1   Are ye a wee bit mair feart noo?

CLAUDE   No.

ALEX 1 takes a sheet at random.

ALEX 1   "What am ah tae dae? Ah cannae lit thum knife me in the back like that … Thur aw the same, they ayeways end up trappin ye in a coarner!" Who am ah supposed tae be talkin aboot thair? Wimmun in general? Or yir mither an yir sister in particular?

He crumples the sheet and throws it to the other end of the room.

ALEX 1   In any event, ye've nae right tae yaise ma name …

CLAUDE   Mum an me hiv awready talked aboot that … Ah'm gaunnae cheynge the names …

ALEX 1   That's ayeways been yir problem … Ye've ayeways talked aboot things wi yir mammy furst …

CLAUDE   Ye wur nivir thair …

ALEX 1   Ye're no gaunnae stert oan again aboot the juvenile police club, are ye? Ye wur goin behind ma back fur somethin mair important than that, shairly!

He goes up to CLAUDE *and sits beside him on the sofa.*

Okay, shoot. Noo's the time. Spit it aw oot, ivrythin ye've goat against me. Ah'm listenin. Unless as usual ye've consulted yir mither furst, in which case thurs nothin tae say … Ah didnae dare bend ma lug tae whit the two ae yese wur discussin the noo but mebbe ah shoulda risked it … Though that's wan fault ah dinnae hiv. Ah dinnae listen at doors! That must be a great disappointment tae ye! So shoot, lit's hiv it. Ah'm no up tae readin yir great work ae art onymair, ah'd be feart it wid gie me the dry boke: fire away an tell me the story so's ah can hiv a wee laugh …

CLAUDE   Ye wur ayeways guid at trivialisin serious conversations … How can we talk tae each ither seriously when afore we even stert ye're treatin it as a joke …

ALEX 1 jumps almost on top of his son, taking him by the collar.

ALEX 1   Ah'm far fae treatin any ae this as a joke, right?

They look at each other for a few seconds. ALEX 1 *distances himself from* CLAUDE.

> D'ye prefer me like this? The animal raither than the joker? Ye must've ayeways seen me like that anyhows ... Dae ye really think ah need tae read aw that tae know whit ye think ae me? Come aff it! If ye really needed tae soart things oot inside yir heid, instid ae scribblin a load ae shite oan ma account, whey did ye no come an see me oan wan ae ma trips away? A weekend thegither shut up in some room in Saint-Jerome wid've settled awthing a long time ago, ma wee laddie ... ah'm tellin ye.

CLAUDE   That's where ye're mistaken ... Ye wid've settled yir side ae things, that's aw! Same as usual. Ye wid've turned oan wan ae yir performances ... a non-stoap monologue fur two days ... brilliant ... half-funny mebbe even ... but the sole topic wid be you ... Ye wouldnae even hiv acknowledged ah wis thair ... Do ye ivir acknowledge thit thurs somedy in front ae ye when ye're talkin? Do ye ivir answer a question or wait till somedy's replied tae yirs? It's no conversations ye hiv, it's runnin monologues! Is aw yir gang the same? Do ye aw talk in monologues an nivir listen tae wan anither? When ye fund yirsel in Saint-Jerome or somewhere, do ye really aw talk at the same time withoot listenin tae wan anither?

ALEX 1   Where did ye dig aw that up fae? ... Ye nivir came tae Saint-Jerome, ye wur nivir interested, so who are ye tae know whit goes oan thair an tae pass judgement oan it!

CLAUDE *gathers a few sheets and shakes them under his father's nose.*

CLAUDE   Hiv you any idea how long ah've been workin oan this? How many years? Drawin oan ma imagination an whit ah can guess aboot ye? Dae ye know thit it's because ae you ah sterted tae write? An because ye ayeways acted as if ye nivir listened tae us? Ah wis mebbe eleven or twelve when ah furst started tae write ... It wis so's ah could talk tae ye, tell ye ah loved ye, fur ah knew thur wis nae speakin tae ye ... thit ah'd git a skelp in the mooth if ah dared say such a thing tae yir face ... Thur wur that many things we wurnae allowed tae discuss in this hoose thit ah hid tae write thum doon oan paper tae stoap me fae suffocatin. It wis ma wey ae gettin relief, an it did me as much guid as ma first wanks! But like thaim, ah felt guilty eftirwards as it seemed even mair as if ah wis committin a sin. "You are absolutely forbidden to speak to your father under penalty of mortal sin, irremediable and irreparable." Aw the time ah spent writin ah tried tae paint an idealised picture ae ye, describin ye as ah wid've liked ye tae be ... wur ye here! As much the coamic, as loud-mouthed and gallus, but here! Contrary tae what ye might think, ah wisnae greetin ma hert oot oan paper ... What ah wis writin wis excitin me that much ah wis gettin high! Ah wis discoverin how excitin writin could be through confessin tae the faither who'd nae time fur me, thit ah loved him!

ALEX I   Ah've left ma fags in the kitchen ...

CLAUDE   See, ye don't want tae listen! Even when it's you thit asked me tae talk!

ALEX I   Ye're harkin back again tae when ye wur wee ... tae when ye wur a wean! Ye will persist in talkin aboot things ah waant tae hear nothin aboot!

CLAUDE   What things? What things dae ye mean? Pit a name tae thum! Try an name thum fur wance!

ALEX I   Feelins! Feelins! Ah ayeways steered clear ae ye, wis ayeways tryin tae keep away fae ye, cause ye wur always harkin oan aboot that!

CLAUDE   But whey can we no discuss thum? Who says we cannae talk aboot thum? Is it a crime? Is thur a law against it? (ALEX I *makes a move to get up*.) Fur wance in yir life don't run away, please, don't run away ...

ALEX I   It's jist the wey ah am, that's aw ... Ah've nivir discussed ma feelins ... wi naebdy ... An ah'll no stert the day. (*He looks his son in the eyes*.) Could ye no've guessed thit behind the big coamic, behind the insurance man's durty jokes, thur wur feelins! It's no because thur no thair thit thur no expressed! If ah dinnae show thum, ah dinnae show thum, that's aw, thurs nae need tae make a big deal oot ae it!

CLAUDE   What kinnae childhood is built oan guesses? Or oan silence? We oaften came near tae expressin oor feelins, Dad, but we nivir managed it! Sure we hid a cairry-oan, we tickled each ither, we tired oorsels oot chasin aw owre the hoose, played hide an seek, but when we wur puffin fur braith an lookin intae each ither's eyes as we are noo, when somethin serious wis developin ...

ALEX I   Enough ae that! Ah can nae mair dae that the day than ah could dae it then!

CLAUDE   Ah'm no askin ye onythin! Thurs nae reason tae be feart! It's a long time since ah asked ye anythin. (*He takes a sheet.*) Ah'm only explainin tae ye whey "this" exists. If talkin's no possible, things must fund an outlet wan wey or anither.

ALEX I   Ah! Ye've hit the nail oan the heid thair! Lit's talk aboot the wey thuv come oot then! Ye wur sayin jist the noo thit when ye wur wee ye painted "an idealised picture" ae me ... but ah'll no be far wrang in thinkin "this", as ye pit it, is far fae idealised! Yir picture ae me his cheynged a loat in ten years, eh? It'll no be onymair "Daddy I love you, my great Daddy", eh!

CLAUDE   Awareness comes wi grouwin up, though ye'll hardly can understaund that!

ALEX I   Awareness! Ae whit! Ah didnae turn intae a monster between 1955 and 1965!

CLAUDE   Ye've no cheynged much, that's true. But it's no normal fur human beins no tae cheynge much in ten years ...

ALEX I   Oh, here we go again ... mair contempt.

CLAUDE   Aye that's it. The very word ... contempt. Bit bi bit, step bi step, ah passed fae blind worship tae the deepest contempt ... When ye're a wean an ye waant tae worship somedy, thurs nothin, nae fault, nae defect, nothin that can stoap ye if ye're determined tae worship thum ... A hero is a hero, nae maitter whit he dis! Ye cannae help yirsel ... Ye're infatuated ... an it feels that guid! Then as ye git aulder ... ye cheynge ... An ye waant tae cheynge so's to be like him, yir perfect hero thit's seen ye through yir childhood an the stert ae adolescence ... But as you cheynge, yir hero still steys frozen oan his pedestal ... Sad tae say, yir childhood an yir hero faw apart at the same time. At one an the same time ye discover yir hero's faults an how naive ye wur as a wean ... Ye want tae die ae shame fur hivin been taken in. (*Silence.*) Ye cheynge as ye watch the cracks open up in the hero ye've built ... A hero thit becomes mair and mair grotesque ... An ye say tae yirsel: Is that what ah worshipped? They say ye get the hero ye deserve. (*Silence.*) Ah hope naebdy ever deserved you. (*He again gathers up a few sheets.*) Ye can be sure ah've put in here aw the contempt ah feel fur ye. Aw ... the contempt. Thurs nae better word.

Aw yir callousness is in here. Aw yir empty mindlessness. Ah don't think ye even know ye've a brain or what it's fur. Ye've nivir been interested in onythin aw yir life. Or in onybody. Ye've ayeways been wrapped up in yirsel, looked oot fur number one. It wisnae even maliciousness ... Ye're jist selfish! ... Naebdy could be angry wi ye fur bein connivin, fur ye're no even that! Tae be connivin, ye hiv tae use yir brains, be conscious what ye're daein! That's how ye cannae be goat through tae! Nothin can scratch ye, naebdy else exists as far as ye're concerned! Ivrythin ye do is fur yirsel, an evrubdy else his tae struggle along thirsels as best they can ... solve thir ain problems ... an yirs intae the bargain! Once ah saw, fur instance, that Madame Cantin of Sorel wis nae mair important than us an that we wur nae mair important than her an her wean, aw ma jealousy disappeared ... An God knows ah felt jealous, even at the age ah wis ... A second faimly! Ah saw thaim as rivals, thieves! Even though ye wur nivir thair, ah felt jealous, thit they'd stolen you fae me! Ye neednae look surprised, we aw know aboot Madame Cantin in here, even if wuv nivir mentioned her ... That's how faimlies smooth things owre ... Ah understood then the extent tae which ither human beins meant nothin tae ye ... Ye're completely irresponsible ... The only thing thit coonts as far as ye're concerned is yir bevvy oan a Setturday night, bints, gittin yir end away in some shabby motel, an crackin jokes, jokes an mair jokes – thur the only things thit're important tae ye, Dad! An that's beneath contempt! The only thing thit's cheynged aboot ye is yir jokes! Aw aye, ye've become the champion, the great champion teller ae durty jokes, but that's aw ye are. Nothin else interests ye but that. How pathetic! Ye've nae curiosity. Nae brain! Nothin! Ye've travelled the roads ae Quebec aw yir life buildin up the biggest collection ae durty stories thur is, yit ye've nivir asked yirsel a single question ... allowed any self-doubt tae creep in! Aw ye've done wi yir life is tae throw up clouds ae dust wi aw the cars ye've knackered stottin aboot durt roads fae wan end ae the province tae the ither. How should ah no crucify ye wi ma contempt? In ma play ah've put aw this contempt intae Mum's character ... It's her who tells you ivrythin ah think ae ye as she's the wan's probably suffered the maist oan account ae whit ye are. (*Ironically.*) That's ma role in aw this, ah suppose ... tae make what's called a transference. Tae make ithers say what they're no capable ae sayin, an what ah cannae say either. Though ah'm no shair onymair ... Eftir the night ah'm no shair ah've the right tae become a writer. Ah might become a manipulator, like you. Ah might jist become a teller ae jokes tae. Tired, borin jokes, that mean nothin. Tear up ma play if ye waant, Dad, take a match tae it, it's full ae ... (*Silence.*) lies. Ah used lies tae try an tell the truth. Up tae a point ah think ah succeeded an that what've written is guid. But what purpose dis it serve? What's the point, Dad, if ah cannae get through tae you? Look, that's me ... scattered ivrywhere ... Ye can trample aw owre it if ye waant.

He moves towards the door. He turns around before leaving.

If ah hidnae come in that night, ah know ye'd've raped Mariette, an that wid've become a subject we didnae discuss in the hoose, jist like Madame Cantin. We wid've aw been ... accomplices yit again. If naebdy shows ye up fur what ye are, what'll become ae aw ae us?

He exits.

ALEX I (*Ironically.*) Thank me afore ye leave! It's me ye owe fur yir great talent as a writer! Stuck-up wee intellectual! Ye've ayeways looked doon oan us, you an yir gang!

ALEX I *takes a few sheets and begins to burn them one by one.*

Blackout.

Introduction to *Hosanna*

Martin Bowman

> Ah fixed ma eyes oan the mirror-ball as it slowly started tae birl an flash oot skelfs ae rid an yellie light full in ma face ... Red an yellow lights!
>
> (Hosanna, p. 231)

Like *The Guid Sisters* and *The Real Wurld?*, *Hosanna* is a play about betrayal. In *The Guid Sisters* an entire society, as represented by the guests at a party, destroys the materialistic dreams of one woman. In *The Real Wurld?* the betrayal occurs within the claustrophobic confines of a family. In *Hosanna* it is both. Hosanna is betrayed by her lover Cuirette and also by the society beyond as represented by her fellow drag queens at the club where she performs. The play, a two-hander, traces the process through which the protagonists come to discard their assumed identities. Hosanna's stage persona, her fantasy presentation of herself as Elizabeth Taylor in *Cleopatra*, is two removes from reality. Cuirette's self-image is based on who he was when he was young and attractive. His name is ironic for the butch stud he fancies himself to be. *Cuir* is French for leather, and a cross-language pun with 'queer'. The second syllable is a feminine diminutive which deflates the macho image that Cuirette – i.e. Leatherette – wishes to convey. Everything about Cuirette is passé, his glory days of sexual prowess in Lafontaine Park, his muscle turned to fat, his failed aspirations as a painter. As for Hosanna, who at the beginning of the play is wearing her Elizabeth-Taylor-as-Cleopatra dress, the process of discarding her illusions is evident from the beginning in the difficulty she has in unhooking her dress and with that the unravelling of her stage personality. The play traces a journey back to themselves for both characters where they become who they are, two men named Claude Lemieux (Hosanna) and Raymond Bolduc (Cuirette).

Montreal in *Hosanna*

Michel Tremblay's *Hosanna* was written in 1971 and premièred in 1973, five years after *Les Belles-Sœurs*. Unlike in Tremblay's first play to be produced, a person familiar with Montreal will find a number of telling references to the city. At the beginning of the play, Tremblay provides extensive notes – they are much more than stage directions – that give precise details about Hosanna, named with three identities as 'Claude-Hosanna-Cleopatra'. He describes her clothes and apartment furnishings and mentions Amherst Street and Park Avenue, streets of cheap shops where she has bought cut-price jewellery and other accoutrements of a drag queen. Claude works as a hairdresser in Plaza St Hubert, the name given to three blocks of St. Hubert Street that opened as a commercial shopping centre in 1959 in the Petite-Patrie district to the north of the Plateau Mont-Royal, where Tremblay grew up. Tremblay makes something of this location, which is far away from Lafontaine Park where Cuirette plays out his fantasies and St. Lawrence Main, the red-light district, where Hosanna is a star in a drag show. The location of Hosanna's apartment on St. Hubert Street is practical enough, but the place is cramped and tawdry, cut off from the world beyond because of the flashing red and yellow neon sign of the Pharmacie Beaubien, which obstructs the view along the street. Beaubien, the name of a street in this part of the city, literally means something akin to 'pretty good', which could be seen as an ironic comment on the mediocrity of the district as a whole.

The sign becomes a bone of contention between Cuirette and Hosanna and a focus for the constant sniping they indulge in. Tremblay introduces the sign in a stage direction at the beginning of the script: 'Curtains with a folklore-style pattern surround the window, through which can be seen the neon sign of the "Pharmacie Beaubien" which incessantly flashes on and off every five seconds'. (p. 185). When Hosanna makes her entry, 'She stands in the darkness for a long time without moving. We hear her breathing as if she were drinking in the air of her apartment. We can barely make her out in the flashing of the neon'. (p. 185).

The first mention of the sign in the dialogue occurs when Cuirette says that he would like to smash it, insulting Hosanna by saying she looks 'as naff as that sign'. Soon he is ranting about the sign, complaining that it blocks the view up to Bélanger Street, and that the continual flashing is getting on his nerves and driving them crazy. However, Hosanna disagrees with him and says it doesn't bother her, that in fact she needs the sign. Soon Hosanna goads Cuirette by saying he should take a look now and see if he can see Bélanger Street, not that there is anything special about that. Anyone familiar with Montreal would agree with Hosanna. Bélanger Street, a cross street near the north end of Plaza St. Hubert, representing little more than the drabness of ordinary life, has nothing particular to recommend it. Cuirette and Hosanna then have an argument about Cuirette's erotic painting that hangs unframed above the bed-settee. Hosanna equates the painting with the sign, saying that, if she can take down the painting, Cuirette can get rid of the sign. It is not yet clear how the sign connects to Hosanna's drag queen fantasy of being Elizabeth Taylor in *Cleopatra*.

When Act Two begins, the pharmacy sign stops flashing, and at the same time, the structure of the play changes. After a first act of dialogue between the two characters, most of the second act consists of a long monologue by Hosanna as she remembers the disastrous night just past at the club when her career as a drag queen was destroyed (pp. 217–27). During this monologue, Hosanna links the neon sign to her life as a drag queen, describing the sky as she enters the club, noticing the colours as 'wine-rid' and 'gold', more beautiful but similar to the ordinary red and yellow of the sign. She is recollecting what has happened at the club, but she is looking in the mirror in her apartment where the red and yellow lights of the sign are flashing. Cuirette's return to the apartment does not stop Hosanna's monologue. When Cuirette begins to speak, it is obvious that he is speaking to Hosanna, but she is so wrapped up in herself she fails to notice him. Simultaneous monologues follow, with neither character listening to the other. Without any interaction with Hosanna, Cuirette describes the state of Lafontaine Park, his sexual playground, and how it has been ruined by the installation of lights and the development of other amenities.

Both Hosanna and Cuirette are surveying the ruined landscape of their fantasies. Tremblay then deepens the sense of isolation as announced in a stage direction:

> *During the following two speeches, the characters speak at the same time, in the same tone of voice, at the same speed. It does not matter whether the audience hears the one or the other.* CUIRETTE *speaks to* HOSANNA, *but* HOSANNA *does not listen to him and speaks to herself.* (p. 230)

As they speak, Hosanna describes the mirror ball at the club. In her mind's eye, Hosanna is looking at the mirror ball at the club, but she sees the light of the neon sign, and connects it to her dream image of herself as Elizabeth Taylor in *Cleopatra*. Just as the sign prevents her seeing the ordinary life of the street, her stage persona too has been an escape from who she really is.

She is now ready for the final transformation. The dénouement (pp. 233–35) comes suddenly. And at the very last there is a brief conversation and the final discarding of illusions.

Language in *Hosanna*

The strong presence of Montreal appealed to Bill Findlay and me as translators. We were still committed, as we would remain, to the idea of translation as opposed to adaptation, and the frequent references to the city suited that purpose. So, we were happy to take up the commission offered by the Tron Theatre in 1991. *Hosanna* in Scots would play for a fortnight as a late-night show on the same evening as *The Real Wurld?*. Although *The Guid Sisters* had plenty of coarse language, the gay context of *Hosanna* offered us a different challenge as translators.

There was a very different timeline for this translation and little correspondence between us in the short time we were working on it. Bill, in a letter of 19 January 1991, acknowledged receipt of my first two instalments that would allow him to begin the first Scots draft and by 13 February he had my complete literal draft. It was a busy time as we were also working on *The House among the Stars* and *The Real Wurld?*. In a letter dated 2 April 1991 to Caroline Hall, the director of *Hosanna*, Bill described the particular challenges of the play:

> In the hope that it's tomorrow you'll ring and not later today, regarding queries about the Hosanna text, I thought it might help if I let you have in advance the enclosed sheet listing information I obtained from gay friends. I incorporated most but not all of the terms listed in the translation of Hosanna.
>
> As Martin will confirm when we all meet up to discuss the text next week, the original play is far more idiomatic than is suggested by the Canadian English translation. The *quebecois [sic]* is colourful and frequently 'rough': as Martin put it to me in a letter, 'the swearing [...] is *quebecois* [sic] swearing at its richest'. At the same time, Hosanna makes clever use of language including play on words – and Cuirette is adept at using words in his own way, too.
>
> The version I've sent you will, of course, be revised into a final version following on: my hoped-for discussions with Martin in person (before we come to Glasgow on Tuesday for rehearsals) to elucidate

some queries I have; our subsequent discussion with you and the actors next week; adjustments following on my own reading of the text to check where the flow could be improved; the checking of the text by a gay friend for infelicities as regards realistic gay discourse.

The following week I was in Glasgow with Bill for rehearsals of *The Real Wurld?*, only a few weeks before both plays would be up and running at the Tron. High above Sauchiehall Street was a banner advertising *The Real Wurld?* and *Hosanna*! We were working to a deadline unlike anything we had done previously. During my week in Scotland, in addition to attending rehearsals for *The Real Wurld?*, Bill and I, grabbing what time we could find, worked through the script for *Hosanna*. We met Caroline Hall and spent hours going over the play with her. Another day we met her for an hour before Benny Young (Hosanna) and Peter Mullan (Cuirette) arrived. We spent the day going over the script. In the afternoon Benny and Peter gave us a read-through of the play. Both Bill and I were well pleased and optimistic that *Hosanna* would work. Later, I made a tape of the names of places and characters mentioned in the script to provide examples of Quebec pronunciation as I had done for *The Guid Sisters*. After some minor changes, the script was ready.

Certainly, there is coarse language in *The Guid Sisters*, particularly in the speech of Rose Ouimet, one of Germaine Lauzon's sisters. In *Hosanna*, however, the vulgarity and profanity are taken to another level and, because of a particularity of Quebec swearing, the challenge was to find equivalences in the idiom of the translated text. Unlike swearing in France, almost all swearing in Quebec French makes references to items used in the Roman Catholic Mass. At its most extreme, the various words are strung together in a crescendo of sacrilege such as when Hosanna says, 'Hostie, de tabarnac, de ciboire, de câlice!'.[1] Literally translated, the line reads, 'Host, Tabernacle, Ciborium, Chalice!'. Obviously, there is no equivalent profanity in Scots or English with their preference for expletives associated with sex and excretion. So, this line became, 'Fuckin stupid bastardin cunt!' (p. 227). Other religious words used commonly as swear words include *sacrament*, *crisse* (Christ), and *cibole*, a variant of ciborium. For example, 'J'étais aveugle, cibole, c'est pas possible, j'étais aveugle!'[2] becomes 'Fur Chrissake how blind can ye be! How fuckin blind!' (p. 227). Sometimes the translation can be close to literal as in 'Toute a fouerré, Hosanna, toute a fouerré':[3] 'Everythin's fucked up!

Well an truly fucked up!' (p. 226). Sometimes humour can be added as in translating 'l'écoeurant',[4] literally a disgusting person, as 'toally' (p. 227).

The Production in Glasgow

There would be two weeks of rehearsals for *Hosanna*, a shorter period than for *The Guid Sisters* and *The Real Wurld?*. The rehearsals began on 25 April 1991, about three weeks before the première. We were working to the wire on last-minute details in a way that we had not done before. Because there were only two weeks of rehearsals, it was decided that Bill and I would not attend. On 24 April, the day before the beginning of rehearsals, Bill sent the final pre-rehearsal script to Caroline. Some of the changes were the result of the read-through and others were changes based on the advice of Bill's friend Kenneth Norrie. There were also major reworkings of lines because Caroline had found the references to Cuirette being overweight incongruous, as Peter Mullan was not fat. So, Bill rewrote lines to suit the appearance of the actor, the only time we did this kind of free translation, as Bill described in the letter accompanying the script:

> I've had a go at making the necessary adaptations to take account of Peter's non-fatness but increasing baldness! I give these on separate sheets for your consideration. If you think they will do, you can cut and paste over, and photocopy the necessary changes.[5]

When I spoke to Caroline by telephone in April 2021 (thirty years after the production was in rehearsal at the Tron), she remembered how little time was available to bring the production together. She was at the Tron on an Arts Council Bursary, and this was her debut as a director. She had cast Benny Young and Peter Mullan based on a reading of the John Van Burek and Bill Glassco translation because our script had not been ready at the time. Benny, she remembered, was shocked by the Scots text, which he found to be darker and more visceral than the Canadian-English translation. She said she had chosen the play because she loved the world of it, its theatricality, and the vulnerability of the working-class male characters with their streetwise toughness. She also mentioned the particular challenge of doing the play in the context of 1991 and the Aids pandemic, something which was mentioned by Keith Bruce in his review in the *Glasgow Herald* where he describes Cuirette as having 'a pre-Aids taste for a bit of trade'.[6] Caroline and I agreed that the play's relevance had not diminished and may even have increased with its central theme of identity in relation to gender and the cutthroat atmosphere of the ritualistic humiliation of Hosanna. It is now fifty years since *Hosanna* premièred in Montreal; its freshness remains.

Twenty years on from the première in Quebec, the play had certainly not lost any of its power as reflected in the remarkable reception that Caroline Hall's production received in the press, all the more impressive because *Hosanna* was a late-night show at Mayfest when there was plenty going on to catch the attention of critics, including the Tron's main stage production of *The Real Wurld?*. Theatre, of course, is by its nature ephemeral, so we were blessed at the time of the Tremblay productions with the quality of critical appreciation. This material, not only for *Hosanna* but for all the Scots Tremblays, is the main archival source for details about the productions.

The reviews of *Hosanna* capture many aspects of the play and the production. It was only two years after *The Guid Sisters*, and there was very little attention paid to the translation itself. Already, it was no longer unusual, and certainly not controversial at all, to see – and hear – a play by Michel Tremblay in Scots. Several critics did not even mention the production was of a translation, which Bill and I took as a very good sign that what we had set out to do had been accepted; the argument had been won that early.

Keith Bruce loved the Glasgow aspect of the play in comparison to *The Real Wurld?*:

> This is more like it. A bit of gallus Glasgow theatricality where it is required, an hour and a half of vulgar vernacular to round off a Mayfest night out, a reminder of why Michel Tremblay, as translated by Messrs Bowman and Findlay, is becoming a mainstay of the Scots theatrical repertoire [...].[7]

Julie Morrice in *Spectrum* did not mention the translation at all in her review and concentrated on the details of the production including the set:

> Michel Tremblay's second Mayfest play at the Tron cannot compete with the bravura stylistics of his first, *The Real Wurld?*, but for a short, two-person show it has as great a complexity and depth. Hosanna dives headfirst into the world of the drag queen. The theatre is filled with the frowsy smell of incense, and the stage is like a tart's

boudoir, its wall hung with second-hand frocks and topped with hat shop mannequins whose swan necks, exaggerations of femininity, gloat over the preenings below.[8]

Later in her review, she assesses the performances and gives us details of the costumes as well:

> Benny Young gives a startling and intelligent performance as Hosanna. He immediately establishes the parameters of seriousness and comedy in a role tangled with difficulties, physical and emotional, for the actor and wide open to misinterpretation by the audience. Somehow, beneath the repellent, posturing figure in inch thick makeup and black lacy underwear he affords a glimpse of the all-too-human heart that makes Hosanna a vulnerable, even lovable creature. When the drag queen does her final strip and owns up to the truth about her sex and sexuality, there is a sense of exultant release. Peter Mullan as Cuirette is equally good. Sleek in regulation black leather and chains, he too peels off a mask, this one of machismo and promiscuity, to reveal a tender, loving, rather frightened man.[9]

Hosanna in Scots in Toronto in 2001

In March 2001 *Hosanna*, in Scots, was produced by Schockalot Productions in Toronto. Of the eight Tremblay plays that Bill and I translated, this was the only production that originated in another country. The response in the Toronto press provided a unique chance to see how the translation stood up in a non-Scottish production. The play was of course well known in Canada in its original French and also in the Canadian English translation. One of the actors, Tony Nappo, who played Cuirette, was Canadian, in other words the only non-Scot to perform in a professional production of our translations.

In the *Toronto Star* of 22 March 2001, nineteen plays are listed. The highest rating given was three stars, and *Hosanna* was one of only six with such a rating. Almost every paper in Toronto reviewed the play. Most critics were baffled by the use of Scots, and found the Scottish voices incongruous to say the least. Although they saw the appropriateness of translating the play into a vernacular language equivalent to *joual* and commented favourably on the translation, they did not believe in the play, which they experienced as bizarre and far-fetched. Most could see no reason not to have adapted the play to Glasgow. It seems fair to say that this difficulty with the Scots *Hosanna* in Toronto was due to the fact that the critics knew the play from earlier productions, one of which was so successful that it transferred to Broadway. And it is interesting to note that a decade earlier, when the Tron production of *The Guid Sisters* played in Toronto and Montreal, none of the critics were perplexed in this way by the Scots version of another well-known Tremblay play. But in 2001 only Robert Crew in his review in the *Toronto Star* did not share the sense of incongruity that so disturbed the other critics:

> The translation, by Martin Bowman and Bill Findlay, into a gritty Scottish dialect works wonderfully well. The language is sharp and caustic yet capable of softening into warmth and affection.[10]

Hosanna as a Political Play

Richard Ouzounian published an article in the *Toronto Star* in advance of the production. He began with the play's reputation as political allegory:

> *Hosanna* was a hand grenade of a play hurled into the placid world of Canadian theatre early in the 1970s and it detonated on several levels. First of all, it was openly gay, and [...] there hadn't been much homosexual Canadian theatre. And secondly, *Hosanna* was profoundly political. If you wanted to leave your blinders on, you could read it as the story of a particular individual, but it was pretty hard not to see Tremblay's allegorical sense peeping through with its sardonic grin. Wasn't the province of Quebec a lot like Hosanna – not sure whether it's a man or woman or both – debating the nature of its identity?[11]

Not surprisingly, none of the reviews of *Hosanna* in Scotland made reference to this political interpretation: there is no direct suggestion of this idea in the play itself. Seeing *Hosanna* in this way is a product of that particular moment in Quebec history. In Scotland, only Christopher Whyte in a *Cencrastus* review in 1991 of Michel Tremblay's novel *Making Room* made the connection: 'After 18 years, *Hosanna* still comes over, at least in part, as an allegory of Quebec itself, killing ghosts, dropping poses and embracing its real identity'.[12]

Hosanna ends with the offer of a resolution showing the characters moving forward and capable of change. The worlds that Hosanna and Cuirette have inhabited are in ruins. As Hosanna says, 'Cleopatra's deid, an Lafontaine Park's aw lit up' (p. 234). This is the penultimate line in the play. Tremblay could have left it there, and by so doing he would have left us in the darkness he often favours at the end of a play. There would be no sense of a possible transformation that his characters might manage. He gives Claude and Raymond a chance. Only a misreading of the conclusion of *Hosanna* could reduce it to a sentimental story where the lovers live happily ever after. As the play ends, change is in the air, but there is also a sense of exhaustion. But there will be a tomorrow, offering a future different from the past. It is a moment of possibility, for Quebec, even though Tremblay does not make the political theme explicit, as much as for Claude and Raymond. This sense of a future where change and growth are possible is absent at the end of *The Guid Sisters*, *The Real Wurld?*, and *Forever Yours, Marie-Lou*.

Endnotes

1 The quotations in French are from the published version of 'Hosanna' in Michel Tremblay, *Théâtre I* (Montreal: Leméac/Actes Sud, 1991), pp. 141–85 (p. 197).

2 Ibid.

3 Ibid., p. 178.

4 Ibid.

5 See Appendix to *Hosanna*, pp. 237–40

6 Keith Bruce 'Hosanna Tron Theatre Glasgow', *Herald*, 17 May 1991, p. 11.

7 Ibid.

8 Julie Morrice, 'No poll tax please, we're Scottish', *Spectrum*, 19 May 1991, p. 35.

9 Ibid.

10 Robert Crew, 'Hosanna in Scots falls a wee bit short', *Toronto Star*, 19 March 2001, p. D5.

11 Richard Ouzounian, 'Hosanna exhanges [sic] skirt for a kilt and a brogue', *Toronto Star*, 10 March 2001, p. K6.

12 Christopher Whyte, 'Gender and Nationality', *Cencrastus* 41 (Winter 1991–92), pp. 46–47 (p. 46).

HOSANNA
(Hosanna)

by

Michel Tremblay

Translated by Martin Bowman and Bill Findlay

ASL Publication Version 2023

Hosanna premièred at the Théâtre de Quat'Sous, Montreal, on 10 May 1973.

Hosanna, the Scots translation, was first performed during Mayfest by the Tron Theatre Company at the Tron Theatre, Glasgow, 14–26 May 1991.

Cast

HOSANNA Benny Young
CUIRETTE Peter Mullan

Director Caroline Hall
Set Design Gregory Smith
Lighting Nick McCall
Production Manager Marek Obtulowicz

The Scots *Hosanna* was also presented by Shockalot Productions at Tallulah's Cafe, Buddies in Bad Times Theatre, Toronto, 16–25 March 2001.

Cast

HOSANNA Alastair Hudson
CUIRETTE Tony Nappo

Director Wendy Thatcher
Set Design and Costumes David Wootton
Lighting Jeff Logue

ACT ONE

A furnished studio apartment somewhere on Plaza St Hubert. A single room divided in two sections by a counter: to the right, an electric cooker with two burners, a mini-refrigerator, tiny cupboards, all painted in faded shades of brown; to the left, occupying the greater part of the stage, the bedroom-cum-sitting-and-dining room. A sofa-bed, a coffee table, a small bookcase, a bedside table with an enormous lamp shade in the shape of a funeral urn, a small table with four chairs, a portable record player, a portable television, a portable radio, in other words everything found in what is called a 'bachelor' apartment because one is not honest enough to call them 'one-room expensive dumps' which reek of an atmosphere of heart-breaking sadness and solitude.

The only personal touches in these desperate surroundings: an awful plaster statue of Michelangelo's David, deformed and incredibly grotesque, too big for the table, and in the road of anyone going across the room; an 'erotic' painting done by CUIRETTE *when he had artistic aspirations, hanging above the sofa-bed, unframed; and a dressing-table with a very big mirror, the table littered with countless jars of cream, lipstick, brushes and bottles of all sizes and colours ... And a gigantic bottle of cologne. (Throughout the performance the audience should be able to smell* HOSANNA's *perfume: a cheap, strong, sickening perfume; a perfume in which* HOSANNA *has been imprisoned for years and which leaves the sad evidence of* HOSANNA *everywhere she goes.)*

Curtains with a folklore-style pattern surround the window, through which can be seen the neon sign of the 'Pharmacie Beaubien' which incessantly flashes on and off every five seconds.

According to the phosphorescent dial of the alarm clock, under the funeral urn of a lamp, it is three o'clock.

HOSANNA *enters very slowly, without making any sound. She stands in the darkness for a long time without moving. We hear her breathing as if she were drinking in the air of her apartment.*

We can barely make her out in the flashing of the neon. She should suggest a bundle of rags standing up.

HOSANNA Ah've hid ma full ae that place. Ah'm no gaun back ... Ah'm no gaun back.

She goes over to the urn lamp and turns it on.

HOSANNA *is a transvestite dressed as Elizabeth Taylor in Cleopatra, but is infinitely cheaper looking. She is Cleopatra-of-the-Main.* [Translators' note: 'The Main', or St Lawrence Boulevard, is the 'red light' street in Montreal.] *Her dress is made of wine-red lace, fringed with period gold lace. Her wig is made of 'real hair'. Her sandals come directly from Park Avenue,* [Translators' note: a street of cheap shops in Montreal]; *and her grab-bag of jewellery – necklaces, bracelets, chains, rings, pins, and the 'cobra' which crowns the head of* HOSANNA*-Cleopatra and the snakes which crawl up the arms of* HOSANNA*-Cleopatra – all come from the five-and-ten cent shops and cheap jewellers found on Ste Catherine Street between Amherst and St Lawrence. But despite this grotesque outfit,* CLAUDE-HOSANNA*-Cleopatra should not seem funny. The overall impression is of a cheap transvestite with all that that means: by turns touching, sad, exasperating, and hyper, because everything is done to excess.*

HOSANNA *stands for a good while beside the urn lamp. She looks at herself in the dressing-room mirror.*

HOSANNA Ah'm no gaun back ... Ah'm no gaun back. Ah've hid ma full ae that place.

She goes up to the mirror and looks at herself. Honestly. Coldly. She examines herself from head to foot. She looks at herself as one transvestite looking at another. She begins to shake a little.

She takes the cologne bottle off the table and sprays her hands with it copiously, rubbing her hands together before going over to the sofa-bed.

And there, sitting very straight, she begins to weep. At first she has difficulty but then more and more she is able to give herself to it. Without putting her hands to her face. Without moving. Always sitting straight. Her body leaning only slightly forward.

Tacky queen! Tacky queen! Tacky queen!

She calms down and goes over to the mirror.

Wid ye look at that coupon. Ma make-up's streaked tae hell. That's three hoors work ruined – no tae mention the half-pund ae sparkles. Git wan ae thaim in yir eye, Hosanna, an ye'll be greetin again. Three hoors preparation doon the tube! Tacky queen!

Silence.

> An tae think ... a lifetime ... a haill lifetime ae preparation jist tae arrive at this. Aw aye, well done! Congratu-bloody-lations!

The backfiring of an old motorcycle which has stopped behind the house can be heard.

> Here's yir stallion, Hosanna. Better git the rid number aff.

She takes off her gloves and tries to undo her dress but cannot manage it.

> Buggeration! Ah forgoat thur wur hooks! Ah'm stuck! Ah'm no gaunnae git it aff ... Ah jist know it.

She sits down on the sofa again. While this is happening, we hear some laughter on the stairs. Two doors slam and CUIRETTE *in all his splendour makes his entrance.*

CUIRETTE *one should probably describe as a 'former' stud. In fact, insofar as he can be called a 'stud', only the outfit remains. He's a stud who has aged and put on weight. His leather jacket, which had once been form-fitting and provocative, has not been able to be done up for a long time, and his old skin-tight jeans show more fat than muscle. But of the stud,* CUIRETTE *has kept the arrogance, the excess of self-assurance, which makes him sometimes just a little bit ridiculous.*

CUIRETTE   Go 'sanna! Go 'sanna! Christ, wis that no funny! Ah've nivir laughed as much in ma fuckin life!

He notices HOSANNA.

> Git yir full ae that! The Queen ae the Nile's back! [Translators' note: The following sentence is in English in original so use posh accent for it.] The Queen of the Nile has already ascended to her throne. The rate he wis fleein at that taxi-driver must've been scared shitless bi the state ae ye. Ah bet he jist dumped ye aff an wis offski ... Nivir hung aroond fur the fare. Ah foallied yese fur a bit but wi him fleein that fast an me pishin masel laughin ah couldnae steer the bike. Then, before ah knew it, lo-and-behold, ah funds masel in the middle ae Lafontaine Park! Aye, ah know whit ye'll say, it's naewhere near ma wey hame ... but ah can only go where ma bike takes me. Aye, Hosanna, hen, it must be years since ah wis roond that wey.

The bastards've pit up lamps aw owre it. It's as bright as midday. It's bloody diabolical, so it is. Christ, it stinks in here. If ah've said it wance, ah've said it a hunner times! It's like the guff aff a cheap hoor in here!

HOSANNA   What wid you know aboot hoors?

CUIRETTE   It's like steppin intae a factory specialising in perfumes fur hoors …

HOSANNA   What wid you know aboot hoors, ah'm sayin? When've you ivir been close enough tae smell wan?

CUIRETTE   Big Paula-de-Joliette smellt like this tae. That's whey ah gied her the bum's-rush. She wis mingin.

HOSANNA   Pair cow! She must've been hert-broken – fur thirty seconds, maximum! What wis her real name again, yir big Paula-de-Joliette? Paul-Émile, wisn't it no?

CUIRETTE   Lights up ivrywhere, Hosanna! No wan dark place left! Not wan nook left fur nookie! … Thuv even pit a zoo in fur weans, fur Chrissake …

HOSANNA   That zoo's been thair fur fifteen year …

CUIRETTE   Thurs a theatre tae … Ah drove roond it oan ma bike … It's aw lit up tae! Jist like the rest the place. Ah'm tellin ye, thurs not a shadow left where ye could go fur a blow-job … Not a nook or cranny left fur nookie! (*He begins to laugh.*) Oor auld haunts are away, Hosanna. Tae git a blow-job noo ye've tae chap oan the doors ae hoors reekin ae cheap perfume!

HOSANNA   Aye, okay, Cuirette. It's easy seein you've hid enough tae drink the night. Ah'm away tae ma bed. An when ye cannae mind thurs a zoo an a theatre in Lafontaine Park, it's time ye wur away tae yir bed an aw. We can talk aboot perfume the moarra's moarnin, if ye like, but at this moment in time, this cheap hoor's shagged oot …

CUIRETTE   It smells like somedy's deid in here. (*He starts laughing again.*) It smellt like this in the funeral parlour when ma Uncle Edouard died. That wis when ma Auntie Germaine climbed in the coaffin eftir him, greetin: "Dinnae leave me, dear! Oh, dinnae leave me."

HOSANNA   Aye, aye, an the coaffin lid fell oan her heid. Ye've only tellt me three hunner times afore. That makes three hunner an wan.

CUIRETTE   Ye no think that's funny? Bonk! Right oan the napper! An her howlin: "Yes, yes, Edouard, ah'll come with you, ma dear!"

Talk aboot fuckin funny! Ah only mention it, Hosanna, fur yir room reminds me ae ma Uncle Edouard stretched oot in his boax in the funeral parlour. That's how ah'm talkin aboot it ...

HOSANNA Aye, an because yir heid's fu ae mince ...

CUIRETTE Ah said tae masel, Cuirette, ma son, they've put a theatre up oan the very site where ye made yir début ... No half bad, eh? ... No bad ...

HOSANNA When yur washed up, they'll demolish the La Scala Cinema. Aye, an turn it intae a park ... a park with toilets ... Lots ae thum. Toilets as far as ye can see ... an they'll name it eftir you ... Raymond Cuirette Park!

CUIRETTE Lights ivry place! The haill fuckin park! The haill ae Lafontaine Park aw lit up. Ah wid've smashed the fuckers but thur too high ... least the new wans are. Ah did smash two ae the auld wans but ah hidnae the hert tae brek any mair ae thum. Beautiful so they are. Lights ivrywhere. Floodlit like a baseball field.

HOSANNA Too bad it wisnae floodlit like that when ah furst clapped eyes oan you.

CUIRETTE Did ye gie the taxi driver the once over, Hosanna, hen? Wis he yir type or mine?

HOSANNA Hardly yirs, Cuirette. Drag queen taxi drivers are thin on the ground ...

CUIRETTE Some are wimmun ...

HOSANNA Of course some are wimmun ... real wans! It's no the furst bloody time ah've taken a taxi, for Christ's sake!

CUIRETTE I know it wisnae the furst time ye'd taken a taxi. But this wis somethin else. Yir big night. Ye wur careful tae make a dignified exit but soon as ye hit the stairs ye breenged doon thum hell-fur-leather. An ye wurnae picky aboot yir taxi-driver, wur ye? ... Nae wagglin yir erse and gien thum the glad-eye, same as ye usually dae eh no? ... Naw, furst empty wan thit passed ye flagged doon an jumped in afore the driver hid a chance. Afore he knew where he wis he hid a bundle ae rid rags an a hunnerweight ae scrap metal in his motor, shoutin, "Go, jist go! Jist anywhere! Ah'll gie ye the address in a minute!" It must've bin hard fur ye.

HOSANNA It wisnae that hard.

CUIRETTE Aw, no?

HOSANNA Ah'm tellin ye, Cuirette. It wisnae that hard.

HOSANNA goes over to CUIRETTE and turns her back on him.

HOSANNA Unhook ma dress, wull ye?

CUIRETTE If it takes as long tae unhook it as it took tae dae it up, ye'd be as well keepin it oan till nixt Halloween.

HOSANNA Look, if it's too much bother fur ye, smart arse, come straight oot an say it. Ah can manage it masel if ah huv tae …

CUIRETTE Naw, naw, it's nae bother …

The telephone rings. CUIRETTE rushes over to the telephone without having undone a single hook.

CUIRETTE Hullo … (*Disappointed.*) Eh … Yes … (*To HOSANNA.*) It's fur you …

HOSANNA At this time ae night? Who is it?

CUIRETTE Don't know … Don't think ah recognise her voice …

HOSANNA It's a wummin?

CUIRETTE (*Still holding the receiver.*) Ah somehow don't think so, but ah don't know her even so … (*He begins to laugh.*) C'mon, then, take it … see who it is.

HOSANNA takes the receiver.

HOSANNA Hullo …

She stands still for a moment, then puts down the receiver and throws the telephone on the floor.

CUIRETTE Somedy ye knew, then?

HOSANNA Fuckin cow!

CUIRETTE Hey, hey, come oan noo, hen, ah've told you mair thin wance no tae address me in the feminine.

HOSANNA It's no you ah'm referrin tae … Yur no important enough tae be the sole topic ae ma conversation. What makes ye think yur that important, eh? An even supposin ah wis referrin tae ye in the feminine, who'd mistake you fur a man? In that get-up ye look like a dike.

CUIRETTE Oh, aye? As ye fine know, Hosanna, ah've goat somethin proves ah'm no a dike …

HOSANNA What you've goat proves nothin tae me …

CUIRETTE Wid ye like the proof?

HOSANNA Ah've already had it. Ma arse is full-up.
CUIRETTE (*Bursting out laughing.*) That's a good wan! A fuckin good wan! Ye've always an answer, eh? Yir customers must crease themsels laughin at yir patter.
HOSANNA Oh, aye … Ah'm the funniest hairdresser in Montreal …

HOSANNA picks up the telephone, hesitates to put the receiver in place, but does it.

Ah'm famous for no singein ma customers' hairdos. That makes me extremely popular … funny and talented as well. Aw ye could ask for in a hairdresser.

CUIRETTE goes up to HOSANNA.

CUIRETTE Listen, Cleopatra ma bonny wee hairdresser, d'ye still waant me to undae thae hooks?

The telephone rings again and HOSANNA rushes for it. She begins by speaking to the 'party'.

HOSANNA Fuck off, Sandra! Go fuck yirsel, fish-features!

She hangs up.

CUIRETTE You wur hopin she'd phone back, eh?
HOSANNA You knew fine it wis her, didn't ye?
CUIRETTE Naw. Ah don't think it wis her. Ah think she hid somedy else dae it.
HOSANNA You knew she'd phone, didn't ye? It wis anither wan ae yir stupid jokes!
CUIRETTE It wisnae …
HOSANNA It wis, it wis … You nivir miss a chance tae …

The telephone rings.

Don't say that's fuckin her again! What's her gemme? She'd better no be daein this aw night!

CUIRETTE answers the phone.

CUIRETTE Hullo, Sandra? That you, Sandra? Hullo! Enough's enough. Just quit it, okay! It wis funny the furst time but …

A pause and then CUIRETTE *begins to laugh.*

Aye, okay, but listen, try an put yirsel in her place ...
HOSANNA   The cow's been tryin tae dae that the past four year!
CUIRETTE   Okay, Sandra, the gemme's finished ... Sure it wis funny but it's finished ... lea Hosanna alane ...
HOSANNA   Yur stickin up fur me? Noo ah've seen ivrythin!
CUIRETTE   Naw, ye cannae tempt me ... Ah'm steyin put here ...
HOSANNA   Too bloody tootin yur steyin here ...

She takes hold of the telephone.

'Ello, Sandra, comment allez-vous mon petit chou? Je suis jist fine, merci buckets. But it's half-past-three, ah've goat work the morra, an ah need ma bed ... The fun's finished ... It wis awfie nice ae ye tae invite Cuirette owre tae spend the night wi you an yir pals, but good hubbie that he is, dear Cuirette elected tae stey here. You've been chasin him that long that ah'd've thoat you'd've goat the message bi this time thit he funds ye pathetic ... In fac', you're that pathetic you gie baith ae us the boke! Admittedly ye were awfully funny this evening, and clearly ye were tickled pink that evrubdy laughed at yir putrid jokes, but did ye not notice, dearie, how evrubdy laughed hardest when yir back wis turned? That wis because yir dress wis that tight yir belly'd burst oot at the seam. Yir spare tyre wis hingin oot like a big shooglie lump ae pink meat. An as fur that yellie froack! His naebdy ivir tellt ye how yellie clashes wi peroxide hair?

She hangs up.

CUIRETTE   What a tongue! Here wis me thinkin she wis gaunnae tear intae you! Ah go aw limp when ah hear ye talk like that!
HOSANNA   It's nothin new fur you tae be limp, Queen-ette ... Oh, sorry, Queer-ette ...
CUIRETTE   You watch yir lip!
HOSANNA   (*Makes baby noises with her lips.*) That's aboot yir level, big wean that ye are. Cannae take it, eh? Ach, tae fuck, jist unhook me so's ah can git tae ma bed!
CUIRETTE   Ah'm no in the mood anymair ...

HOSANNA *looks at* CUIRETTE *for a long time.*

HOSANNA   No in the mood fur whut? Unhookin me or goin tae bed?

CUIRETTE *gestures towards* HOSANNA.

CUIRETTE   You've been greetin, huvn't ye?

HOSANNA *all of a sudden begins to struggle to undo her dress.*

HOSANNA   So what else is new?
CUIRETTE   Ah should've noticed … Ah'm sorry …

He goes over to try to help her.

HOSANNA   You eftir a reward?
CUIRETTE   That widnae be a bad idea!

He moves away from her.

(*Expressionless.*) You might as well jist rip it. Ah somehow don't think you'll be wearin it again in a hurry …

HOSANNA *stops struggling with the dress.*

HOSANNA   Fine ah know ah won't be wearin it in a hurry! Ah'll no be wearin it fur a long, long time! But ah'm keepin it … it took me three weeks tae make!
CUIRETTE   That's right, stick it in the wardrobe so's ivry time ye open the door it'll mind ye o the fuckin lovely time ye had the night. Thurs nothin you like better than sufferin, Hosanna. Nuhin!

Without answering, HOSANNA *begins again to struggle with her dress.*

HOSANNA   That's wan oot.
CUIRETTE   Only a hundred an seventy-nine left … It's suffocatin in here. That make-up stuff's bowfin. Ah'me gaunnae open a windae afore ah faint.
HOSANNA   Cuirette, darling, you can open the windae, open the door, open the bed-settee, whativir, but fur fuck's sake shut yir geggie! Yur gettin on ma tits.
CUIRETTE   Wid ye prefer if ah jist went tae Sandra's pairty? Ma bike's jist ootside …
HOSANNA   Well what's huddin ye back? Ye could take a detour through Lafontaine Park while yur at it. Revisit the spot where ye

made yir début. Yur always harpin oan aboot it. As if anybody is interested. Och, shite, ah've broke a nail! Bastardin thing! That's the second wan the night!

CUIRETTE (*Opening the window.*) Ah nivir knew Cleopatra spoke like that.

HOSANNA Cleopatra didnae hiv tae take oot her ain hooks.

CUIRETTE Ah nivir knew Cleopatra hid hooks.

CUIRETTE *leans on the windowsill and* HOSANNA *continues her performance.*

HOSANNA If ah can jist git the first dizzen oot, the rest'll come away ... It really scunners me when ah brek a nail like that ... Ma finger looks that naked ... Takes ages afore it's fit fur anythin again ... Snags oan ivrythin ...

CUIRETTE Cats hiv the same problem ...

HOSANNA Eh?

CUIRETTE Aye, cats, if ye cut thir claws ...

HOSANNA Thurs nothin fur it but tae file it doon. Itherwise it'll split even mair ...

CUIRETTE If ye cut thir claws, thur useless ...

HOSANNA Did ye go aff wi ma nail-file, Cuirette?

CUIRETTE Jist poor wee loast things ... Lookin aw aroond ... Big moon-eyes blinkin ... Nae claws ... No able tae feel a thing ...

HOSANNA Don't be stupid, Cuirette, it's when thur whiskers are cut aff that happens, no thur nails! Thur whiskers!

HOSANNA *finds her nail-file and begins to file the broken nail. A long silence.* CUIRETTE *looks out to the street.*

There, that should dae it. These buggerin hooks! When yur oot on the town, sure as fate oot they pop, makin a real arse oot ye in front ae evrubdy. (*She begins to struggle again with her dress.*) But come the time ye waant thum oot ... They will not bloody budge! ... It's like wearin padloacks ... Ah knew ah should've went fur poppers ...

CUIRETTE (*Who continues to look out.*) Wan ae these days ah'm gaunnae smash it.

HOSANNA Whit? Ma coupon?

CUIRETTE Aw, dinnae fash yersel, hen. Ah wisnae referring tae yir coupon ... Yur no important enough tae be the sole topic ae ma conversation

... Ah wis referrin tae that sign ... The wan fur Beaubien Pharmacie ... Ah'm gaunnae take it doon an smash it wan ae these days ... What wi that flashin away night'n day an the perpetual guff ae perfume in here, this place pisses me off!

HOSANNA Me as well? You're forgettin that ah'm here tae, darling.

CUIRETTE You? Yur jist like this shitey place. Ye honk ae perfume an look as naff as that sign. Ah'm scunnered wi you. Shairly ah dinnae have tae tell ye that.

HOSANNA No the perfume an the sign again ... the needle's stuck ... Aw, in the name ae ... That's it ... Ah'm hivin a brek afore ah loass ma rag ... A fag ... Cuirette, a fag ... Gie's a fag, wull ye!

CUIRETTE offers a cigarette to HOSANNA who puts it in a long cigarette-holder. CUIRETTE lights it.

CUIRETTE Waant a hand wi yir hooks when yir smoke's finished?

HOSANNA No thank you! Ah've nivir needed a hand in ma life, cutie!

CUIRETTE (*Smiling out of the corner of his mouth.*) Oh, no? Nivir a hand?

HOSANNA Awfie subtle! I'm not gaunnae let a few hooks get their hooks intae me. (*She acts like a woman of the world.*) This must be a real turn on, eh? A sophisticated wummin wi her dress half-unhooked suckin seductively oan a fag ...

CUIRETTE No, really, hen. Whit ah see is a fag sweatin like a pig while she struggles wi' her hooks fur hauf an hoor.

HOSANNA Ah'm speaking aboot the general impression. Forget the details! Forget the before and aftir! Ah'm talkin aboot the general impression! ... Like this ...

She smokes 'voluptuously'.

CUIRETTE If ye could see yirsel, hen ...

HOSANNA Ach, go an shite!

CUIRETTE Go'n take a shite! Evrubdy, take a shite. That's yir answer tae ivrythin, intit?

HOSANNA That's the wey I am, Cuirette. Loud and clear! ... As long as arseholes are havin a shite, they're not shittin on people ... Ach, ah'm no in the mood the night fur seductive provocation. Ah'll save it ... Here, imagine if ma hooks wur tae catch in the settee and ah couldnae git thum oot. Ah'd be trapped alive!

Ah can see the papers: "Hosanna died, pinned to her sofa like a rare and precious butterfly ..."

CUIRETTE Yir good mood's come back again, ah see.

HOSANNA His it hell! Wid it nivir occur tae yir peabrain thit mebbe somedy'd try an take thir mind aff thur hooks bein stuck? Or is that too subtle fur you?

CUIRETTE Okay, if that's the wey ye waant it, lit's hiv anither go. Jist get a load ae this. Are you ready? In performance tonight! Wan night only! Hosanna the Hooker, as performed by that queen ae the stage, the wan and only, the voluptuous, the scintillatin, in a performance ae a lifetime the likes ae which yull nivir see again. "Ho-Ho-'sanna, Go! Ho-Ho-'sanna, Go!"

HOSANNA jumps on CUIRETTE and stubs her cigarette out on his forehead.

Oh-ya-bastard-ye!

HOSANNA Just shut yir gob, Cuirette! Ah've had it. Ah'm warnin ye! Ah've stood it fur long enough but that's it finished. Ah nivir waant tae hear you talk aboot that again! You can see ah've been tryin tae put what happened earlier the night oot ma mind. Ah've been avoidin talkin aboot it ... an ah don't waant you ivir tae mention it again, right!

CUIRETTE goes into the kitchen and opens the fridge. He takes out the butter dish and rubs butter on his forehead.

Aye, jist you dae whit yir mammy showed ye when ye goat a wee burn. Rub a wee pat ae butter oan the sair bit, Cuirette son, an it'll magic it away.

CUIRETTE You're fuckin mental! That could've been ma eye!

HOSANNA Garbage! What d'ye take me fur? Ah knew fine where ah wis aimin. It's bad enough hivin a fatso fur a husband wi'oot him hivin jist the wan eye, an aw.

CUIRETTE jumps on HOSANNA and pins her by one arm.

CUIRETTE Ah know yir gemme! It's a batterin yur eftir, intit?

HOSANNA Lea me go! Take yir paws aff me!

CUIRETTE Well, yur no gettin wan! "Take yir paws aff me?" You lap it up when ma paws touch ye!

HOSANNA (*Rubbing her arm.*) Didnae hurt ... Nivir felt a thing.

CUIRETTE   Naw? Then lit's see ye pit yir haund up yir back tae unhook yirsel ... Goan, see if ye stull dinnae feel anythin ...

HOSANNA tries to put her arm behind her back.

HOSANNA   Aaah, Jesus Christ!

CUIRETTE   Who wis it wis sayin the ither day ma grip wisnae as strong as it used tae be?

HOSANNA   Ye've a grip can brek airms but that's no the kinna grip ah wis referrin tae ...

CUIRETTE   Sandra widnae agree wi ye there ...

HOSANNA   A fat loat she wid know aboot that. Nearest she's come is tae keech wi jealousy the past four years ... Aw, don't flatter yirsel ... She's goat nothin tae be jealous aboot ... Aw it proves is thit fatties are attracted tae fatties ...

CUIRETTE   Nearest she's come, eh?

HOSANNA   Och, don't come it! You're talkin through a hole in your arse. You've nivir poked Sandra an you nivir will. All yur good fur is makin stupit jokes. Evrubdy knows that's aw yur good fur. (*Suddenly her tone changes.*) She'd've liked it right enough. Too true she wid. But you widnae.

CUIRETTE   What makes ye so sure?

HOSANNA   Ah'd raither no talk aboot it. Ah'd jist turn bitchy ... Ach, ah've been trussed up in this thing long enough. Ah'm sick ae it. Cut the cackle an unhook me. Two-three 'ull dae ... Ah'll manage the rest masel ...

HOSANNA turns her back to CUIRETTE who looks at her for a moment or two. He lifts his leg as if to kick her, smiles, and puts his leg down again. He ends up unhooking the dress.

CUIRETTE   You could've poked ma eye oot.

HOSANNA   So ah should've!

CUIRETTE   There, that's it done. The butterfly can climb oot its cocoon, spread its wings and flee away-up-a-ky ...

HOSANNA takes off her dress. She is wearing panties and a bra. Silence.

HOSANNA   Did ah gie ye a bad burn?

She places the dress on the bed.

CUIRETTE   Lit yir mammy see. Och, that's nothin. A dod ae butter'll see it right. Claude …

HOSANNA turns round suddenly and goes towards her dressing-table.

HOSANNA   Ma name's Hosanna …

CUIRETTE goes back to the window.

(*To the mirror.*) Ah should've started wi the wig. It wid've been mair sensible startin wi that … But, ach … Ah don't feel like takin it aff …
CUIRETTE   It's true … Ah am gittin fat …
HOSANNA   Eh?
CUIRETTE   Ah said ah'm gittin fed up wi that bastardin sign … Ah'm gaunnae pit a brick through it afore long …

Silence.

HOSANNA   Ah think ah'll jist go tae bed wi ma make-up oan, Cuirette. Ah'm feart tae see whit's unnerneath …
CUIRETTE   Eh?
HOSANNA   Ah wis sayin ah think ah should change ma perfume …
CUIRETTE   (*Turning towards HOSANNA.*) Yur jokin?

HOSANNA looks at CUIRETTE in silence.

HOSANNA   It widnae maitter whit perfume ah wore, ye'd still make oot it choked ye, Cuirette …
CUIRETTE   At least it widnae be that wan …

HOSANNA takes up the bottle of cologne and sprays her arms and her neck. CUIRETTE goes back to the window.

HOSANNA   (*In her mirror.*) Christ, you're ugly!
CUIRETTE   What?
HOSANNA   Ah wis tellin masel ah'm ugly …
CUIRETTE   Ye've only jist noticed?
HOSANNA   Aye … that'll be right …

CUIRETTE looks outside. HOSANNA looks at herself in the mirror.

CUIRETTE   Cannae even see the end ae the street fur it …

HOSANNA   Ah'm nivir movin, Cuirette … an ah'm nivir cheyngin ma perfume.
CUIRETTE   If that thing wisnae in the road we could see as far as Bélanger Street … (*Pause.*) The bastard goes oot'n in, oot'n in aw fuckin night! Evry ither sign goes aff at midnight but no that fucker! Sometimes ah even see it flashin in ma sleep … oot, in, in, oot, aff, oan, oan, aff … That guy must be stupit wastin aw that money oan electricity … An naebdy sees his bastardin sign 'cept us …
HOSANNA   Aye, jist us oorsels …
CUIRETTE   It's drivin us doolally …
HOSANNA   It disnae bother me … Disnae bother me in the least … Quite the reverse … In fac', ah'd go sae far as tae say, Cuirette, thit ah need that sign …
CUIRETTE   (*Turning towards* HOSANNA.) Need it? Och, in the name ae … Need it fur what exactly?
HOSANNA   That sign thair, Cuirette … Och, nivir mind … Ye'd jist act stupid again an make a joke oot ae it …

Silence.

CUIRETTE   You look funny like that …
HOSANNA   Like whit?
CUIRETTE   Wi that wummin's wig oan an the dress aff … Ye look funny …
HOSANNA   Funny nothin … Ah'm anythin but funny … Anythin but funny … (*A long pause.*) Fae where ah'm standin, ah'm ridiculous.
CUIRETTE   (*Approaching.*) You're nothin ae the kind …
HOSANNA   Ah look ridiculous when ah'm dressed as a man an ah look ridiculous when ah'm dressed as a wummin. At the salon the customers tease me tae work dragged-up … But if ah wis tae turn up in drag you can bet they widnae lit me near thir hair … They widnae waant a wummin playin wi it … Anyhow, ah'm ridiculous-lookin dragged up as a wummin … Ah couldnae fool anybody so ah've tae compensate bi campin it up, actin the queen … But as if that wisnae ridiculous enough, ah'm really ridiculous stuck in the middle between the two, wi ma wummin's wig, ma wummin's underwear, an this body … (*She shrugs her shoulders.*)
CUIRETTE   (*Putting his hand on* HOSANNA's *shoulders.*) Ah don't fund ye ridiculous …

HOSANNA   (*Quietly, suddenly very tired.*) Please, Raymond, don't touch me ...

CUIRETTE   (*Brusquely.*) Dinnae flatter yirsel ... Ah wisnae plannin tae go further ... No wi that guff yur gien aff ...

HOSANNA takes up the cologne bottle and breaks it on the dressing-table.

HOSANNA   Noo this place'll really honk ... Goan, throw wan ae yir fits!

CUIRETTE   Me throw a fit? Naw, Claude, it's you's itchin tae fling wan. But yur workin hard tae haud it in, aren't ye? Workin damn hard! But it's gaunnae come tae a heid jist the same! An as fur that fuckin perfume ae yours, ah've pit up wi it fur four years an anither gallon makes nae difference tae me!

HOSANNA   Then whey d'ye always harp oan aboot it, fur Chrissake!

CUIRETTE   Because as ye said yirsel a minute ago, darlin, ah'm no a conversationalist!

HOSANNA coughs.

See, petal, even you're chokin oan it! ... Stinkin, intit?

He bends down to gather the broken glass.

Ah'll see tae this, fur thurs nae danger you will ... An sure as hell you'll cut yirsel then it'll be me gits the blame same as usual.

HOSANNA stands up and goes over to lean on the window-frame.

See if ye can see as far as Bélanger Street.

He puts the pieces of glass in the bin in the kitchen.

(*Coming out of the kitchen.*) An if yur gaunnae puke yir ring, dae it in the lavvy ... Christ, it's a pure honkin bowf in here noo ... It'll wake up the neebors, so it will ...

He picks up the dress and hangs it in the closet.

The Queen of the Nile withdraws to her wardrobe till next she wiggles forth into the world ... Here, Hosanna, if you wur tae drap deid aw ae a sudden, ah think ah'd have ye embalmed in this!

HOSANNA does not react at all.

Ah can jist imagine it ... The look oan folk's faces ... Yir mither's especially ... Though even then she'd invent an excuse fur no admittin tae hirsel thit ye are what ye are ... She'd say tae people, "Naw, naw, that's no a dress ... It's a fancy shirt ... He's loved dressin up since he wis a wee laddie, ma Claude ..." Sandra'd git her kill at that, eh?

Silence.

Ah've hung yir dress where ye'll be sure tae see it, Hosanna. Whenivir ye open the door, like this, it'll stare ye in the face so's ye can suffer away tae yir pleasure ... Like ye deserve ...

HOSANNA *still does not react.*

Ah'm gaunnae make up the bed ...

HOSANNA   Usually it's frosty at Halloween.

CUIRETTE *walks in front of the big mirror.*

CUIRETTE   That's what ye should've broke ...

HOSANNA   Nae chance ... Not in a hundred year ... It's a memento ... Like the rest.

CUIRETTE   How d'ye know it's that ah'm referrin tae?

HOSANNA   (*In a quiet voice.*) You've jist done sayin ye wur gaunnae make up the bed, Cuirette. Whenivir ye say that ah know aff bi hert ivry thing ye then dae ... Ivry night fur four year ye've done exactly the same things ... Ah don't even need tae watch ye tae know that. An that's how ah know you've jist walked in front ae the mirror ...

CUIRETTE *removes the table from in front of the sofa bed and begins to open up the bed.*

An when ye open up the bed-settee, it'll stick and you'll say "Shite!"

CUIRETTE   (*As the sofa doesn't budge.*) Shite!

HOSANNA *shrugs her shoulders.*

HOSANNA   Then you'll ask me, "When're we gaunnae buy a new wan?"

CUIRETTE   When're we gaunnae buy a new wan?

HOSANNA   An ah'll answer ... (*She turns towards* CUIRETTE.) When you git a joab, Cuirette, when you fund a joab.

She looks out the window again.

> What's sae special 'boot seein as far as Bélanger Street, then? Thurs probably anither sign further doon wid still hide the view.

CUIRETTE   At least we widnae hiv that thing flashin in oor faces. Oops, jist aboot buggered David-the-stookie thair!

HOSANNA   As far as ah'm concerned, ah like that sign fine ... jist fine ... We should lea the windae open the night ... Ye'd hardly credit it's November, weather like this ... It's vernear like summer ...

CUIRETTE   Aye, but we'll pey fur it this winter, wait'n see ... Right, that's the bed ready ...

HOSANNA   Ah'm no gauntae ma bed the noo ... no yit.

CUIRETTE   You've work the morra ... An Setturday's yir busy day ...

HOSANNA   Ah don't care ... Ah'm steyin up ... Ah couldnae sleep anyhow ...

CUIRETTE begins to get undressed.

> Sweet dreams, sweetie ... That sign'll go oaff any minute ... It must be near four a'cloack ... Ye'd think it'd be a bit cooler bi now ... It makes ye wonder ...

Before going to bed, CUIRETTE looks at his 'erotic painting' above the sofa.

CUIRETTE   Wonder if ah could flog ma paintin? Ease ma cash flow problem?

HOSANNA   (*Mocking.*) Aye, an pigs can flee! It's no yours tae flog anyhow, it belongs tae me ... It's mines, you gien it me ... No tae mention ah'm the only mug ye'd fund saft enough tae pit up wi that above thur bed!

CUIRETTE   It's a loat better'n some ae that crap they sell doon at Place Ville-Marie. Mebbe ah should take up paintin again.

HOSANNA   It makes us quits with perfume an the sign, ah suppose. Here, Mr Decorator, ah bet ye nivir thoat ae that. That paintin ae yours thair mebbe disnae gie aff a smell, but by Christ it's ugly. If ma perfume scunners you, that picture scunners me.

CUIRETTE   Sometimes ah'm tempted ... Mmmm ... Mebbe ah'll gie it a bash again ...

HOSANNA   (*Still looking outside.*) Ah'll make a deal wi ye ... If ah can take doon the picture, you can take doon the sign ...

CUIRETTE   Ah think ah'd like gittin back intae paintin again ...

HOSANNA   We could swap thum ... The sign wid come in here an the paintin go oot thair ... The pharmacy wid go bust and ah'd git tae keep the sign ...

CUIRETTE   Ah've probably loast the knack though ... Ah wis no bad at wan time but ... it needs a loat ae concentration fur somehin like that.

HOSANNA   In that case forget it.

CUIRETTE   Thanks ... Ah'm fur ma bed then ...

The telephone rings.

HOSANNA   If that's Sandra, tell her fae me thit as if it wisnae bad enough her puss wis sae ugly, her mini-dress wis that shoart evrybody could see her tampax hingin oot ...

CUIRETTE   She wis wearin a long dress ... Hullo ...

HOSANNA   Ah know damn fine she wis wearin a long dress, ya dumplin!

CUIRETTE   (*Embarrassed.*) Aye ...

HOSANNA   Tell her her tampax wis stickin oot jist the same ... It hid a big long bit ae string wis hingin doon showin ...

CUIRETTE   Eh ... No.

HOSANNA   's it her?

CUIRETTE   Aye, but don't make it any earlier ...

HOSANNA   Who is it?

CUIRETTE   Aye, ah'll be there. Fur shair I widnae miss it ...

HOSANNA   Who's it, Cuirette? That Sandra?

CUIRETTE   Shut it, wull ye! It's fur me!

HOSANNA   Oh, excuse me! ... Ah git the message, over an out! ... Pardonnez-moi fur existin! ... Ah shall retire to my chamber ... an fur wance ah'll tak ma ain advice and go take a shite!

She goes into the bathroom.

CUIRETTE   Hi ... Ah wis thinkin ye wouldnae phone again. Ah wis jist gettin intae bed ... (*Dirty laugh.*) Ah nivir resort tae that ... No less ah'm really desperate! (*Another dirty laugh.*) Yeah, she jist phoned a wee while ago tae invite me ... What d'ye think? Think it'll be wild? ... Plenty ae tricks? ... Let me at it! ... Here, ye missed yirsel the night but ... Did ye hear aboot it?

HOSANNA *comes out of the bathroom.*

Ah'm no feart ae her! Nae danger! (*Noticing* HOSANNA.) Okay, then ... Sure ... Be in touch ... See ye ... Cheeriebye.

He hangs up.

HOSANNA　Ivir seen a wummin dae a pish standin up? Ah wis watchin masel in the mirror as ah wis hivin a slash ... Elizabeth Taylor, in profile, with a floppy prick pishin intae a pan ... Yuch! (*Pause.*) Who wis that phonin? A new hole?

CUIRETTE　Thurs nae need fur that ...

HOSANNA　Well, ye don't like it when ah refer tae them as "girlfriends", fur Chrissake!

CUIRETTE　Okay, you win, a new hole it is.

HOSANNA　New like at this time ae night?

CUIRETTE　Aye!

HOSANNA　At four a'cloack in the moarnin, jist like that! Ah suppose it wis aw planned in advance, jist like ivrythin else thit happened the night? (*Trying to make a joke of it.*) Ah think it'd be safest if ah closed this windae before things go any further ... Ye nivir know what might happen ... Funny the things can happen tae a young wummin aw alane ... Ha bloody ha! How bloody pathetic, eh?

She falls onto the bed.

Ach well, looks like the best thing could happen tae me the night is no gaunnae happen ...

CUIRETTE　(*After a moment.*) D'ye waant me tae stey?

HOSANNA　Ah don't waant ye tae stey ... Ah need ye tae stey but, Christ no, ah don't waant ye tae stey ... But what ah need disnae maitter ... You go an git yirsel a fuck, it'll dae us baith good ... Baith yir throbbin dick an ma throbbin dick-head ...

CUIRETTE　Ah'm no lookin fur a fuck, ah'm jist gaun tae Sandra's party ...

HOSANNA　How naive can ye be! Ah'm sure you play-act the dumplin! Fine you fuckin know how Sandra's pairties end up. The place is always destroyed ... must take her three days tae pit it back thegither again ... and tae pit hirsel back thegither again eftir tankin hirsel up wi aw the speed she takes ... Ah'm warnin you, shitey-features, don't come back tae me oan a high like the last time. Ye wur fizzin like an Alka-Seltzer fur three days eftir!

CUIRETTE (*Laughing.*) Ah felt ah wis fizzin tae ... Wis magic ...
HOSANNA It wis mebbe funny tae begin wi but eftir a couple ae hoors you looked pathetic! Aw aye, it's bloody brilliant bein oan a high, but when yuv been fleein fur umpteen hoors thurs as much fizz left in ye as in a wet fart!
CUIRETTE Hark at her! What wid you know aboot it, ya big jessie? You've nivir even tried it!
HOSANNA Naw, but ah've watched you oan yir wey doon from yir high aw weepy an depressed like ...
CUIRETTE Boo-fuckin-hoo!

CUIRETTE begins to get dressed.

HOSANNA If ye could but see yirsel when ye're in that state, Cuirette, ye'd be greetin oot the ither side ae yir face.
CUIRETTE Bugger seein yirsel! It's how ye feel thit coonts ...
HOSANNA Crap! ... Ah can "feel" things wi'oot the help ae that ...
CUIRETTE Stupid cow! Ye understand nothin, do ye?
HOSANNA Well, tell me, wur you oan drugs when ...
CUIRETTE Drugs!
HOSANNA ... when ye wur gaun through yir colourin-in phase ... Answer? – No! And ask yirsel this, petal, are ye stull colourin-in the day? Answer? – No! What you painted, Cuirette, wis mebbe putrid, but at least ye wur daein somethin!
CUIRETTE What ah take his nothin tae dae wi that ... Yur twistin things as usual ...
HOSANNA Oh, but that wisnae the story the day ye finally faced up tae the fact yir pictures wur shite, wis it? That wee discovery gutted ye, didn't it? An it jist so happened ye wur stoned oot yir skull when ye made that wee discovery, wurn't ye? An then ye stoapped paintin, Cuirette, didn't ye?
CUIRETTE Anybody can hiv a bad trip ...
HOSANNA Aye, but ye don't go oan bad trips unless yur up tae handlin thum ...
CUIRETTE In other words, darlin, you're no up tae handlin thum.
HOSANNA Aye, an ah'm no feart tae admit it ... Look at what might've happened earlier the night if ah'd been trippin ...

CUIRETTE *bursts out laughing.*

CUIRETTE Ah'd nivir thoat ae that! That wid've made things even funnier! Ah can jist imagine it noo ye've mentioned it!
HOSANNA Oan the ither hand, it might've saved me if ah hid been stoned ... Might've stoapped me climbin up oantae that stage ... (*Pause.*) So, anyhow, yur aff tae Sandra's pairty wi *her*, yir new click ... By the by, this new flame ae yirs, what's her name?
CUIRETTE Naebdy you know ...
HOSANNA Listen darlin, ah know ivry gay in Montreal, includin the wans hivnae come out yit! Unless, of course, she's a country girl new-arrived fae Drummondville and ah hivnae hid the pleasure ae meetin her oan the circuit ... yet ... The least ye could dae is tell me her name.
CUIRETTE Reynald.
HOSANNA Reynald! A butch name! How square! An you're interested in her afore she's even cheynged her name! She must be quite the wee lassie, though, at the very least, eh?
CUIRETTE Ah wouldnae know if he is "quite the wee lassie", but he's certainly a loat better tae look at thin you!
HOSANNA That, sweetheart, widnae be very hard ...

She goes to the dressing-table and sits down. She takes a jar of make-up remover.

Ah cannae be bothered ... Ah'm jist no up tae it ...

CUIRETTE *approaches her slowly.*

(*In the mirror.*) That reminds me, Cuirette-the-gett, while you're makin poetry wi yir new nymphette, see if you can keep oot the road fur three-four days, wull ye? Ah furgoat tae tell ye ma mammy's arrivin the morra eftirnin ... Thurs only room fur two in the bed-settee, as you well know, an since it's *my* settee and *my* flat ...
CUIRETTE You fuckin bitch!
HOSANNA Watch yir language, Cuirette, you're becoming downright common. Since you've put on the beef, you've had a tendency to hang loose in ivry way – yir tongue included. (*Pause.*) You should be delighted ... Everythin's fallin intae place ... Ye'd've hid tae've done a bunk anyhow ... Jist you go aff wi wee Reynalda oan a wee

honeymoon and enjoay yirsels ... Then, eftir, if ye decide, if yir feelins tell ye ...

HOSANNA, *beaten, stops suddenly. In a quiet voice.*

True enough, it stinks in here. An it's no the perfume either ...

CUIRETTE   Ah don't believe ye ...
HOSANNA   Don't believe what?
CUIRETTE   Ah don't believe yir mither's comin the morra!
HOSANNA   You better believe it, baby!
CUIRETTE   Yur jist tryin tae fuck me around!
HOSANNA   She phoned the day afore yistirday ... Or wis it yistirday? ... Well, whativir, she phoned me ...
CUIRETTE   Fine you know ah'm skint. Fine you know ah've naewhere else tae go ... Ah don't believe ye ...
HOSANNA   (*Shouting.*) Then don't believe me if ye don't waant tae, arsehole, but jist piss off fur three days like ah'm tellin ye!
CUIRETTE   Ah don't hiv tae dae evrythin you tell me, ye know ...
HOSANNA   When it concerns vacatin the premises, muscle-man, you dae! Ah'm tellin you tae go tae that pairty ... Ah'm tellin you tae bugger off tae it 'cause ah need *ma* flat ... D'yae git the message, dumbo? ... Ah don't gie a fuck who you share a bed wi, but ah don't want ma mother walkin in an fundin you here, get it! As far as she knows, ah'm steyin here oan ma tod, no shackin up wi some auld clapped-oot biker-clone!
CUIRETTE   So what else is new? She's seen campers bi the caravan-load as far as visits tae her ain wee laddie's concerned! She makes oot she disnae notice but she bloody dis! Anyhow, she's seen me before ...
HOSANNA   (*Not telling the truth.*) Nothin ae the kind! My mother doesn't know what ah'm really like ...
CUIRETTE   Aw, fur Chrissake, Hosanna, soon as ye open that door doonstairs the perfume belts ye ... It broadcasts tae the haill fuckin world "A poof steys here!" Somedy could pick oot yir door jist by foalliean thur nose. So ye can forget tryin tae hide fae yir maw when she's here yir froacks, yir high-heels, yir wigs, yir perfumes, yir plaster-ae-Paris David! Mind the last time she came? When ah wis here? "Surprise, surprise! ... Jist happened tae be passin by", she said. Aye, aw the wey fae fuckin St. Eustache! Ah watched the

two ae yese. It wis jist eftir tea-time an ah wis waashin the dishes. We wur gaun oot that night an you wur in the middle ae puttin yir make-up oan ... In fact, Hosanna hen, you'd jist finished paintin yir face when she walked in! Christ, it wis classic! This perfumed poof parlour wis honkin, yit durin the haill two hoors she sat here she pretended she smellt an saw nothin! Not a thing! When she gave her darlin a wee peck, she hid tae fish oot her hankie an wipe her mooth fur yir face wis caked wi make-up. Yit she said nuthin. ... An when you went rakin in the wardrobe fur the "wee black number" you wur supposed tae be wearin that night, where wis it? Lyin owre the back ae only the self-same chair yir mammy should choose tae park her erse oan! An still she said nuchin! Even when ah shouted, "Is that the mother-in-law arrived?", she made oot she wis deif! Not a twitch! Nothin! Ah did it oan purpose, jist tae test her. An when you introduced me tae her, ah hid a pinnie oan, a pan in wan hand an a tea-towel in the ither. Even you must admit, Hosanna, ah hardly look the wee housewife! "Pleased tae meet ye, son", she says, an looks evrywhere but at me ... She only looked at me wance the haill time she wis here ... Ah took some things intae the kitchen and when ah came back ah knew she'd been gien me the once over fur she turned her eyes away quick ... But ah seen her gie a wee nod ae approval ... Aye, Hosanna, yir mammy approved ae me ... 'S if tae say, "Yir bumchum's very nice, oor Claude ... oan ye go, son ..." So if it's true she's comin the morra, an she finds me lyin in yir bed, she'll say the same thing aw over again, 'S if tae say, "Yir bumchum's very nice, oor Claude ... oan ye go, son ..."

HOSANNA   She did nothin ae the kind, Cuirette! Nae wey wid she say that tae me!

CUIRETTE   Ach, yur fuckin sick in the heid, baith you and yir mammy!

HOSANNA   It's jist as well she'll no see you, Cuirette. The hackit state yur in, thurs no much left tae approve ae noo.

CUIRETTE   So at last ye admit she knows ...

HOSANNA   Aye, aye, she knows it! So whaat?

CUIRETTE   So whey dae the two yese play yir wee game in the furst place? Whey dis she kid oan she sees nothin?

HOSANNA   The subject came up only wance, Cuirette, an that wis enough.

CUIRETTE   An ye soarted it oot jist like that, eh?

HOSANNA   It's me disnae waant tae talk aboot the subject, Cuirette … No her.
CUIRETTE   How come?
HOSANNA   Look, Raymond, yur ready fur the offski, so jist fuckin go tae yir party, wull ye?

HOSANNA gets up and goes towards the window.

Ah promise ah'll hing oot the windae an wave cheeriebye wi ma big white hanky.

CUIRETTE   Wan ae the biggest queens in Montreal and she's too shy tae talk aboot it wi her mammy!

HOSANNA   Eftir the night's experience, choochie-face, naebdy could say ah wis wan ae the biggest queens in Montreal. An as fur my mama, thurs nothin ah wid be "too shy" tae talk aboot wi her … Ah'm gittin cauld … It's vernear daylight … An here am ah stood here bare-scud …

HOSANNA closes the window and goes to the closet. It is obvious that the first thing she sees is the Cleopatra dress.

Ye hung it so's ah couldnae avoid it, right enough, eh?

She takes a housecoat and puts it on.

Know what my mater said tae me when she fun oot ah wis wan ae thaim? Waant tae know? Ah wis in seventh grade at school in St. Eustache an used tae git laughed at 'cause ah looked like a jessie … Oh, dinnae worry yirsel, Cuirette, this'll no take long … Ah'm no that much intae "S and M" … An anyhow, at least ah shot the craw, escaped fae that hole St. Eustache … Unlike maist ae the wankers kicked the fuck oot ae me in school an wrote "Lemieux is a poof" oan ivry door in the school lavvies, along wi "Lemieux licks hard-ons in this loo, Show him yir arse and he'll lick that too!" … Naw, ah don't spend much time thinkin aboot schooldays … Thae cunts wur cretins … But as fur her … What she did tae me wis somethin else …

Silence.

She must've knew long before ah tellt her. Fur sure, evrubdy else knew … Or hid made thir minds up … They'd seen it, hid guessed it, hid worked it oot! It wis the talk ae the place … Evrubdy knew, evrubdy wis laughin ... An as fur me, when the truth dawned oan me ... When ah realised tae be queer disnae jist mean ye can act like a lassie, but ye can really waant tae become wan tae, a real female, an thit ye can turn yirsel intae wan, a real wummin, well ... Jesus! ... Wance ah admitted tae masel ah wis attracted tae boys in ma school, specially the aulder wans in ninth grade ... Ah went an tellt ma mum ... Can you credit that? Talk aboot bein stupid! Ah wis naive enough tae think she'd help me ... or at least explain tae me ... what wis happenin ... An this wis the same mum'd ayeways mollicoddled me, liked gien me kisses an dressin me up tae the nines, an thit drummed intae me thit aw wimmun wur dangerous an thit ah should steer clear ae thum ... because she waanted tae keep me aw tae hirsel ... waanted me tae look eftir her in her auld age, as she kept tellin me ... She wis shit-feart some wummin wid come an steal me fae her ... Is that no original, eh? ... Slaverin auld shite! ... Waant tae hear whit she said tae me when ah tellt her ah'd started doin the business wi men? Says she, "Well, if you're like that, son, jist be shair an choose good-lookin wans!" That wis aw! Nothin else! That wey she thoat she'd be sure tae hing oan tae me!

Silence.

The earliest ah could leave school, ah fucked off tae Montreal wi anither local gender-bender ... An then ... bit bi bit, step bi step, ah became Hosanna ... Hosanna, the biker's ride! Hosanna, the queen of the motorbikes! Hosanna, Hairdresser to the Biker Stud! An ivir since ah left hame, when her an me meet, we act like nothin happened. She pretends she sees nothin so's she disnae hiv tae speak aboot it. And I certainly don't waant tae titillate her with the gory details of "my romantic encounters". And that's that! Finito! End of story! End of the moving, but hardly original, story of a wummin of little importance ... of wee, toattie little importance ...

CUIRETTE   How come yuv nivir tellt me aw that before?
HOSANNA   Raymond, there are times when ah hate that bitch that much ah could dae ah don't know whaat tae her! Ah swear it! If I'd won the night, ma picture would've been splashed owre evry paper next week, wi ma real name unnerneath ... Ah'd've made it a condition they printed ma real name ... An wi a bit ae luck, she'd've drapped doon deid oan readin it, the bitch!

CUIRETTE   How come you've never tellt me aw this before?

HOSANNA   What difference wid it've made? … Ah don't need no naebdy's pity …

CUIRETTE   What a tube! So whey the fuck are ye tellin me noo? Jist tae keep me here longer?

HOSANNA   Tae keep you here … You fancy yir barrie, don't ye? Ye could've left whenivir you waanted tae, Cuirette. Naebdy wis stoappin ye. Ah could've kept oan talkin withoot you here … Ah wisnae really addressin you anyhow …

CUIRETTE picks up his leather jacket.

CUIRETTE   That's fine then … Jist you blether away tae yirsel …

He goes towards the door.

HOSANNA   (*Without looking at him.*) Ye shouldnae tie yir belt that tight, Cuirette.

CUIRETTE   Whaat?

HOSANNA   Yir belt's too tight, sweetie … Yir spare tyre's hingin owre the tap ae yir strides!

CUIRETTE looks at his belly.

Ye'll hardly turn Reynalda oan wi that burstin oot yir troosers …

CUIRETTE goes up to HOSANNA.

CUIRETTE   Ah've warned ye awready …

HOSANNA   (*Sarcastically.*) Ah've been watchin the beef grouw oan you, Cuirette. Yur fatter noo thin ye wur last week, an nixt week ye'll likely be fatter again! If you go oan stuffin yirsel like a pig an pourin beer doon yir gob bi the gallon, ye'll no hiv room left tae fart in thae troosers … Soon as ye pass wind thur gaunnae split fae toap tae boattom!

CUIRETTE   That's a load ae crap!

CUIRETTE arranges his trousers a little.

HOSANNA   Raymond, accept that you're no the Raymond ye once wur …

CUIRETTE   Okay, okay, yur no tellin me anythin ah don't know. Ah'm no what ah used tae be, ah know that. Okay, ah've put oan some weight.

Okay, ah hiv tae squeeze intae ma strides. But how can ah afford tae buy new wans? You tell me, eh? Ah know how ah look, Hosanna … An ah know what front ah put oan … But what choice hiv ah but tae make oot ah don't care? When ah catch sight ae masel in that damn mirror ae yirs, it depresses me like fuck. Ah could run far enough. Or mebbe jist asphyxiate masel oan that honkin perfume ae yirs. Ah wis a looker wance, ah could turn heids, but no noo … Ah know how you're aye throwin this up in ma face, though, little miss beauty queen! It's because it helps you avoid facin up tae the fact thit you're gittin auld an ugly, tae! Aw, aye, yur agein tae, wrinkly features … Agein fast if the truth wur tellt … But your problem is it's no showin roond yir belly, hen, it's showin in yir face!

HOSANNA If you don't shut it …

CUIRETTE You like tae snigger at ither folk's fauts … Like tae laugh at ither people behind thir backs … Don't ye! … But you goat a taste ae yir ain medicine the night, didn't ye no? Finally you fund oot what evrubdy thinks ae ye, didn't ye? Aye, mebbe ah am fat, Hosanna, but at least ah can still pull thum!

HOSANNA Hark at him! He can still pull thum! Him pull thum? Aye, in the dark mebbe! In the meat-racks! In dark rooms! In cottages! In the back row at the pictures! It's true you wur good-lookin wance, Cuirette, but noo yur nothin but a cottager!

CUIRETTE Ah dae it fur kicks! It's goat nothin tae dae wi how ah look!

HOSANNA Is that how ye met your Reynalda! In the dark? It couldnae've been in daylight, that's fur sure! She's gaunnae git some shoack at Sandra's in a wee while, eh, when she gits her first good look at ye? Ah'd like tae turn intae a wee burd, fly owre tae Sandra's an keek in the windae jist tae see the look oan Reynalda's coupon.

CUIRETTE Fur yir information, Hosanna, ah met Reynald in the street in broad daylight … an the sun wis splittin the trees! And also fur yir information, this thing wi Reynald could be a loat mair serious thin you think …

HOSANNA Look, dearie, if you're tryin tae frighten me …

CUIRETTE Ah'm no sayin it tae frighten ye, ah'm jist puttin ye in the picture. Jist so's ye understand whey ah might be away fur longer thin you expect …

HOSANNA How're ye gaunnae pey fur petrol? (*Pause.*) Nae answer …

Fine you know ah don't believe ye, Cuirette ... Goan, beat it! Ye've kept her waitin long enough. Shoot! Ye better git yir arse movin before she chums up wi somedy else ... Ah'm allowin ye a short three-day break, then you'll come back and cook my meals ... Nowadays that's aw yur fit fur ...

CUIRETTE   That's aw ah'm fit fur? That's no what you whisper tae me at night, honey-bunch ...

HOSANNA   What ah say at night, sweetie, and whativir noaises ah make when we're pretendin tae shag, are said jist tae try an make masel believe ah'm hivin some pleasure. Fur a long time noo, Cuirette, what we git up tae ah've regarded as nothin mair thin ... physical exercise! Ye don't actually think yir wey ae fuckin is pleasant fur a ...

HOSANNA *stops suddenly.*

CUIRETTE   "Fur a wummin" ... That's whit ye wur gaunnae say, Hosanna, wisn't it? Stoapped yirsel jist in time, didn't ye? When you camp it up like a queen, or when you act the coamic, or when you're makin eyes at some new biker, you play the wummin tae perfection. Even when we come back here an ah'm tired but you're in the mood – and don't gie me that shite aboot no enjoayin ma fuckin, Hosanna ... you go like a bunny – when yur feelin randy an ah'm whacked and don't waant tae – aye, it's *me* disnae waant tae – you come oan strong wi yir wummin act, wigglin yir arse, mincin aroond, speakin in a poofie voice, sprayin yirsel wi that pansie perfume, aw so's tae turn me on ... But when we hiv a row, or try an hiv a serious talk, you don't know who or what ye are. You don't know if yur a man or a wummin. Ye know it's stupid tae refer tae yirsel as a wummin, 'cause ah can shove it right in yir face like ah'm daein noo. An ye know it's even mair stupid tae refer tae yirsel as a man when yir face is stiff wi make-up an you're trussed up in that fancy-dress outfit ... Who or what the fuck are you, Hosanna, when yur dolled up like that? Jist tell me, eh?

HOSANNA   If ye think ah'm neither a man nor a wummin, then whey d'ye stey here? If you don't know who ah am, then who is it ye think ye go tae bed wi? Ah know biker clones've always turned me oan, but search me whey that should be the case! At the same time, ah've always asked masel as well whey a *guy* like me, a *guy* wearin drag, face made up tae the nines an eyebrows plucked, should prove such a turn-on fur the same big butch biker guys! Can you explain that fur me, Cuirette darlin? Is it the dresses thit git you excited or is it me? Is it Hosanna-the-queen or is it Claude-the-camper? If it's Hosanna turns you oan, then how come you go tae bed wi a man? If it's Claude, whey d'ye go tae bed wi a guy dolled up like a wummin? Can you explain that tae me, Cuirette? Eh? It widnae bi chance be because yir feart ae wimmun, wid it?

CUIRETTE Ah'm no feart ae wimmun!

HOSANNA Listen, hardman, ah bet you've nivir even touched a wummin! Granted ye look the part, macho-man, but fur four years you've been ma skivvy! My servant, get it! You an me've lived thegither four years, an fur four years ah've been the master! It's me goes oot tae work, me thit provides your food, an you're the wan 'at cleans the flair, waashes the dishes, an cooks the spaghetti! Git the message? Aw aye, you bum yir load aboot how "She keeps me in the manner tae which ah'm accustomed", but ye nivir lit oan tae naebdy it's you dis the hoosework like waashin the claes, dae ye? You swan aboot showin aff oan yir scooter but back in the hoose you wear the pinnie! ... That widnae dae fur me ... Naw, it's jist as well ah'm a hairdresser by day and a bonafide lady by night ... Ah wid loass ma self-respect if ah wis reduced tae bein a housewife durin the day an a biker by night.

A long pause.

It's nivir croassed your mind that, Cuirette, has it? Thit between the two ae us, it's you that's the wummin, no me. Ye wanted tae know what ah am, didn't ye? Well, there's yir answer ... I'm the man of the house, Cuirette! The man of the house!

CUIRETTE Bullshit! Some man of the house – Hosanna! ... You mebbe crack the whip in here, but ye crack it like a wummin!

HOSANNA But I crack it jist the same.

CUIRETTE If you wis a man, you'd act like a man when we're oorsels here, when you're sat here an am ben thair "cookin the spaghetti", as you put it ... Ye think ah don't see ye when ah'm slavin away in *my* wee kitchenette, do ye? ... Think ah don't see what yur up tae. Think ah don't see ye practisin new weys tae wiggle yir arse as ye ponce back an forrit between the settee an the dressin table, or tryin different concoctions tae polyfilla yir new wrinkles? Think ah don't see that, eh? Think ah don't see ye stroke yir jars ae cream, yir boattles ae perfume, an yir wigs an froacks? ... Jist the wey you stroke yir froaks, Hosanna, proves you're no a man! If you wur a man, ye'd behave like a man when you're on yir tod, but you go oan actin like a wummin even when ye've only yirsel fur compny! Even in front ae that big fuckin mirror ae yirs ye can nivir act the man! Nivir! An as fur when we go tae bed ... Ye still act the wummin ... Even mair, in fact! In four years you hivnae done wan single thing in bed thit wid make me think you wur a man! Not wan! You live the life ae a wummin and you fuck like a wummin! An ivir since the wrinkles started showin roond yir eyes an in the coarners ae yir yap, you've slapped the paste oan thicker, jist like a wummin! You've even started puttin make-up oan tae go tae work, Hosanna! You cannae even go oot that door in the daytime noo wi'oot plasterin yir face! You're gittin auld, Hosanna ... Grouwin auld jist like a wummin dis ... Fast! Any day noo you'll be gittin flung back in yir face aw yir stale jokes aboot agein queens! You goat a taste ae it the night, an ah can assure ye that's jist the start! You think thit bi flutterin yir false lashers people believe yur only thirty, but they see through you, Hosanna ... Wan or two mair lines oan that wrinkly coupon an they'll go fur the jugular ... They'll gie ye a taste ae the same sarcastic medicine you've been dishin oot fur years! ...

A pause.

It's finished, Hosanna. Eftir the night you're finished playin the cute wee doll.

He goes towards the door.

Okay, Hosanna? Eftir the night you can chuck the cute wee doll crap!

He opens the door.

An d'ye waant tae know somethin really stupid?

A pause.

Ah, fuck it, ah love you!

He slams the door behind him. HOSANNA *runs to the door and, opening it, screams out.*

HOSANNA   Sometimes ah'd like tae fuck you, tae, Cuirette! Really like tae stick wan up you!

She slams the door. She goes towards the bed and lights a cigarette. The sound of CUIRETTE's *motorcycle is heard.* HOSANNA *rushes to the window. Lights out. The pharmacy sign continues to flash.*

ACT TWO

A half-hour later. HOSANNA *is sitting up in bed smoking. She has kept on her Cleopatra make-up and wig.*
  The big urn-lamp is on.
  The sign for "Pharmacie Beaubien" stops flashing.
  HOSANNA *notices it immediately and turns her head towards the window.*

HOSANNA (*Putting out her cigarette.*) Well, that's that, then. Nae sleep fur you the night, Hosanna, hen.

She puts the ashtray on the bedside table.

As if that wisnae bad enough, ah'm oot ae fags! Not wan bloody left! Shite! Whey dis evrythin happen tae me at wance! If Cuirette wur here, he'd be tickin me aff in that big butch voice ae his, "Cleopatra nivir smoked ye know!" He's been harpin oan at me non-stop aboot Cleopatra this past three weeks ... Cannae blame him, mind ... Fur this past three weeks ah hivnae hid ma Cleopatra outfit aff ma back ... "How would ye know, darlin, if Cleopatra did or didnae smoke? Thae Egyptians wur aw junkies then, doped up tae thur plucked eyeballs!" (*Imitating* CUIRETTE'*s voice.*) "Junkies like me, ye mean?" (*In his own voice.*) "No, dearie, not like you. They all went down intae history." (CUIRETTE'*s voice.*) "Jist like we can go down somewhere else like." (*In his own voice.*) "Shut yir yap, yur getting oan ma nerves."

Getting out of bed and putting on underpants.

Ladies and gentleman, you have just been regaled with the million and fourteenth episode of our epic love story, "Cuirette and Cleopatra", conceived, created, produced and lived by Claude Lemieux and Raymond Bolduc! Raymond Bolduc! It should be against the law tae hiv a name like that! Raymond Baldick!

She looks at herself in the big mirror.

Some people's names are that pig-ugly they should be pit doon, strangled at birth! That's whey actors an transvestites change thur names. Ha-bloody-ha! A cigarette, a cigarette, a cigarette for my queen-dom! Who could ah bum a fag oaff in exchange fur this midden? This scented isle? ... (*Silence.*) Christ, this place stinks! It's a pure honkin bowf, so it is! *But ... the show must go on ... and on ... and on ... and on ...*

She sits down in front of her dressing-table.

"*Mirror, mirror on the wall, who is the fairest of them all? Shut up!*" [Translators' note: these two sentences are in English and italicised in the original play.]

She begins to laugh.

Cannae take it fae her ... The Duchess ... She'll always be the funniest among us.

A long silence.

HOSANNA *picks up a jar of make-up remover, and then gently puts it back. The telephone rings.* HOSANNA *turns her head and looks at the telephone for quite a while.*

Jist as well ah wisnae sleepin ...

She gets up slowly and picks up the receiver.

Hello, Geneviève Bujold speaking!

She listens for a long time without saying anything.

Sandra ... Sandra, listen ... Of course ah knew it wis you, duckie. Jeanne Moreau nivir phones me this early ... Look, Sandra, gorgeous, wis it really that much ae a hoot the night? 'Cause if it wisnae, ah'd be obliged if ye'd leave aff pesterin us ... Please? (*Silence.*) Oh ... so it wis as funny as get oot, eh? ... Well, jist you feel free tae pester tae yir hert's content, petal! Jist pester away, petal!

She goes to hang up but changes her mind.

Oh, here, Sandra, you widnae happen tae hiv a cigarette, wid ye?

She goes to hang up again and then again changes her mind.

By the by, Sandra, you've goat what ye wanted ... Cuirette left half-an-hoor ago ... He should be at yir door any minute so start rubbin yirsel up ... That's if ye can fund yir stump unnerneath that big fat belly ae yirs!

She hangs up suddenly.

Ach, ah've hud enough.

She goes back to the dressing-table, takes a chair, goes downstage and puts the chair down facing upstage. She sits down, straddling the chair.

Two months ago, our arses wur parked in Sandra's club for yet anither fabby Friday night. Not one of us had pulled a teddy bear that night so we'd got pissed in compensation ... It jist happened tae be a fabby Friday night but it could equally well have been a Tuesday night, a Thursday night, or, well, yes, admit it, even a Setturday night ... But it so happened it wis a Friday night ... Sandra plugged in the microphone ... Despite the fact thair wisnae a drag-show that night an ivrythin wis unplugged – especially us girls ... She plugged in the microphone tae announce her annual Halloween shindig, her big costume party ... Always coasts a bomb an proves a rip-off! ... Ah thoat it wis funny she should make an announcement when she hid jist went fae table tae table tellin us aboot it ... But ah figured she must jist be makin it "official" ... How naive can ye be! ... Wi that big smile splittin her face she made her announcement ... Devious bitch! Ah should've been suspicious! Should've sussed somethin wis afoot!

Slowly.

She announced that this year the pairty wis tae hiv a theme. Evrubdy wis tae dress up in keepin wi the theme. She nivir hid said a word aboot any theme before ... Then, hangin oan tae her gless ae whisky fur grim daith, the Duchess pulled hirsel up tae suggest we aw dress up as men an scare the hell oot ae oorsels ... Ah thoat that wis funny, but no Cuirette ... He jumps up an shoves the Duchess back intae her seat, fast as ye like ... An then ...

Silence.

An then Sandra informed us that the theme fur oor costumes wis tae be ... Wait fur it ... Famous wimmun in history! And I fell fur it! Ah walked straight intae the trap! Talk aboot wet behind the lugs!

Silence.

But how wis ah tae know they hated me that much? Ma hert wis poundin, ma eyes gleamin, ah wis aw goose-pimples! This wis ma big chance! At long last, ma big chance! Cuirette ponced owre tae ma table, "Hosanna, Hosanna, did ye hear that!" The bastard! He must've been gien Sandra sly winks. The state ah wis in ah nivir even noticed ... An then the Duchess pulled hirsel tae her feet again and shouted at me, "Hosanna, mind an ask Elizabeth Taylor tae len ye her diamond!" Evrybody laughed ... me included. Talk aboot happy! Ah wis oan cloud nine! Jesus! Babalu wis already talkin aboot dressin up as Scheherazade, Candy Baby aboot comin as Marilyn Monroe, an Brigitte ... well, naebdy needed tae ask her ... But not one ae thum dared tae mention Elizabeth Taylor! Not one!

A very long silence.

Because Elizabeth Taylor ... is mine! And evrybody knows it! Fur twenty years Elizabeth Taylor's been mines, and mines alone! She wis in the first pictures ah ivir seen ... An she'll be in the last pictures ah ivir watch! Someday when ah'm drippin rich an friggin-old, ah'm gaunnae buy a projector and ah'll sit an watch Elizabeth Taylor make her entry into Rome non-stop ... Ah'll re-run it and run it till ah snuff it!

Silence.

Ah've slavered owre Elizabeth Taylor, ah've wanked in front ae Elizabeth Taylor, ah've laughed like a hyena in front ae her, an even bawled like a wean waants its mammy's mulk in front ae her! An ah'll go oan daein it till ah'm in the abattoir! Ah even plunked school tae see Elizabeth Taylor make her entry intae Rome ... And ah'd even sell ma last set ae wallies if it meant ah could see her majestic arrival in Rome jist wan mair time!

She laughs. A long silence. She shrugs her shoulders.

But shite! Buggerin shite! Until then ah wis content just tae look at Elizabeth Taylor. Ah'd nivir allowed masel tae try an look like her ... Leastweys no in front ae an audience ... No yet ... Ah wisnae ready yet! Ah wis savin masel till ah ... deserved it! Can you fuckin believe it! Deserved it! Me, Claude Lemieux, hairdresser of Plaza

St. Hubert, thit ah should think ah could even begin tae pass fur a likeness ae Elizabeth Taylor! Then see what fuckin went an happened!

Silence. She closes her eyes.

There wur at least ... Oh, ah'd say, at least two hunner thoosand people ... Definitely, two hunner thoosand minimum! Costumes ivry colour under the sun ... Oan a set three-mile long, wi sphynxes, temples, ruins, houses, *doors* ... aw made ae papier-mâché ... shuge doors two hunner feet high started tae open ... The crowd shoutin, dancin, roarin ... An thoosans, mullions even, ae brightly-coloured burds came fleein oot ... wi'oot even wan drop ae bird shite spilin the set ... Shuge black slaves, thur bodies shinin, lifted the chariot up oantae thur shooders ... The trumpets blew, the drums rolled, and the sky wis ...

Silence.

The sky wis wine-rid, streaked wi gold ... Jesus! Then ... Hosanna made her entry! Hosanna, high up oan her chariot wi the wheels loacked so she widnae be swayin, dressed up as Elizabeth Taylor, wi a whip and a golden ball, made oot ae papier-mâché, in her hands! Hosanna made her entry intae Rome! An while aw this wis happenin, the sign fur the Beaubien Pharmacie wis castin its rid an yellow lights in the mirror, an Cuirette wis snorin ...

Silence.

The sign fur the Beaubien Pharmacie wis castin its red an yellie lights in the mirror, an Cuirette wis snorin ... His airm roond Hosanna's neck, as she made her triumphal entry intae Rome!

HOSANNA *opens her eyes, gets up, and goes over to the window and opens it.*

Any fucker oot thair goat a fag!

She closes the window and goes back to sit down.

Thur wur at least ... Oh, ah'd say, twenty-five thoosand extras, minimum ... Aw dressed in fabby costumes ... Ah'd nivir seen glammy costumes like them! An as fur the set! Well, it wis less a set an mair a real city built oot ae marble! They'd actually built a real city in real marble wi sphynxes an pyramids made oot ae granite! The biggest an most beautiful set ah ivir seen! An the noaise! Vernear burst ma eardrums! Then the procession started: sojers in chariots ... real chariots ... sojers on foot ... real sojers ... they must've been fur thur marchin wis inch perfect ... Bands, belly dancers made up tae the nines, bints chuckin real rose petals like confetti ... Elephants even! ... Real elephants! Then the marble doors, the real marble doors, began tae swing open and the crowd went wild ...

Silence. HOSANNA *is shaking a little.*

And Elizabeth Taylor made her entry! High up oan her chariot wi the wheels loacked tae stop her fae swayin, supported by slaves, Elizabeth Taylor, the real Elizabeth Taylor ... the same wan who started her career in a fillum aboot a dug an who's gaunnae end up the most beautiful bitch in the world, wi a diamond collar roond her neck – the real Elizabeth Taylor, no the cardboard cut-oot wan, made her entry intae Rome, covered in jewels, her arms folded over real breasts, a serpent coiled roond her neck, lookin as beautiful ... Christ, lookin as beautiful as Elizabeth Taylor in *Cleopatra*!

Silence.

Ah told masel, wan day you'll make your entry! Nothin tae match that wan, but an entrance jist the same ... An ivry drag queen in Montreal's gaunnae shit blood!

Silence.

So, come ma big day ... ma entry intae Rome ...

Silence.

WHO ENDED UP SHITTIN BLOOD! WHO SHAT FUCKIN BLOOD! Christ Almighty!

Silence.

Three weeks, three haill weeks ae ma life preparin fur that fiasco! Three weeks ae excitement, three weeks ae nerves, three weeks ae shootin here, thair an ivrywhere collectin jars ae cream,

punds ae make-up, junk jewellery, aw kinds ae stupid crap …
Fur crap's aw it wis! Three haill weeks tae design, put thegither,
"create" …

She gets up quickly, goes over to the closet and opens it.

Tae "create" that! That! That cheap-lookin shit-heap ae rags! Thit ah designed! Thit ah cut oot! Thit ah stitched an hemmed! Thit ah sewed ivry single sequin oan wi these fairy hands! (*Laughing.*) An thit ah actually wore, oan ma back! Ah've dreamed aboot this fuckin froack fur ten year … An tae make maitters worse, this is exactly how ah dreamed it wid look! Yistirday ah thoat this dress wis beautiful! Yistirday ah even believed it wis mair beautiful even thin the wan ah'd dreamed aboot aw thae years!

She throws her dress on the floor.

If only ah hidnae been sae proud ae it! Hidnae been sae conceited aboot how ah'd done ma face! But, Christ, ah wis sae chuffed wi ma appearance! *Yistirday ah wis shair ah wis beautiful*! Yistirday, Hosanna wis finally ready tae make her entry intae Rome!

She calms down a little.

The taxi-driver wis gob-smacked … "My God, it's Elizabeth Taylor!" You should've seen his eyes when ah tellt him where ah wis gaun … "Yur no tellin me yur no a real wummin! Ah don't believe ye! Pull the ither wan!" Ivrytime the taxi drew up at lights, people pointed an shouted, "Look, that's Elizabeth Taylor! See, Elizabeth Taylor!" An when ah arrived at the club …

A long silence.

An when ah arrived at the club an went up the stairs …

She howls.

Fuck it, whey is it always sae beautiful like that inside ma heid!

She takes her dress in her arms and sits down again.

Of coorse, ah couldnae sleep the night before. No a wink. Ah kept tellin masel, yuv goat tae git yir sleep, yuv goat tae git yir beauty sleep! But ... ah jist couldnae sleep ... Ah kept dreamin, though! The drums wur rollin, an ...

Silence.

Ah watched Cuirette sleepin. He's handsome when he's sleepin. Ah skived aff work the nixt day. Tellt thum ah hid a migraine. Ah hope Peter didnae bugger up the perms ah wis doon tae dae ...

Silence.

Ah started gittin masel ready at eleven a'cloack in the moarnin! Nae kiddin! Ah took a long bath an gave masel the full treatment! Ivrythin ye could think of! Bubble bath, foam bath, oil of ulay, eau de toilette, hard brushes, soft brushes, pumice stone, loofah, you name it ... The works! When ah floated oot that bathroom ah wis as mouth-waterin as an angel cake!

She smiles.

It wis Cuirette said that tae me! Ah'd pampered ivry inch ae me, ivry nook an cranny ... Thur wisnae wan square inch ae me escaped! ... Cuirette couldnae control himsel! ... He waanted tae rape me right thair an then ... "Ye've stoapped honkin," he kept shoutin at me. "Ye've stoapped stinkin!" Ah teased him, of course. Ah deliberately paraded aroond naked fur a while, singin, "You gotta be dry-dry-dry to put on yir paint-paint-paint and so yir beautiful new clothes-clothes-clothes don't pick up no dirt-dirt-dirt!" Ah wis virginal! Ah smelt as sweet as the Virgin Mary! Ah examined masel in the mirror fae top tae bottom ... full frontal, in profile, fae the back – near brekkin ma neck in the process ... Ah still have a desirable body ... A bit oan the thin side mebbe ... Well, "slender", ah'd say ... But well-endowed!

Silence.

Aboot three a'cloack, when ah sat doon at the dressin-table tae make up ma face ...

She puts down the dress, takes a chair and sits down at the dressing-table.

Ah panicked. That really looked like Elizabeth Taylor, ah don't think! Ma hert wis poundin ... Ah thoat it wis gauntae explode! Ah could feel it beatin even in ma feet. But ah said tae masel, "This is it, Hosanna ... It's either now or never, gorgeous!"

She picks up a jar of foundation make-up.

Slowly ah picked up the furst jar ... Ah wis shakin a bit ... an then ...

She throws the jar to the floor and straightens up.

Even if ah had been beautiful fur real, it wid've cheynged nothin. Bein beautiful or no bein beautiful wisnae the problem. That hid nothin tae dae wi it. What they did tae me hid nothin tae dae wi that. Okay, so ah admit ah survived in Montreal bi bein a bitch. But that's nothin unusual ... Ah jist did the same as evrubdy else, 'cept ah hid mair talent fur it thin maist the rest ae thum, that's aw. Ah've a big mooth an a razor sharp tongue ... Ah'm always cuttin folk ... drappin shite oan thum ... Always hiv done an always will ... Big deal! The wans ma tongue lashes deserve it, ivrytime!

A pause.

Own up, Hosanna ... That's no true ... Deservin or no deservin, you shite oan people ... Anythin fur a laugh ... Well, what the fuck if ah do? Unless ye look eftir number one in this city, ye spend yir life sat oan yir fanny playin the wallflower. No thanks. Ah didnae creep oot ae St. Eustache, hangin ma heid in shame, covered wi gobs ae spit an black-an-blue wi bruises, jist tae play the shrinkin violet in Montreal. No way, Jose. Aw ah had wis ma big mouth, an ah worked it tae ma advantage ... It didnae take me long tae make ma mark as wan ae the biggest gob-shitters in this city. Ah'm no claimin ah wis queen-ae-the-midden in that respect ... Some traps are even bigger than mine ... Like that big fat sow, Sandra's ... But it'll no be long before ...

She stops suddenly, coming downstage carrying a chair. She sits down again and puts her dress across her knees.

At the beginnin ah stood back an watched how the Duchess an Sandra operated. Ah watched the two ae thum like a hawk. Watched how they sized up evrubdy, shat oan them, skelped them oan the arse, stuck oot thur tongues at thum, tore aff thir wigs an false eyelashes ... An aw the time ah wis learnin! Ah studied ivrythin! Remembered ivrythin! They thoat ah wis jist anither wee teuchter come tae seek her fortune in the big city, an thit the big city wid squash her like the little-miss-nothin she wis ... But my, did they no make a mistake! A big mistake! Then, when ah managed tae git ma grip oan ... Grip? That's wan wey ae phrasin it ... When ah managed tae git ma, lit's say, hooks, intae Cuirette, Sandra, who'd previously looked doon her nose at me, noo thoat she'd deign tae acknowledge me, but ah tellt her tae go'n take a runnin fuck at hirsel! An that's when Sandra learned thit ah existed! An when Montreal learned tae respect me! An aw because ma gob began tae bite! There wis nothin ah wid neither say nor dae tae keep ma hooks in Cuirette an evrybody else's paws aff. Sandra mebbe owned her club, and the Duchess wis mebbe the queen ae Montreal's drag-queens, but Hosanna had her sights set higher. Hosanna wis plannin her entrance ...

She stops suddenly and then begins to shake like a leaf.

Stull, ah ended up becomin pally wi the Duchess ... Durin wan ae her regular tiffs wi Sandra ... And ... Ach, shut it, Hosanna! Aw that's finished! Everythin's fucked up! Well an truly fucked up!

A very long silence.

It took me a full three hoors tae plaster enough shit oan ma pan tae even begin tae hiv the toattiest wee passin resemblance – an fae a distance at that – tae Elizabeth Taylor in *Cleopatra* ... Then the wig went oan ... the wig it took me two weeks ae butterin up a customer afore she'd len it me ... An then ah looked exactly the wey ah am noo ... Save, of coorse, fur whit's run aff since. Wan bi wan ah put oan the sequins, wan bi wan the eyelashes ... The only wey tae dae it, right? Methodically ... An the beauty-bloody-spot ah must've redone ninety-three-and-a-half fuckin times ... Twinty-six ae thae times ah altered its position 'cause where Elizabeth Taylor his hers disnae suit me ... But, surprise, surprise, ah ended up puttin it in the same place as hers is ... Fur wance Cuirette nivir laughed ... He watched me real serious-like ... Christ, if ah'd suspected, hud the least suspicion, ah'd've skewered his balls wi ma nail-file. He must've been pishin himsel aw day tryin tae keep a straight face … Come six a'cloack ah wis ready tae pit oan ma glad-rags, but the pairty wisnae till midnight so ah plumped masel doon in front the telly an festered till the Epilogue came oan. That wis the signal … Ah announced tae Cuirette, "The time has come! Fetch me my ball-gown!" He helped me get dressed, the toally! He even did up ma hooks wi'oot hivin tae be asked! Even tellt me ah looked no bad … An ah took it as a compliment! Eventually, when evrythin wis well an truly trussed up … Ah closed ma eyes an stood in front ae the mirror … Then, ah opened thum again. An that's when it hit me like a skelp in the pan. Cuirette wis standin jist at the back ae me, an ah seen him smilin in the mirror … Ah *knew* thair an then thit ah shouldnae go tae that shitey pairty. An aw ae a sudden ah didnae waant tae go anymair, but … Ah looked at masel … *and ah thought ah wis beautiful*! Fuckin stupid bastardin cunt!

Silence.

Ah tellt Cuirette tae phone me a taxi … Asked him if he wis comin wi me or takin his moped … He said he'd prefer tae take his bike so's he could git thair before me an watch me arrive … Fur Chrissake, how blind can ye be! How fuckin blind! As soon as he'd phoned the taxi, he shot oot the door … Naw, wait a minute, no he didnae … He stood an took a good look at me … Wi a funny expression oan his face … An there wis ah thinkin he wis waantin tae say somethin lovey-dovey tae me! But he shot the craw … Slammed the door, revved his machine, an away he roared … The taxi came … Ah went doonstairs … When ah climbed in the taxi, the driver says straight aff, "Okay, don't tell me, yur aff tae Sandra's drag pairty same as the rest!" Ah wis only the fourth fucker he'd ferried thair that night! When we drew up at lights, people didnae point an say, "Look, that's Elizabeth Taylor! Look, Elizabeth Taylor!" But that wis no big deal … It wis dark in the car …

Silence.

Aw ae a sudden, ah goat scared again. Ma knees wur knoackin, ma teeth wur rattlin, ma balls wur shrivellin … An before ah knew where we wis, we drew up in front ae Sandra's …

The door opens slowly and CUIRETTE *comes into the apartment.*

CUIRETTE   (*After a long silence.*) Ah didnae go tae Sandra's party ...
HOSANNA   (*After a silence.*) Cuirette wis waitin fur me at the door wi ...
CUIRETTE   (*A little more loudly.*) Ah didnae go tae the party ...
HOSANNA   ... wi the Duchess ae Langeais ... dressed as a man!
CUIRETTE   Ah jist went fur a ride oan ma machine ...
HOSANNA   Ah should've steyed in the taxi! Ah should've sat tight soon as ah saw the Duchess stood thair dressed as a man oan Halloween. Ah should've rumbled the gemme there an then.
CUIRETTE   ... tae Lafontaine Park. Ah went back tae Lafontaine Park ...
HOSANNA   The furst thing ah seen soon's we turned intae the street wis Cuirette an the Duchess ...
CUIRETTE   No even a cat oan the prowl!
HOSANNA   ... dressed as a man!

Silence.
Nothing moves.

CUIRETTE   Ah checked oot ivry path, bawled an roared ma heid aff!
HOSANNA   When ah goat oot the taxi, the Duchess tried tae tip me aff but Cuirette shut her up, widnae lit her speak tae me ... She started tae bawl but she wis that pissed ah couldnae make oot whit she wis sayin ...
CUIRETTE   It's criminal whaat they've done, Hosanna!
HOSANNA   If the Duchess hid been able tae warn me, nane ae this wid've happened!
CUIRETTE   Ah don't like it when things git changed. Ah wis roarin, "Shower ae fuckin bastards! Yuv changed ivrythin! Fucked it up well an truly! Ya swines! Yur feart even wan dark place's left so yuv shoved up fuckin floodlights ivrywhere! Well, fuck youse, fae noo on wur gaunnae dae it right unner yir noses!" Ah swear, Hosanna, if ah'd seen a cunt ae a cop ah'd've run him doon! "Fae noo oan wur gaunnae dae it in broad daylight, ya fuckers! The polis is hoachin wi poofs! Jist like bikers! The polis an me are gaunnae go tae it, breeks aff an intae the breech, bang in the middle ae the baseball field in broad bastardin daylight!"

Silence.

If ah'd seen wan cuntin cop ah'd've crapped masel ... Ah'd've ran like fuck, same as usual ...

Silence.

Thuv ruined Lafontaine Park, Hosanna. Even it's aw changed.

Silence.

Only this place steys the same ... Time stands still jist here ... Ye know what ah'm sayin? ... Ah don't want things tae change! ...

Quietly.

You know what ah'm sayin, don't ye?

HOSANNA Nae sound ae fanfares rang oot ... When ah began tae glide up the stairs, ma balloon wis awready half-burst ...

CUIRETTE Ah nivir thoat they'd go that far ...

HOSANNA The further ah went up the stairs, the mair ah could feel somethin wis up ... Then aw ae a sudden ah hears the Duchess shoutin, "Don't go in, Hosanna, don't go in!"

CUIRETTE (*Quietly.*) ... It wisnae ma fault ...

HOSANNA Ah didnae even need tae open the door ... It opened bi itsel ... It wis a wee bit darker thin fur usual, ah couldnae see what wis waitin ... Ah walked in ... Ah walked in, bugger it, ah walked straight in!

CUIRETTE Ah nearly warned ye before ah left, but ... Evrythin wis ready ... an ... ah thoat ... ah really thoat they widnae go that far wi it ...

HOSANNA Then the lights went oan, full oan ... Fur a second ah thoat they'd planned a nice surprise fur me ... Oh, aye, they'd a surprise aw right ... But it wis far fae what ah wis expectin ...

CUIRETTE They nivir tellt me they'd go tae that length, Hosanna.

HOSANNA (*Very slowly.*) Everybody ... wis dressed ... like Elizabeth Taylor in *Cleopatra*.

A long silence.

CUIRETTE Sandra'd jist told me ...

A very long silence.

It's criminal, so it is, Hosanna, lights blazin ivrywhere!

HOSANNA The haill gang! The haill shower ae thum! Babalu, an Candy, an

Mimi, an Lolita, an Brigitte, an Carole, an ... *Sandra*! Ivry haill wan ae thae bitches! Aw wearin dresses mair beautiful thin mines! Thir faces aw mair beautiful made-up thin mines!

A pause.

Ah looked like a tink!

A pause.

They acted as if nothin wis wrong ... An so did ah ... as if nothin wis wrong ... Christ Almighty! Ah felt's if ma whole body wid explode. Ah felt like ah'd fell intae a pitch-dark hole. Ma hert wis in ma throat ... But ah didnae flinch! No sae much as wan hair flinched!

During the following two speeches, the characters speak at the same time, in the same tone of voice, at the same speed. It does not matter whether the audience hears the one or the other. CUIRETTE *speaks to* HOSANNA, *but* HOSANNA *does not listen to him and speaks to herself.*

CUIRETTE   They told me they jist intended tae play a joke ... 'cause you'd become too big-heided ... An as far as ah wis concerned, you'd become a pain in the arse as well ... Ah wis sick fed up wi yir girnin face, yir smart-alec remarks, an the continuous bloody bickerin ... Ah thoat they jist waanted tae ... learn ye a lesson ... Ah lit Sandra rope me in oan it ... You know what she's like ... And ... Well, it wis a laugh plannin evrythin wi her, Hosanna ... We'd worked evrythin oot doon tae the sma'est detail so's nothin could go wrang ... An nothin did go wrang ... It wis classic when you arrived, that coack-sure ae yirsel, proud as a queen in yir wee cheap rig-oot ... An ah laughed again when ye waltzed in an the lights wur turned oan ... Ah laughed again an again at evrythin, Hosanna, evrythin ... Because ah hated you! If you only knew how much ah've hated yir guts the past while! If you only but knew! But noo ... Ah unnerstand what we've done tae you, Hosanna ...

HOSANNA   Ah should've strangulated ivry wan ae thum wi ma bare hauns! Ah should've gutted thum alive, the bastardin bitches! But ah said tae masel, "Calm doon, Hosanna, control yirsel, act like nothin's happened. It'll only be worse if ye make a scene". Ah wis standin in the door an naebdy wis lookin at me. But ah could feel evrubdy wis watchin oot the coarner ae thir eyes tae see ma reaction. Evrubdy wis waitin fur me tae look away so's they could watch me. They aw wis waitin fur me tae crack and throw masel oan the flair howlin an greetin. But ah stood ma ground. Ah avoided evrubdy's eyes. Ah fixed ma eyes oan the mirror-ball as it slowly started tae birl an flash oot skelfs ae rid an yellie light full in ma face ... Red an yellow lights!

Silence.

Hosanna hid jist made her entry intae Rome, an evrubdy wis dressed like her! Only better!

Silence.

CUIRETTE Ah don't know how tae tell ye this ...

HOSANNA Ah walked slowly through that room fu' ae Cleopatras an sat doon at ma usual table. The waiter, tricked oot in some kinna white toga, broat me owre a drink, sayin it wis the house special that night, "The Cleopatra Cocktail". Brigitte, sat at the nixt table, burst oot laughin, an Carole elbied her tae shut up. Ah downed ma "Cleopatra Cocktail" in a wanner. It wis ginger ale.

A pause.

An then Cuirette came an sat acroass the table fae me ... a big smile oan his face.

HOSANNA *looks at* CUIRETTE *for the first time since he arrived.*

Ye widnae hiv a fag, wid ye, Cuirette? Ah'm gaspin!

CUIRETTE *takes out his pack of cigarettes, takes a cigarette out, gives it to* HOSANNA *and lights it. He then goes behind* HOSANNA *and puts his hands on her shoulders. He stays like that, immobile, until the end of* HOSANNA's *monologue.*

Sandra – who, by the by, makes fur a clapped-oot, fat Cleopatra – struggled up oantae the stage tae kick aff the show. Same stale jokes as ayeways: "Good evening, ladies, gentlemen, and others ..." The same stale crap she's been trottin oot fur years ... foallied by the same crappy songs she's been murderin fur years ... People laughed as ayeways, at the same bits, as ayeways ... Meanwhile, ah wis lookin hard at you, Cuirette. An you wur daein yir damnedest tae avoid lookin at me. Ah could see you wur burstin tae laugh. You could hardly wait fur the fat slag tae caw oot ma name so ah'd huv tae go up oan that stage an show aff ma rags!

A pause.

When the contest started, ah vernear took a fit. Ah came close tae chuckin ma second ginger ale in yir face jist so's ye'd look at me ... Ah should've goat up an left there an then! But ah couldnae. Ah hid tae see it through. Hid tae prove ... that ah'm strong, thit yur stupid jokes couldnae hurt me. Ah had tae prove tae thum thit Hosanna can take anythin, thit she's no jist anybody!

HOSANNA *leans her head on* CUIRETTE's *belly.*

If you but knew, Raymond!

A pause.

Bambi wis furst up. Her crowd, of course, judged her fabulous. Ah watched her. She was beautiful. Then it wis Candy's turn. Candy's no goat much ae a clue, but fur wance ... she'd made a special effort. They cheered an whistled ... The third Cleopatra wis Carole. Wi a long dress hidin her bowly legs she looked passable. An then ... it came ma turn. I don't know if yuv ivir heard a silence like yon, Cuirette, but ah'd nivir heard a silence like that. Nivir. When Sandra announced – naw, shouted – ma name, you'd've sworn someby'd cut the sound oaff. Ah wis nailed tae ma chair fur a few seconds. Ah could've sworn ah wis paralysed, Cuirette! Then, ah don't know who it wis, but somedy started tae chant, "Ho-Ho'sanna-Go! Ye can dae it, Taylor! Ho-Ho'sanna-Go! Ho-Ho'sanna-Go!" The haill loat ae thum wur bangin oan the tables an shoutin. You wur roarin an laughin, Cuirette ... Roarin an laughin ... An that made me determined tae go up oan that stage. Ah rose tae ma feet ... Climbed the three steps ... Deifened wi the chantin, "Ho-Ho'sanna-Go!", comin fae aw directions ... An right there, in the middle ae the stage, wi evrubdy laughin an whistlin at me, ah said tae masel, "Cleopatra's a pile ae shite! Elizabeth Taylor's a pile ae shite! You asked tae be shat oan, Hosanna-fae-St Eustache, an you've well an truly been shat oan!

... Shat oan fae a great height bi a pile ae shite!" But you listen tae this, Cuirette, ah wisnae Cleopatra, ah wis Samson! Get it? Samson! Right there an then ah destroyed ma make-believe fillum sets! 'Cause you shits hid destroyed ma make-believe life!

A pause.

Ah nivir knew you aw hated me that much ...

A very long silence.

I'm a man, Cuirette! If ah ran oot like ah did, belted doon thae stairs vernear brekkin ma neck, if ah ran away, Cuirette, it's because ah'm no a wummin ... An you're gaunnae have tae get used tae that as well ...

Silence.
A complete change of tone.

Whey did ye no go tae the party?

CUIRETTE Ah didnae feel in the mood ... An anyhow, it wis you pushed me tae go ...
HOSANNA An Reynalda?
CUIRETTE Reynalda? She can fund hirsel somedy else ...
HOSANNA So she really existed?
CUIRETTE Aye, of coorse she did.
HOSANNA My God, it's no like you tae pass up a willin victim ...
CUIRETTE The chance'll turn up again ... You're no in yir bed yit?
HOSANNA Ah went a while ago but ah couldnae git tae sleep ...
CUIRETTE Ah'm no surprised wi a face like that ...
HOSANNA Ah didnae feel like takin it aff.
CUIRETTE It's close in here ...
HOSANNA Open the windae ...
CUIRETTE Wull freeze ...
HOSANNA Then don't complain ...

HOSANNA gets into bed. CUIRETTE begins to undress.

You hivnae mentioned the smell.
CUIRETTE (*After a moment.*) What smell?
HOSANNA Ah think ah'll can sleep noo ...

CUIRETTE	Noo ah've come back …
HOSANNA	(*After a moment.*) Aye, noo you're back.
CUIRETTE	Hosanna …
HOSANNA	What …
CUIRETTE	Yir mum …
HOSANNA	What aboot her?
CUIRETTE	Is she really comin?
HOSANNA	Aye, coorse she is …
CUIRETTE	What're we gaunnae dae?
HOSANNA	She can sleep oan the flair … Come oan …
CUIRETTE	Hosanna …
HOSANNA	Whit!
CUIRETTE	Ah suppose thurs nae point noo in me sayin ah'm sorry …
HOSANNA	Nane …

CUIRETTE gets into bed.

CUIRETTE   You know? Ah don't know how tae say this tae ye, quietlike, an no shoutin at ye as usual … When ah wis cruisin roond oan ma machine thair, ah kept turnin owre in ma heid what you told me … Christ, ah feel stupid tellin ye this … See, the important thing is ah waant ye to be yirsel. That's aw … No Hosanna, yirsel … Claude … It's no Hosanna ah love…

Silence.

Go'n take yir make-up aff … Go'n, take it aff …

HOSANNA gets up and goes to sit down at her make-up table. She takes a jar of make-up remover, and then puts it down. She looks at herself in the mirror.

HOSANNA   Cleopatra's deid, an Lafontaine Park's aw lit up!

She gets up slowly, takes off her underpants, and turns, naked, towards CUIRETTE.

Look, Raymond, Ah'm a man! … Ah'm a man! … Ah'm a man! Ah'm a man, Raymond! … Ah'm a man! …

RAYMOND gets up, goes over to CLAUDE, *and takes him in his arms.*

Appendix to *Hosanna*

Bill Findlay rewrote lines in the play that referred to Cuirette being overweight. Instead, to match the lines to the actor's appearance, Cuirette is described as balding rather than fat. These changes were made for the Tron Theatre production due to the physical appearance of Peter Mullan.

Original line (p. 196):

HOSANNA   It's bad enough hivin a fatso fur a husband wi'oot him hivin jist the wan eye, an aw.

Rewritten line:

It's bad enough ma husband his a baldie patch – ah widnae want him tae hiv a gless-eye intae the bargain.

Original line (p. 197):

HOSANNA   … Aw it proves is thit fatties are attracted tae fatties …

Rewritten line:

… Aw it proves is thit fatties are attracted tae baldies …

Original line (p. 198):

CUIRETTE   It's true … Ah am gittin fat …
HOSANNA   Eh?
CUIRETTE   Ah said ah'm gittin fed up wi that bastardin sign …

Rewritten lines:

"fat" becomes "bald"
"fed up" becomes "balled aff"

Original line (p. 206):

HOSANNA   Watch yir language, Cuirette, you're becoming downright common. Since you've put on the beef, you've had a tendency to hang loose in ivry way – yir tongue included.

Rewritten lines:

Watch yir language, Baldy Crust. You're becoming downright vulgar. It's a funny thing, but when your hair started gaun wispy, yir tongue went foul in sympathy.

Original lines (pp. 211–12):

HOSANNA   (*Without looking at him.*) Ye shouldnae tie yir belt that tight.
CUIRETTE   Whaat?
HOSANNA   Yir belt's too tight, sweetie ... Yir spare tyre's hingin owre the tap ae yir strides!

CUIRETTE *looks at his belly.*

Ye'll hardly turn Reynalda oan wi that burstin oot yir troosers ...

CUIRETTE *goes up to* HOSANNA.

CUIRETTE   Ah've warned ye awready ...
HOSANNA   (Sarcastically.) Ah've been watchin the beef grouw oan you, Cuirette. Yur fatter noo thin ye wur last week, an nixt week ye'll likely be fatter again! If you go oan stuffin yirsel like a pig an pourin beer doon yir gob bi the gallon, ye'll no hiv room left tae fart in thae troosers ... Soon as ye pass wind thur gaunnae split fae toap tae boattom!
CUIRETTE   That's a load ae crap!

CUIRETTE *arranges his trousers a little.*

HOSANNA   Raymond, accept that you're no the Raymond ye once wur ...
CUIRETTE   Okay, okay, yur no tellin me anythin ah don't know. Ah'm no what ah used tae be, ah know that. Okay, ah've put oan some weight. Okay, ah hiv tae squeeze intae ma strides. But how can ah afford tae buy new wans? You tell me, eh? Ah know how ah look, Hosanna ... An ah know what front ah put oan ... But what choice hiv ah but tae make oot ah don't care? When ah catch sight ae masel in that damn

mirror ae yirs, it depresses me like fuck. Ah could run far enough. Or mebbe jist asphyxiate masel oan that honkin perfume ae yirs. Ah wis a looker wance, ah could turn heids, but no noo … Ah know how you're aye throwin this up in ma face, though, little miss beauty queen! It's because it helps you avoid facin up tae the fact thit you're gittin auld an ugly, tae! Aw, aye, yur agein tae, wrinkly features … Agein fast if the truth wur tellt … But your problem is it's no showin roond yir belly, hen, it's showin in yir face!

HOSANNA   If you don't shut it …

CUIRETTE   You like tae snigger at ither folk's fauts … Like tae laugh at ither people behind thir backs … Don't ye! … But you goat a taste ae yir ain medicine the night, didn't ye no? Finally you fund oot what evrubdy thinks ae ye, didn't ye? Aye, mebbe ah am fat, Hosanna, but at least ah can still pull thum!

Rewritten lines:

HOSANNA   (*Without looking at him.*) That wee hat's a dead give away.

CUIRETTE: Whaat?

HOSANNA   Yir wee hat. It's a dead give away. 'S obvious yir hidin somethin … yir wee baldie patch. Ah somehow don't think Reynalda'll fund that a turn-on when she wheechs yir toorie aff.

CUIRETTE   Ah've warned you already …

HOSANNA   (*Sarcastically.*) Ah've been watchin your wee baldie patch spreadin, Cuirette. It's bigger noo thin it wis last week, an nixt week it'll be even bigger again. You're startin tae look mair like a monk thin a biker …

CUIRETTE   That's a load ae crap!

CUIRETTE *pulls his hat down tighter.*

HOSANNA   Raymond, jist accept thit you're no the Raymond ye used tae be …

CUIRETTE   Okay, okay! You're no tellin me somethin ah don't know. Okay, so ma hair is thinnin. Okay, so ah'm no as young-lookin any mair. Ah know full well how ah look, Hosanna, but what choice hiv ah but tae put a front oan an act as if nothin's changed? When ah catch sight ae masel in that damn mirror ae yours, it depresses me like fuck. Ah wis a looker wance … ah could turn heids … but no noo … But fine ah know how you're aye throwin this up in ma face, though, little miss beauty queen! It's because it helps you avoid facin up tae the fact thit you're gittin auld an ugly, tae! Aw, aye, yur agein tae, wrinkly features ... Agein fast if the truth wur tellt ... But your problem is it's no showin oan the tap ae yir heid, hen, it's showin in yir face!

HOSANNA If you don't shut it ...

CUIRETTE You like tae snigger at ither folk's fauts ... Like tae laugh at ither people behind thir backs ... Don't ye! ... But you goat a taste ae yir ain medicine the night, didn't ye jist? Finally you fund oot what evrybody thinks ae ye, didn't ye? Aye, mebbe ah am gaun bald, Hosanna, but at least ah can still pull thum!

Introduction to *Forever Yours, Marie-Lou*

Martin Bowman

> When folk like us git mairried, aw ye dae is end up bein alone ... each ae ye alone. You're alone, yir man's alone ... and when weans come, they end up alone tae ... each ae us fightin like cats and dugs ... alone in oor cell, each tae oorsel!
>
> (Marie-Louise, p. 290)

The Translation

Bill Findlay and I had been thinking of a translation of *À toi, pour toujours, ta Marie-Lou* for a long time. The play is mentioned frequently in our correspondence throughout the 1980s. As early as 16 March 1981 Bill had written: 'Yes I'm keen to do a postal attempt at *Forever Yours* (unless you know of something preferable – maybe by another Quebecer?). Either write me anent it or just send an instalment of your literal translation with annotation where appropriate.'

My response to Bill's suggestion that we translate *À toi pour toujours, ta Marie-Lou* must have been equivocal. If we couldn't find a theatre to take *The Guid Sisters* where the despair is counterbalanced by humour, surely *Forever Yours, Marie-Lou,* one of the strongest expressions of Tremblay's tragic vision, would be even more difficult to sell. So, I suggested that we try *La Contrabandière* by the Acadian playwright and novelist, Antonine Maillet, who had won the Prix Goncourt in 1979 for her novel *Pélagie-la-Charrette*. This is Bill's telling response to my suggestion in his letter of 2 July 1981:

> I think in my heart of hearts you're probably right about *Marie-Lou* so another choice of play would be preferable. *La Contrabandière* sounds interesting on the basis of Maillet's reputation. The story sounds so-so as you say – that happy ending doesn't turn me on! However, if you think it's workable and the quality of the play is there, then sure let's take it. There shouldn't be any problem involved

in casting it in a Pittenweem-style of Scots as that would allow fuller vocabulary (one of the problems with *Les Belles-Sœurs* was diluting the Scots yet keeping it obviously 'Scotched' at the same time).

Bill's misgivings about the Maillet play were enough to convince me that we did not need to embark on translating a play with a happy ending. Tremblay's strength lies in his refusal to turn away from the despair of his characters. He understands his characters too much to betray them with the false hope that such an ending implies. Yet the opportunity to translate *Forever Yours, Marie-Lou* was a long time in coming.

After the 1992 production of *The House among the Stars*, Bill and I were thinking about what Tremblay play we might translate next. On 2 February 1993, Bill wrote to me about his preference:

> I said I'd reread the three Tremblay plays [*Bonjour là Bonjour*, *Forever Yours, Marie-Lou* and *Albertine, in Five Times*] and come back to you about the one seemed best to embark on. *Forever Yours, Marie-Lou* strikes me as the front runner. I think it would work well in Scots [...]. Other aspects of the play apart, the country and western element would sit well with Glasgow working-class musical preferences (even Glasgow has its own Grand Ole Opry, in Paisley Road West!).

Then, in 1993, Graham Johnston contacted Bill. He said he was interested in producing the play and that he had the possibility of staging it at the Tron Theatre for his own company, LadderMan Productions. He was not able to commit to it yet as he had to raise the money to finance it. Six months later, the play was in rehearsal with Graham Johnston as producer and director. And if it hadn't been for Graham, this essential play in terms of Michel Tremblay's achievement would probably not have been translated into Scots. This would be a collective effort, and the problems with financing the production were resolved to the satisfaction of all the participants, willing to go ahead without full payment of the usual fees. In the event, the production was very well received, and its performances in London, with excellent reviews in the London press, were the first of the three Scots Tremblays to play in England in a professional production. It was a remarkable accomplishment for Johnston, who was directing his first play and, by so doing, gave us the opportunity to translate one of Tremblay's greatest plays.

By mid-January 1994, I had finished the literal translation which I sent to Bill on 14 January. In the letter I sent with the draft I wrote:

> Well, I did it, with 20 minutes to spare! So I have no time for a letter, but I have a few points re the enclosed:
> I suggest that you read each speech ignoring my commentary to get the drift, and then look at my elaboration. I have tried to answer your questions as best I could guess. I have alerted you to some of the 'musical' effects which result from repeated vocabulary or words with the same root. Of course, as you know, the literal translation of expressions used for emphasis does not give the correct English, or Scots, equivalent. I mean such phrases as 'for example' or 'in the first place'. In these instances you should be free in your translation and true to the music of Scots.
> One word recurs many times in the text both as noun and adjective: '*écœurant*', which I have translated literally as 'the disgusting' or 'the disgusting one'. You will end up having a variety of equivalents for this, some quite free. The dictionary offers three possibilities: sickening, loathsome, disgusting. In Quebec usage, it is a term used colloquially. Your equivalents should be colloquial, too.
> Don't be too tame with Marie-Louise's language. She gets strongly idiomatic when her bitterness surfaces. I have carefully noted the few times she is called Marie-Lou: at all other times, she is Marie-Louise. [...] It's a fabulous play, Bill, as devastating as anything else Michel has done. Good luck. Let me have your questions as you go.

Working to a deadline as we had three years earlier with *Hosanna*, we had very little time for this translation. We always began with a literal translation in which I tried not to influence Bill in his first Scots draft. I elaborated further on my understanding of the language of the play within the draft itself:

> The language is straightforward Scots for the most part. Léopold is the most vulgar, and Manon the most restrained but even she is definitely in the vernacular. Her sister Carmen's language is rougher. There is a similar contrast between husband and wife, though I would not say that Marie-Louise's language is particularly tame. At first, Léopold's is the richest both idiomatically and from the point of view

of those colourful Québécois swear words. I have given you the actual words he uses.

Also, there are passages when characters repeat precisely what they have said before. And in these cases I have used identical renderings.

My literal translation of the original French was always the starting point of the process. Here are two examples of what that literal translation looked like with both the original French and what the line became by the end of the rehearsals:

First example:
> MARIE-LOUISE. T'aimes ça, te faire plaindre! Pis tu restes dans ton jus jusqu'à temps que j'te nettoye. J't'ai pas marié pour ramasser ton renvoyage de bière, Léopold![1]

Literal translation:
> You like that, to complain (i.e. to moan about, to feel sorry for himself)! And you stay there in your juice (i.e. vomit) until I clean you. I didn't marry you to gather up your beer puke Léopold! [All this is vernacular, strong, serious, and meant to shock the audience by its utter lack of sentiment. The line should produce some nervous laughter in the audience but also shock.]

Scots final draft:
> Don't you jist love feelin sorry fur yirsel, eh? Ye jist lie thair up tae yir oxters in beer an filth expectin me tae clean you up. Ah didnae mairry you, Léopold, jist so's ah could hiv the pleasure ae spongin aff your vomit! (p. 259)

Second example:
> LÉOPOLD. Tu peux aller te recoucher, Carmen, c'est pas encore à matin que j'vas tuer ta mère! La couverture du Allô Police, c'est pas encore pour la semaine prochaine! Pis prends pas la peine de marcher sur le bout des pieds, le plancher craque pareil![2]

Literal translation:
> You can go back to bed, Carmen, it is not yet the morning that I'm

going to kill your mother! The cover of 'Allô Police' (a crime tabloid newspaper which came out weekly! I think it is still published.),[3] it's not yet for next week! [In other words, he's saying that the story of the murder will not be on next week's cover] And don't take the trouble to walk on tiptoes, the floor still creaks!

Scots final draft

Ye kin go back tae yir bed, Carmen, it's no this moarnin ah'm gaunnae murder yir mither! Ah've tellt the newspapers tae haud the front page fur nixt week! It's no worth the trouble creepin aboot oan yir tiptaes ... the flair still creaks! (p. 261)

The Production

On 1 February 1994 Graham Johnston wrote to me:

This is to confirm the details of the above production. It will play at the Tron Theatre, Glasgow from 8 to 17th April 1994. Rehearsals will begin 14th March 1994. I know that your attendance during rehearsals on previous translations of Michel Tremblay's work was invaluable to the companies involved. Although I realize that your academic commitments make travelling difficult for you, I'd very much like you to be able to attend rehearsals in Glasgow for a week or so. I feel very strongly that it would be a huge benefit to the production to have not only the access you would bring to the source work, but also your background knowledge and enthusiasm.

Two weeks later I had a fax from Graham offering some assistance with airfare, and so I was able to get to Glasgow for a week of rehearsals. Sadly, I was unable to get back to Glasgow for the production. It was the only one of the Scots Tremblay productions where I was unable to attend a performance.

Bill wrote to me about last minute arrangements on 12 March 1994:

Rehearsals will be at the Tron, in the upstairs room where we had the first read-through of The Guid Sisters [in 1989] ... I think, and I hope you feel the same, we should put a day aside to go over the script and my queries. [...] Graham is travelling up from London Sunday evening and I said I'd let him know if we would be tied up or not on Monday.

If we're free Monday, he'd be happy to have a chat with us about the play. He's got a London venue for a two-week run after Glasgow with the option of a third week: the Red Lion, Islington. It's a wee theatre in a pub, but it's a recognized venue. He wants to revive the production later this year, too, and is pursuing that.

Bill and I were in Glasgow for rehearsals and meetings to do with the production in mid-March. The day of my arrival, I had my first chance to read Bill's final pre-rehearsal draft. Then Bill and I had our face-to-face meeting for final discussion about the script, this on the eve of rehearsals! The next day we met the cast as I recorded in my diary for 15 March:

> Soon the company had gathered, Graham, wonderful Peter Mullan, Andrea Gibb, a natural frown perfect for Marie-Lou, from Greenock, Vicky Masson fae Aiberdeen, lovely accent which has no place in the play, Fletcher Mathers who Bill found to be a perfect Carmen. Everyone looks good for their parts. Graham has put together a promising cast. Bill and I put in yesterday's changes and then we had a run-through of one hour twenty minutes, the magical moment at the beginning as another Scots Tremblay took voice. [...] Graham was excited, saying the Scots text had taken the play a quantum leap for him.

Bill and I continued to work on the script throughout this week of rehearsals. On 18 March we spent the day in rehearsal as recorded in my diary:

> We heard a read-through of version 2 and discussed certain problems of text and pronunciation with the company. Bill was gone by 2:30, our farewells in the Tron Bar. Andrea Gibb (Marie-Louise) was off for the London train, gravel-voiced Peter Mullan, was away, Vicky and Fletcher worked with Graham and me until 5:15. As we talked about the play, however, a big question emerged, the possibility that the car ride ended in an accident as Leopold had a fit. That's opening up the question of who is telling the truth, or rather that there is no one specific truth, certainly what Tremblay does later in *The Real Wurld?*

And then I was away back to Canada, regretting that this time I would not be able to see the production and awaiting Bill's impression. This came in a letter dated 18 April:

> Another review appeared yesterday in Scotland on Sunday herewith enclosed. It's great that all three reviews have been favourable. The translation doesn't get a mention but I think that's evidence it's doing its job: we intended it to be restrained – and of course it's the least idiomatically colourful of our five Tremblays, so the language doesn't draw attention to itself. Maybe, too, Tremblay in Scots is no longer cause for comment; maybe it's just accepted now in the way that we wanted to happen from the outset.
>
> I went back to see the show on Saturday. It had improved quite a bit from my perspective. They were confident with the language and the cues, and the echoed words and phrases etc. were working nicely. [...] The show had a darker quality for me, which I liked. There wasn't much laughter and the audience were rapt. [...]
>
> I managed to say hullo to all the cast that night. As per our previous experience with the Tremblays, they've found working on this show something special; even Peter thinks it's the hardest thing he's ever done [...] I phoned Graham at the theatre after the show last night to see how it had gone and to give him my best wishes for London. He's really chuffed with how the whole thing has gone and was very complimentary about our 'brilliant' translation [...].

Graham Johnston wrote to me (29 June 1994):

> Enclosed are all the reviews and press I know of. Basically the critical and peer response has been fantastic, but you can read that for yourself. What really matters, besides them, what counts for me is that I was absolutely thrilled by the process of staging it and feel that for everyone involved it was a great success, artistically. I think that everyone was stretched and challenged in very positive ways.

The London run of *Forever Yours, Marie-Lou* reassured Bill and me about the exportability of the Scots Tremblays beyond Scotland. Our agent Pauline Asper reported in a letter to me on 11 May 1994 after she saw the production in London:

> [...] I thought the show, and your translation, was terrific when I finally saw it at the Old Red Lion last week. *Time Out* would seem to agree and I enclose a copy of the review for you. It's just the sort of further endorsement you and Bill need, and I'm delighted it came as the result of the English run of one of your translations.

And later that year in a letter dated 9 September 1994 to Gaynor Macfarlane of the Gate Theatre, Notting Hill, Bill summarised what the production in London had shown:

> I shouldn't imagine the language of any of the [...] translations would prove difficult for a London audience. When our only Tremblay to come to London, *Forever Yours, Marie-Lou*, played the Red Lion in May this year, critical comment on the language of the translation was favourable: 'Martin Bowman and Bill Findlay's wonderful translation' (Time Out);[4] 'the translation into Scots dialect, by Martin Bowman and Bill Findlay, is full of points of interest and small felicities' (The Independent).[5] Of relevance too is that comprehensibility did not prove a problem when The Guid Sisters toured to Toronto and Montreal and The Real Wurld? played Long Island, New York.

The Play

In the autumn of 1991, the Théâtre d'Aujourd'hui in Montreal produced *La Trilogie des Brassard*, which consisted of *À toi, pour toujours, ta Marie-Lou*; *Sainte Carmen de la Main*; and *Damnée Manon, sacrée Sandra*. It was possible to see all three plays in one day. *À toi, pour toujours, ta Marie-Lou* was written in 1970 and premièred in April 1971. It was Tremblay's second full-length play to be produced, the first being *Les Belles-Sœurs* in 1968.[6] In his programme note, entitled ironically 'Comment se construire une famille', or, 'How to Construct a Family', Tremblay connects his inspiration for the play to the tumultuous events of the autumn of 1970 known as the October Crisis, when the FLQ [Front de libération du Québec] kidnapped James Cross, a British diplomat, and Pierre Laporte, a Quebec cabinet minister in the provincial government, who was found dead a week after his kidnapping. The goal of the FLQ was Quebec independence and the founding of a socialist republic. These events precipitated what has been considered as the greatest political crisis in peacetime in Canadian history. It was in this atmosphere that Tremblay wrote À *toi, pour toujours, ta Marie-Lou* as he made clear in his note in the programme:

> It is obvious that La Trilogie des Brassard was not planned in advance. In any case, if I said the opposite, you would not believe me. After the events of October 1970, I felt like putting a bomb under the family unit or cell, such as we knew it at that time. So I invented a family of four persons of which the parents, Marie-Louise and Léopold, would up to a certain point represent the Quebec of the past, with its frustrations and ignorance, and their daughters, Carmen and Manon, two projections of the Quebec of the future: I made of Carmen a liberated woman who takes her life into her own hands and of Manon a victim of the past who wants to stay mired in her mother's religiosity.[7]

When John Linklater reviewed *Forever Yours, Marie-Lou*, in an article entitled – perhaps with unintentional irony – 'The Canadian connection', he summarised where Bill and I were with our translations of Tremblay so far:

> Michel Tremblay is the most regularly staged playwright in Scottish theatre. That is an unexpected achievement for a 51-year-old from Montreal who writes in Québécois French. In the translations into Scots by Martin Bowman and Bill Findlay, the plays of Tremblay achieve an astonishing affinity of class, religion, voice, and emotional repression for Scottish audiences. *Forever Yours, Marie-Lou* is his fifth piece to be presented here since 1989, and its impact is devastating.[8]

It's interesting that this early work is often singled out as one of Tremblay's 'greatest' plays. What is it about this play that evokes that kind of superlative? It is certainly among his darkest, a meditation on death and unhappiness. These early plays, *The Guid Sisters, Forever Yours, Marie-Lou*, and *Hosanna* all demonstrate Tremblay's early experimentation with dramatic structures that are not bound by conventional time.

Forever Yours, Marie-Lou, the second of these three plays to be written, takes the treatment of time a step further than the other two plays, as described in the introductory notes in the script. At the outset it becomes clear that the action in the play takes place in two times, the day that Léopold and Marie-Louise die and the anniversary of their death ten years later when the two sisters argue about their parents, Carmen on her father's side and Manon on her mother's. They may argue, but, like their parents, they never look at each other. The words are thrown out into the staring darkness.

Léopold more than once threatens Marie-Louise that he will murder her, and he even mentions how, but there is also the possibility that, whatever Léopold's intention, the fatal 'accident' may have occurred because of his mental illness and frequent fits and is not an act of willful murder. Tremblay leaves that open: is the accident a murderous act, or the result of a hereditary madness that has blighted his family for generations? In terms of Tremblay's declared intention of destroying the Quebec family in this play, it may be the latter interpretation of the ending that is more tragic. The tragedy of one family becomes the tragedy of a nation.

Tremblay's sympathy lies with all his characters. He understands the profound unhappiness of each of them and that he cannot save them from their fate. For example, he gives Léopold a long speech about the misery of his job that allows the audience to understand the dire circumstances of his working life. Marie-Louise, too, is caught in the familial cycle of despair. She has shaped her life by the failed escape she hoped for with Léopold from her own family where she heard her mother despairing about her sexual 'duties' in marriage. Marie-Louise expresses her hope that the baby she is expecting will finally teach her to love. She now thinks she may be capable at last of loving. But Tremblay dashes that hope as the unborn child as well as the young son Roger will also die in the accident at the end of the play. Her escape from the past is as doomed as Léopold's, condemned as he is by his hereditary illness.

Tremblay is a daring writer, and nowhere in his plays is that more obvious than in this play. Marie-Louise and Léopold have had sex only four times, and each time he came to her in a drunken stupor, and each time, as far as Marie-Louise is concerned, she was raped, and each time she became pregnant. That is the horrifying truth that Tremblay persuades us to believe in his portrait of the ongoing tragedy of this family's life. The family is a prison as Marie-Louise describes '[...] each ae us fightin like cats and dugs ... alone in oor cell, each tae oorsel!' (p. 290). The homonyms of 'oor cell' and the Scots 'oorsel' resonate as one of the finest moments in the Scots Tremblays, where the one language echoes and amplifies the other.

When the ASL agreed to publish our eight Scots translations of Michel Tremblay in two volumes, my first inclination had been to suggest a chronological order of the first productions of each of the translations.

However, when I looked at what this would mean, I immediately felt that *Forever Yours, Marie-Lou*, even though it was the fifth of our translations to be produced, belonged in the first volume because it was premièred at the Tron Theatre during the fabled years of Michael Boyd's tenure as artistic director. Even though it was not a Tron Theatre production, I felt that it belonged with those other plays of the Boyd years. This volume comprises Tremblay's first three full-length plays – *Les Belles-Sœurs*, *À toi, pour toujours, ta Marie-Lou*, and *Hosanna*, and his tenth play, *Le Vrai Monde?*, which in its dissection of the family, strongly resembles *Forever Yours, Marie-Lou*. It also allows the reader to see how Tremblay infiltrated his political views into his early work, that the first three plays are concerned not only with the characters in their domestic situations but also with the question of Quebec independence in those tumultuous years.

Endnotes

1. Michel Tremblay, *À toi, pour toujours, ta Marie-Lou, Théâtre I* (Montreal: Leméac/Actes Sud, 1991), p. 103.

2. Ibid., p. 105.

3. *Allô Police* ceased publication in 2003.

4. 'Forever Yours, Marie-Lou', *Time Out*, 4–11 May 1994.

5. Robert Hanks, 'Great repression', *Independent*, 4 May 1994.

6. *La Duchesse de Langeais*, a monologue for a drag queen, was produced in 1969. Although in two acts, it is not a full-length play, occupying only twenty pages in the Leméac edition of Tremblay's *Théâtre I*, which includes his first ten plays, all but this one full-length, from *Les Belles-Sœurs*, his first play to be produced, to *Le Vrai Monde?*, first produced in 1987. La Duchesse de Langeais is the stage name of Édouard, the brother of Albertine, one of the most important characters in Tremblay's œuvre. He appears in *The House among the Stars* and is mentioned in *Albertine, in Five Times*, both of which are included in *Michel Tremblay: Plays in Scots*, Volume 2.

7. Michel Tremblay, 'Comment se construire une famille', Programme, *La Trilogie de Brassard*, Théâtre d'Aujourd'hui, Montreal, 1991: 'Il est évident que «La Trilogie de Brassard» n'a pas été planifiée d'avance. De toute façon, je vous dirais le contraire que vous ne me croiriez pas. J'ai d'abord eu envie, après les événements d'octobre '70, d'essayer de placer une bombe dans la cellule familiale telle que nous l'avions connue jusque là. J'ai donc inventé une famille de quatre personnages dont les parents, Marie-Louise et Léopold, représenteraient jusqu'à un certain point le Québec au passé avec ses frustrations et ignorance, et chacun des deux enfants, Carmen et Manon, deux projections du Québec dans l'avenir; j'ai fait de Carmen une femme libérée qui prend sa vie en mains et de Manon une victime du passé qui veut rester confite dans la religiosité de sa mère' [my translation].

8. John Linklater, 'The Canadian connection', *Herald*, 11 April 1994, p. 6.

FOREVER YOURS, MARIE-LOU
(À toi, pour toujours, ta Marie-Lou)

by

Michel Tremblay

Translated by Martin Bowman and Bill Findlay

ASL Publication Version 2023

À toi, pour toujours, ta Marie-Lou premièred at the Théâtre de Quat'Sous, Montreal on 29 April 1971.

Forever Yours, Marie-Lou, the Scots translation, was presented by LadderMan Productions at the Tron Theatre, Glasgow, 8–17 April 1994. It was also presented at the Old Red Lion, London, 26 April–7 May 1994.

Cast

MARIE-LOUISE	Andrea Gibb
LÉOPOLD	Peter Mullan
CARMEN	Fletcher Mathers
MANON	Vicki Masson

Director/Designer	Graham Johnston
Music	Gordon Dougall
Lighting Designer	Stewart Steel
Costume Designer	Frances Robertson

Characters

MARIE-LOUISE (in her forties)
LÉOPOLD (in his forties)
CARMEN (26 years old)
MANON (25 years old)

Translators' note:
ù in the text indicates Scots pronunciation of the vowel as in English pronunciation of DULL not FULL.

The set is divided into three parts: centre upstage, a very clean but very dark kitchen, decorated exclusively with religious pictures, statues, candles, etc.; to the left, a sitting room with a sofa, a television, and a small table; to the right, a tavern table with three chairs. The kitchen should be as realistic as possible, but the two other parts of the set may be incomplete, or only suggested.

At the back, above the three parts of the set, is hung a huge photograph of four young women in the 1940s facing the camera and smiling broadly. At the bottom of the photograph is written: "À toi, pour toujours, ta Marie-Lou." ["Forever Yours, Marie-Lou."] Above the head of one of the young women, a child has made a small cross and written: "Maman, à dix-huit ans." ["Mum, eighteen years old."]

The double action of the play takes place in the kitchen but I wish to 'install' MARIE-LOUISE *and* LÉOPOLD *in the places where they are happiest:* MARIE-LOUISE *is therefore knitting in front of the television;* LÉOPOLD *is seated at a table in a tavern in front of half-a-dozen bottles of beer. As for* MANON *and* CARMEN, *they are actually sitting in the kitchen.*

*The two conversations (*MARIE-LOUISE–LÉOPOLD *and* CARMEN–MANON*) take place ten years apart but are constantly mixed together; it is therefore crucial that the audience sense that* MARIE-LOUISE *and* LÉOPOLD *are in 1961 and that* CARMEN *and* MANON *are in 1971. It is also important (by a change in lighting perhaps) that the audience is made aware when* CARMEN *and* MANON *become characters in the past; that is, girls aged fifteen and sixteen.*

The characters never move and never look at one another. They look straight ahead. MARIE-LOUISE *and* LÉOPOLD *will only look at each other for the last two speeches of the play.*

MARIE-LOUISE   The morra ...
CARMEN   Jeez ...
LÉOPOLD   Aye.
MANON   But ...
MARIE-LOUISE   The morra ...
CARMEN   Jeez ...
LÉOPOLD   Aye.
MANON   But ...

Silence.

MARIE-LOUISE   The morra, hivtae ...

CARMEN Jeez, it's awready ...
LÉOPOLD Aye, ah know ...
MANON But it seems ...

Silence.

MARIE-LOUISE The morra, hivtae go ma mum's, fur a meal ...
CARMEN Jeez, it's ten years awready ...
LÉOPOLD Aye, ah know ... some piggin fun that'll be ...
MANON But it seems like it happened only yistirday.
MARIE-LOUISE Ye think ah'm lookin forrit tae gaun thair?
CARMEN Ten years ...
LÉOPOLD Well, if you don't waant tae go either, let's bloody well no go then!
MANON Ten years ...
MARIE-LOUISE Wid ye like anither cup ae coffee, Léopold? (*Silence.*) Wid ye like anither cup ae coffee, Léopold? (*Silence.*) Wid ye like anither cup ae coffee, Léopold?
CARMEN Ten years!
LÉOPOLD Naw, but dae us anither two slice ae toast!
MANON Ten years ...
LÉOPOLD Dae us anither two slice ae toast.
MARIE-LOUISE You should caw canny oan the breid, no eat sae much ae it ... The doactir ...
CARMEN A loat ae water's flowed unner the bridge since then ...
LÉOPOLD Bugger the doactir. Jist dae us anither two slice ae toast ...
MANON No.
LÉOPOLD And see'n no burn thum!
MANON Ivrythin's steyed the same ...
LÉOPOLD Ah waant thum lightly brooned.
CARMEN Fur you mebbe.
LÉOPOLD Lightly brooned.
CARMEN Fur me, ivrythin's cheynged ...
LÉOPOLD Ach, jist forget it! Ah'll make it masel.
MARIE-LOUISE Ah kin make toast! Ah'm no a cripple!
CARMEN Ivrythin's cheynged.
MARIE-LOUISE Ah'm no a cripple!
MANON If you think jist walkin oot that door cheynges ivrythin ...

CARMEN   Ah don't think it, Manon, ah've did it ...
LÉOPOLD   Ah think ah'll hiv that cup ae coffee noo.
MANON   Aye, an look what yuv become!
LÉOPOLD   If it's no cauld!
MANON   Aye, an look what yuv become! Ye look like somethin oot a circus!
LÉOPOLD   The last cup wis lukewaarm ...
MANON   Ah'd be embarrassed tae go oot in the street lookin like that!
MARIE-LOUISE   How did ye no stey in yir bed?
MANON   Wid you mind tellin me ...
MARIE-LOUISE   It's Setturday ...
MANON   ... where ye dug up that rig-oot?
CARMEN   When ye decide it's time tae change, Manon, ye hiv tae cheynge ivrything! Ivrything!
LÉOPOLD   You wakened me when ye goat up this moarnin.
CARMEN   In ten years ah've cheynged intae somedy different ...
MARIE-LOUISE   Oh? ... Ah dinnae see how ah could've ... Ah wis careful no tae disturb ye ...
MANON   Ten years ...
LÉOPOLD   Ye wakened me by jumpin oot ae bed, Marie-Louise!
MANON   Ten ...
LÉOPOLD   The racket ye made in that lavvie ... ah heard ivery single bloody sound!
MANON   It's hard tae believe ...
LÉOPOLD   Ye left the door open intentionally so's we aw could hear, eh? So's ye could act the martyr the rest ae the weekend, in't that right?
MARIE-LOUISE   Look, ah didnae hiv time tae close the toilet door! Ah hid tae run! Ah didnae hiv time tae close it!
LÉOPOLD   Aw, come aff it, ye must've knew ye wur gauntae be sick! Ye shoulda goat up in plenty time!
MANON   Day in day oot ... like livin in a fog.
CARMEN   That's because it's how you've waanted it tae be ... If ye'd try tae go oot mair ...
LÉOPOLD   We'll be hearin aboot nothin else aw weekend noo ...
CARMEN   But, oh no, you prefer tae spend yir life dwellin oan that bloody Saturday ...
LÉOPOLD   It's the furst thing ye'll tell yir mither aboot the morra ...

CARMEN   You make yirsel a prisoner in this kitchen an spend yir life thinkin aboot thaim!

LÉOPOLD   Ye'll turn oan the tears tae git mair sympathy ...

CARMEN   Fur the past ten years, you've did nothin but harp oan aboot thum!

LÉOPOLD   You're good at that, eh? Turnin oan the tears like a tap.

CARMEN   Gie yirsel a shake! Snap oot ae it! Git oot the hoose mair!

MANON   Fae where ah'm staunin, the ootside world disnae look that great!

CARMEN   Thanks very much, ah don't think!

LÉOPOLD   An then yir mither'll turn oan me wi wan ae her stupit bloody sermons!

MANON   Ah don't feel like dressin masel up in a circus outfit so's ah kin kid oan tae masel life is great! No eftir whut happened!

LÉOPOLD   Ah'm warnin you here'n noo, if your mither gies me anither wan ae her stupit bloody sermons ah'll ram ma fist doon her throat!

CARMEN   But Christ, it's ten years since it happened! Forget it!

MANON   Supposin it wis fifty year ago, whit difference wid that make, eh? Whit difference wid that make!

MARIE-LOUISE   Dae ah no hiv the right tae be sick?

MANON   You've niver stoapped fur two seconds tae think aboot what he done, hiv ye? His it niver croassed your mind that ...

CARMEN   That what?

MANON   Och, nothin ... nothin.

MARIE-LOUISE   Ah've every right tae be sick. Even supposin ah did make a wee bit ae noaise, aw ye hid tae dae wis turn ower an go back tae sleep, same as ayeways! You dinnae gie a monkeys if ah'm sick!

LÉOPOLD   When've ah said ah dinnae gie a monkeys?

MARIE-LOUISE   But it's no that when you're sick, though, eh? You dinnae even git up! Ye jist lie thair, rollin aboot an moanin aboot how yur gaunnae die, then ye spew up aw ower the bed! Pig! So ma mother should gie you sermons! Ye act like a piggin wean!

CARMEN   You still think yir cleverer than me, don't ye?

MANON   Uv course ah don't!

CARMEN   Then how come ye didnae finish what ye wur sayin? Fine well you know it gits oan ma nerves when you start tae say somethin an dinnae finish it!

LÉOPOLD   Look, you, when the sickness comes ower me it happens aw ae a sudden ... ah hivnae time tae dae anythin ...

MARIE-LOUISE Bloody liar!

MANON It wis nothin you didnae already know ...

MARIE-LOUISE Don't you jist love feelin sorry fur yirsel, eh? Ye jist lie thair up tae yir oxters in beer an filth expectin me tae clean ye up. Ah didnae mairry you, Léopold, jist so's ah could hiv the pleasure ae spongin aff your vomit!

LÉOPOLD Ye didnae mairry me fur anythin else either!

MANON Ah jist wanted tae talk aboot what Dad done ...

MARIE-LOUISE What's that supposed tae mean?

CARMEN We don't know fur sure he did anythin, Manon.

LÉOPOLD Ach, nothin ... nothin.

CARMEN There wis niver any proof ...

MANON What proof d'ye need?

MARIE-LOUISE Fine well you know it gits oan ma nerves when you start tae say somethin an dinnae finish it!

LÉOPOLD Everythin ah wis gaunnae say tae you, Marie-Louise, wis in what ah said! You didnae mairry me fur anythin else, either! Ah couldnae pit it clearer! End of story!

CARMEN You've goat tae stoap thinkin aboot it, Manon. You're imaginin things 'at niver happened.

MANON Niver happened!

CARMEN No in the wey you imagine ...

MANON You think it didnae happen that wey? Well, do ye?

CARMEN No.

MANON Damned liar! Fine well you know it did! Evrubdy knows it did! But you will persist in closin yir eyes tae the truth!

CARMEN And you will persist in blamin him fur things he didnae dae!

MANON We heard him wi oor ain ears! Stoap thinkin aboot that?! How kin ah stoap thinkin aboot that! Ah kin niver stoap thinkin aboot that, Carmen! Even when ah'm at ma work, ah've nae peace ... ah kin niver git it oot ma mind! An when ah come hame ...

CARMEN Ah've tellt ye God knows how many times, ye should flit fae here! But you're no waantin tae flit, ur ye? You don't waant tae forget, do ye?

LÉOPOLD Marie-Louise, yir toast is burnin!

MANON Don't you think fur wan minute that me flittin oot ae here wid cheynge a thing!

LÉOPOLD   Marie-Louise, yir toast is burnin!

MANON   Ah wid still hear thum, Carmen! Ah couldnae run away fae thir voices that easy!

LÉOPOLD   Marie-Louise, yir toast is burnin! You're daein it oan purpose!

CARMEN   You're like him, right enough.

MANON   Carmen!

MARIE-LOUISE   Keep yir voice doon! They'll hear ye halfwey doon the street!

CARMEN   Ah'm sorry … Ah didnae mean tae say that … It's jist sometimes you act like yur no aw thair …

MARIE-LOUISE   An ye'll waken up the weans again!

Sudden change in lighting.

   An ye'll waken up the weans again!

MANON   Carmen, hear that? They're fightin again!

CARMEN   No, they're no! They're no fightin! … They're jist arguin …

MANON   It always starts like this an ends up in ructions!

CARMEN   It'll no … They'll no start fightin.

MANON   Go'n see.

CARMEN   How?

MANON   Go'n see what thur daein.

CARMEN   Naw, ah'll no!

MANON   Go'n keek, thull no hear ye. Ah waant tae know what thur sayin!

LÉOPOLD   Thae weans …

CARMEN   Yur no needin tae know what thur …

MANON   Ah waant tae know what's bein said! Ah'm no waantin him insultin her again!

LÉOPOLD   Thae weans urnae asleep …

MANON   Ach, niver mind, ah'll go masel!

LÉOPOLD   Ah've only tae pit wan fit oot the bed an thae weans are awake!

CARMEN   You better no git caught!

LÉOPOLD   Disnae maitter supposin ye whisper, they fund a wey tae hear whit yur sayin! Thurs nothin they don't hear! Nothin they don't know! Thur ayeways hidin at the back ae doors listenin tae us! Ah bet ye thirty cents that Carmen's at the back ae that kitchen door …

CARMEN   Come back, Manon, ye'll git caught!

MARIE-LOUISE   Ye must be shair ae yirsel tae risk loassin thirty cents!

LÉOPOLD Ye kin go back tae yir bed, Carmen, it's no this moarnin ah'm gaunnae murder yir mither! Ah've tellt the newspapers tae haud the front page fur nixt week! It's no worth the trouble creepin aboot oan yir tiptaes ... the flair still creaks!

MANON They knew ah wis thair ...

CARMEN Ah warned ye.

MANON They thoat it wis you ...

CARMEN Aw, great! It's me'll git the rollickin as usual!

MANON We wur lucky Roger didnae waken ...

CARMEN Go back tae yir bed ... It's nothin tae worry aboot ...

LÉOPOLD (*During this speech the lighting returns to normal.*) It's no weans we hiv, it's spies! Ayeways stickin thir noses in where they dinnae belang! Ah'm gaunnae leather thum stupid wan ae thae days ...

MARIE-LOUISE Aye, wan ae thae days ... That's you ower the back, sonny boy! Niver see tae things noo, though, eh? Naw, always later ... in a wee while ... or mebbe the morra ... or nixt week even eh? ... In other words, nivir!

CARMEN Ye shoulda taen ma advice ...

MANON If ah'da follied your advice, ah'da ended up like you the day! No thanks very much!

CARMEN Christ, let me finish, wùll ye!

MANON And you swear as well!

CARMEN Ah kin nivir git oot mair than two words an you're interruptin me! Ah've niver asked ye tae be like me!

LÉOPOLD Dinnae bother yirsel aboot the toast, Marie-Louise, dinnae make any mair. Ah'll scrape the burnt bits aff!

CARMEN It's you who pit it intae yir ain heid ah waanted ye tae be like me! Ah'm no askin ye tae copy ma example! Ah jist waant ye tae git oot this place ... stoap livin in a dream-world ...

MANON It's no a dream-world! You know fine it's no a dream-world! You're the wan 'at lives in a dream-world! You're the dreamer!

LÉOPOLD Thur any peanut butter left?

CARMEN Meanin you live in the real world, ah suppose?

MARIE-LOUISE Yes.

CARMEN If that's the case, ah prefer ma dream-world ...

MARIE-LOUISE Well, ah mean, thurs a new jar ... The ither wan wis finished.

MANON   Jist stey the wey ye are, then ... Ah hivnae asked you tae shake yirsel oot ae it ...
LÉOPOLD   So ... go'n get it ...
MARIE-LOUISE   They wur oot ae the smoothy kind, Léopold, so ...
LÉOPOLD   (*Hitting the table with his fist.*) Yuv boat crunchy again!
MARIE-LOUISE   They didnae hiv the smoothy kind! Jesus wept!
CARMEN   Christ, you're stupit!
MARIE-LOUISE   Yur no gaunnae kick up a song'n dance aboot six cents!
MANON   That's right, ah'm stupit! You've ayeways said it!
LÉOPOLD   Too-bloody-true ah'm gaunnae kick up a song'n dance! If it's no the peanut butter thit's coastin mair, it's the meat's noo 69 cents a pund instid ae 49; and if it's no that it's somethin else is dearer! Ye always manage tae organise it so yur tappin me fur mair money bi a Tuesday!
MARIE-LOUISE   You niver gie me enough!
LÉOPOLD   Niver gie ye enough?! Ah gie ye too much ... Fur Christ's sake ... that's the trouble! Fine well you know how much ah make a week sweatin ma guts oot behind that bastardin machine tae gie you a livin!
MARIE-LOUISE   Fine well ah know it's starvation wages ye bring in but that's nae reason fur us tae go wi'oot crunchy peanut butter! When you're sweatin yir guts oot behind yir bastardin machine, tell yirsel at least the morra ye kin eat crunchy peanut butter instid ae smoothy peanut butter! It's better than bugger all, fur Christ's sake!
CARMEN   Ah'm gaunnae tell you somethin you're no gaunnae like, Manon. You are like him! Jist like him!
MARIE-LOUISE   Every time ah buy somethin a wee bit dearer you go aff the deep-end, but that disnae stoap ye fae piggin yirsel oan it, dis it? Soon's ye stoap roarin yir heid aff ye start wolfin in tae make shair you git the lion's share!
CARMEN   Nothin tae say, eh?
LÉOPOLD   It's only right thit the heid o' the faimly gits the lion's share! It's him caws his pan oot tae earn a wage tae keep yese aw. If ah wisnae here, yese'd sterve like rats ...
MARIE-LOUISE   If you wurnae here, we widnae be here neither and we'd be a damn sight better aff!
CARMEN   You know it's true, don't ye?

MARIE-LOUISE How no hiv mair toast, eh? How no jist finish what's left ae the breid, eh? That wey ye kin shout yir heid aff again when ah send wee Roger fur anither loaf. When we wis furst new-merrit you'd walk three mile jist tae save two cents oan a tin ae sardines! Noo yur a fat, lazy gett, yur happy tae sit back oan yir fat arse an bawl! But ah'll tell you this, Léopold, ah liked it better when you walked the three miles! Oh, aye, ah could've went tae Steinberg's tae buy smoothy but ah didnae feel like it! Sure, ah could've saved six cents – big deal! It's a long wey tae Steinberg's in the winter cauld and ah'm no fur gettin ma feet frozen jist fur tae save six cents!

CARMEN An that's how you've kept oan hatin him, cause you an him ur alike!

LÉOPOLD So who's shoutin thir heid aff noo then?! D'ye waant me tae open the windae's so's the neebors kin hear ye an spread it roond ah starve ye?!

MARIE-LOUISE Thurs nae danger ae you openin the windae! That wid lit the cauld in an we'd hiv tae turn up the heatin! Oh, and by the way, while wur oan the subject ... the ile's near finished. Ye gaunnae hiv us sittin here perishin wi cauld like ye did last year?

MANON Wan time ... when we wis weans, you'n me ... ah wis aboot six or seven ...

MARIE-LOUISE Dinnae act like ye dinnae hear me, Léopold! We're oot ae oil!

LÉOPOLD Bloody order some oil then! Order some! Phone Texaco!

MARIE-LOUISE Ye dinnae heat a hoose wi Texaco, ya ignoramus!

LÉOPOLD We might as well git a direct supply piped in an be done wi it!

MANON We hid been invited tae ma Mum's sister's ... ma Auntie Marguerite's ... ah think it wis durin the hoalidays ... evrubdy wis thair ... the haill faimly ... there musta been fifty ae us in the hoose ... we didnae hiv a car at that time so we went oan the tram ... you wur haudin Dad's hand and ah wis walkin along beside Mum ... ah wis tryin tae walk like her ... and tae smile like her ... ah kept tryin tae get her tae take ma hand but she kept lettin go ae it ... as if she'd forget she wis haudin it ... she kept lettin it go, sudden-like ... when we goat tae ma Auntie Marguerite's, evrubdy wis aw ower us ... ye know how they ur oan her side ae the faimly, aw lovey-dovey ... kisses here, kisses thair ... and aw ae a sudden Grandpa's liftin baith us up ... he's laughin, and ah'm feelin aw excited fur he's that tall an ah'm feelin really high up ... he looks at you and he says, "You're a bonny wee bizzum – the spit ae yir mither!"... evrubdy wis laughin ... but when he looked at me, ah stoapped laughin ... ah knew what he wis gauntae say aboot me ... ah started strugglin tae git doon ... ah didnae waant him tae say it ... "And you, Manon, you're the livin image ae yir faither!" ... ah coulda killed him ... ah started hittin him in the face an screamin blue murder ... they talked aboot it fur years eftirwards ... when they eventually managed tae quieten me doon, they said ah wis a bad wee gett, a wild yin needin takin in hand ... half-cracked ... jist like ma faither ... Grandpa nicknamed me "Manon-the-maddie" ... when we goat hame tae oor hoose, ah goat the leatherin ae ma life ... he wis fu', and he wis roarin and shoutin, "You dinnae waant tae look like me, eh! You dinnae waant tae look like me!" ... He knew ...

MARIE-LOUISE Look at that jar ae peanut butter ... it's half-empty awready! An that wis jist wi two slice ae toast ...

LÉOPOLD It's me's peyed fur it!

MANON He wis the only wan who knew ...

CARMEN You sure?

MARIE-LOUISE That works oot at ... five jars ae peanut butter fur wan loaf ae breid ... An this is a man earns peanuts fur wages!

CARMEN Ah don't see what difference it made whither ye looked like him or like her ...

MANON He wis a twisted gett! Ah didnae waant tae look like him!

CARMEN He wis nae mair twisted than the rest ae us ... he wis mebbe jist a bit mair scunnered ...

MARIE-LOUISE Ah'm gaunnae waash the dishes ... Lift yir elbies, ah waant that tablecloath aff ... Unless, uv coorse, yir plannin tae wire intae that jar ae peanut butter wi a spoon like ye dae at nights!

LÉOPOLD Whut? Whut did you say thair?

MARIE-LOUISE (*Whispering.*) Dae you think ah don't know you gien the wee wan a leatherin fur nothin the ither day?

The lighting changes.

Dae you think ah don't know it wis you bloody finished the big jar ae strawberry jam?

MANON Carmen, they've stoapped shoutin ...

MARIE-LOUISE (*Whispering.*) When you git up durin the night, the racket you make fartin an spittin must make the neebors think thir ceilin's fawin in!

MANON Ah'm worried, Carmen.

CARMEN You're worried when thur shoutin, you're worried when thur no shoutin ... You're gettin oan ma nerves ...

MARIE-LOUISE You think the rest ae us ur soond asleep an'll no hear anythin! Yur no needin tae feel guilty aboot bein hungry durin the night, Léopold — 'specially when yuv that fat belly tae feed ... But you widnae waant tae admit tae that, eh no?!

LÉOPOLD Ah tellt you the ither day ah wis sick ae hearin aboot that! So drap it, right! Else ah'll ram that jar ae crunchy peanut butter doon yir throat!

CARMEN You kin relax, he's started shoutin again.

MANON The twisted gett!

MARIE-LOUISE (*Whispering.*) Leatherin a wean fur somethin he'd nothin tae dae wi!

LÉOPOLD In the name! ... ah said the ither day it wis Roger ett the rest ae the strawberry jam, and it wis him, right!

MARIE-LOUISE (*Normal voice.*) Leave go me! That's sair! How come you're sae smart ye know it wis him, eh? How could it no've been Manon, or Carmen even, eh? How no me, eh? How? Because Roger's the youngest, the wee-est, the wan cannae stick up fur hissel, the wan's terrified ae you, so it's easy fur you tae pick oan him. Heartless bloody gett! Bloody big bully! Ye'll shout'n roar, rant'n rave at the two young lassies, but yur feart tae lay a finger oan thaim, eh? They're no helpless weans anymair. Aw you've left tae lay intae is a wee laddie! Well, have I got news fur you, Léopold ... have I no got news fur you! It'll no be lang noo till you've anither wean tae knoack aboot!

MANON Carmen, did you hear that!

MARIE-LOUISE Oh, aye, it's true! Mark my word! Dis that no make ye happy, lover-boy, sweetie-pie, honey-bunch? Blessèd are we, are we not? We are going to have another baby! Go'n, lit yirsel go, dae a wee dance, show yur chuffed tae hell, gie me a big sappy kiss! Take me in yir arms like they dae in the pictures an tell me, "Darling, how happy you've made me!" Three month ago, when you come hame drunk an stinkin wi drink fae that 'do' at yir factory, that wis when it happened ... when you forced yirsel oan me like ah wis a hoor aff Saint-Lawrence Main! You goat me pregnant, Léopold! Pregnant! Ah warned ye, ah screamed an struggled wi ye tae watch what ye wur daein but you wur past reasonin wi ... yir tongue wis hingin oot fur it ... "C'mon, doll, c'mon, doll" ... As if ah'd ever been a doll tae you!

CARMEN   Stey in yir bed, Manon! Keep oot ae it!

MARIE-LOUISE   Like the three ither times you've raped me, Léopold, ah've ended up wi a wean!

CARMEN   Come back tae yir bed, Manon, he'll murder ye!

MARIE-LOUISE   But this time ah'm too auld tae be hivin a wean! Ma nerves cannae cope wi it! D'ye hear! Ma nerves cannae cope wi hivin anither wean!

Long silence.
The lighting returns to normal.

Yiv nothin tae say ... nothin ... Ye dinnae believe me, dae ye?

LÉOPOLD   Uv coorse ah dinnae believe ye! A wean at your age! You're too auld, Marie-Louise! Yur past the stage ae bein able tae hiv weans! Long past it! Yur imaginin things ... it's normal fur a wummin at your age in life tae feel a bit sick in the moarnins ...

MANON   Ah wis that ashamed ah'd hide ma face when ah walked doon the steeet!

MARIE-LOUISE   Ah've been tae see the doactir, Léopold ...

MANON   Ah wid try ma best tae be like her ...

LÉOPOLD   (*Falsely pleasant.*) Wimmun ...

MANON   But somedy wid make fun ae me and spile ivrythin.

LÉOPOLD   ... yur aw the same.

CARMEN   See! Even when ye wur wee, ye wur livin in a dream-world ...

LÉOPOLD   Yese've jist tae feel a wee bit sick an yese git intae a tizzy thinkin yirsels pregnant ...

CARMEN   Ah remember that as well, Manon ... We used tae play at fathers and mothers and you always wanted tae be the mother ... Sometimes ah goat bored and made you be the father ... Always you'd pick a fight an start kickin me, screamin ye'd murder me wan day!

MANON   Ah niver said such a thing, Carmen!

CARMEN   Yes you did, Manon! See, it is you persists in closin yir eyes tae the truth! You must've been able tae feel the same things as him when he went berserk ... Sometimes you'd even look at yirsel in the mirror an say, "Ah'm gaunnae kill you, ya twisted gett ... Ah'm gaunnae kill you!"

MARIE-LOUISE   (*Softly.*) It wis the doactir hissel tellt me, Léopold ...

CARMEN   There wis somehin else at the back ae that, wisn't thur?

MANON   How d'ye mean?

CARMEN   It wisnae jist 'cause you looked like him ... You'd ither reasons fur hatin him.

MARIE-LOUISE   If ye waant proof ah've been tae see the doactir, ah'll show ye the bill ... it's jist come in the day. When ye see the size ae it, Léopold, then yull believe me! It's a right doactir's bill ... a big wan! Jist the kind you like!

LÉOPOLD   How lang've ye knew?

MARIE-LOUISE   Jist the past two weeks ah've knew fur sure ... ah hid ma suspicions afore that ...

MANON   When ah wis wee, there wisnae anythin else ... Ah did know then it wis him made aw oor lives miserable ... But later oan ... later oan thur wis somethin else ...

LÉOPOLD   How did ye no tell me afore then!

MARIE-LOUISE   Ah wis feart.

LÉOPOLD   How did ye no tell me afore then!

MARIE-LOUISE   Whey d'ye think? Ah wis feart. Remember the last time? Hiv ye forgoatten what ye waanted me tae dae when ah wis expectin Roger? This time ah made sure you widnae know aboot it till it wis past cheyngin ...

LÉOPOLD   Ye wur jist done sayin yir nerves cannae cope wi anither wean ...

MANON   Thur wis somethin ELSE! ... And when ah think aboot it, Carmen ...

MARIE-LOUISE   (*Crossing herself.*) It's past cheyngin ... And I would never dae that ... it's against nature!

CARMEN   Think aboot what exactly?

LÉOPOLD   Aw, here we go! ... So you'd raither see us further up tae oor necks in the shite ...

MARIE-LOUISE *stops knitting.*

Silence.

MARIE-LOUISE Yes.

Silence.

CARMEN No waant tae tell me?

MANON Ah've tellt ye 'boot it before, but you've forgoat, same as ye forget evrythin ...

LÉOPOLD Jist where exactly will we pit it, eh? Jist where?

MARIE-LOUISE We'll find somewhere ...

LÉOPOLD And where will that somewhere be, eh? Jist where? Hiv you gien a thoat tae that? Well, hiv ye? Roger sleeps oan the livin-room settee as it is, an the ither two are aye mumpin 'cause they share a bedroom! So jist where will we pit it? In the kitchen here? In the oven? In the sink? In the fridge? In the bucket?

MARIE-LOUISE We'll fund a place in oor bedroom, Léopold ...

LÉOPOLD In oor bedroom! In oor bedroom! Are you stupit or whut! We're no Eskimos! Thurs nae room in oor bedroom! Where could we squeeze a cot intae that shoeboax, eh? It's nae bigger than ma piece-boax!

MARIE-LOUISE If it wis as big as your piece-boax we could git a maternity ward in it! Aw we need dae is take oot the wee portable tv. That's aw!

LÉOPOLD Aw, so that's it! Any excuse tae git the tv oot ae thair, eh! Well, you're not on, Marie! Ah've awready tellt you, if that portable tv leaves that bedroom, ah'm leavin tae. Remember?

MARIE-LOUISE Oh, ah remember aw right ... Wisn't that the night ah pit the television oot in the livin-room ...

LÉOPOLD Ah'm tellin ye again: if the tv leaves the bedroom, ah leave the bedroom tae, right!

MARIE-LOUISE An ah've already told you, that's fine by me ... Jist you go ahead an move intae the livin-room ... Roger kin come'n sleep wi me ...

LÉOPOLD Whoiver heard ae a mither sleepin wi her wee boay?

MARIE-LOUISE Whoiver heard ae a man preferrin his portable television set tae his wife? Well, you fur wan! Fur we've saw it ... we've aw seen how fur ten year wiv played second fiddle tae that tv ... seen how the Setturday night ice-hockey programme means mair tae you ... than yir faimly ...

MANON   There again, mebbe ah niver tellt ye …
MARIE-LOUISE   Than yir family.
MANON   He'd come back wan night even mair guttered than usual … Ye could tell soon's he came in the door … He started talkin romantic rubbish aboot the moon … Sayin he didnae waant her tae go away, an daft stuff like that … Ma mum tried tae shush him up but he jist stood'n howled like a dug …
CARMEN   He did that regular …
MANON   But that wisnae aw he did … He widnae go tae his bed, he waanted somethin tae eat … So mum cooked him a meal … Eftir he wis finished, he said he wis gauntae his bed … Mum said she'd git the bed-settee in the livin-room ready fur him … He went aff his heid! He wis screamin he wis gaunnae sleep in his bed! … He flung abuse at her an they hud a shoutin-match … Eventually she gave in, as usual … As they came passed oor bedroom door, ah heard her say tae him, "Ah'm warnin you, don't you dare touch me!" … Ah wis too young tae understand whit she meant but it made me feel feart somehow … He said whut he always said tae her: "You're ma wife an you'll dae what yur tellt!"
LÉOPOLD   Whoiver heard ae a wife kickin her man oot 'cause ae a portable television …
MARIE-LOUISE   There're some things urnae said, Léopold! There're certain things wimmun feel too ashamed aboot!
MANON   They went intae thir bedroom … Evrythin seemed quiet … but then all hell let loose … Mum wis screamin at him … cawin him aw the names under the sun … And then ah heard the skelps startin …
LÉOPOLD   Whoiver heard ae such a thing …
MANON   Ah crept oot ae bed … Ah wis sure he wis gaunnae gie her a batterin …
LÉOPOLD   Bloody liar! Yur aw bloody liars! That tv's gaun naewhere, Marie-Louise!
MANON   Ah tiptoed along the passage an listened at the door …
LÉOPOLD   You an yir wean kin sleep where yese waant — in the livin-room fur aw ah care! Roger's comin tae sleep wi me … it's mair normal fur a wee boay tae sleep wi his dad … that wey he'll no turn oot a poof!
MANON   The door wisnae right closed … Ah didnae really waant tae look, but ah couldnae help masel … Ah knew it wis wrong tae spy

oan thum in thir bedroom ... But ah looked ... And ah seen thum, Carmen! ... Ah seen thum!

MARIE-LOUISE Ah suppose ye think it's "mair normal" as well fur a man tae kick his wife oot 'cause she's hivin his wean!

MANON Mum wis strugglin an screamin, an he wis sayin things tae her ... Ah couldnae make sense ae the words ... Ah could jist see thum strugglin aboot ... Ah wis sure he wis gaunnae kill her ... Ah started greetin as ah stood in the door ...

LÉOPOLD Ah'm no kickin ye oot ... ah'm jist sendin ye tae the livin-room ...

MARIE-LOUISE No, it's me's sendin you tae the livin-room! Look, we cannae no sleep in the same room ... think how it wid seem tae the kids ...

LÉOPOLD Listen you, since we wur merried what've we did that's no been fur the kids?!

MARIE-LOUISE Léopold, you goat me pregnant soon's we wiz merrit. Ye shoulda thoat aboot the consequences then.

MANON They baith turnt roon at the same time ... Niver will ah forget thir faces, Carmen! ... They jist stared ... Then Mum turned her face tae the waw an started greetin ... He pùlled up the covers'n said tae me: "Go back tae yir bed, you, the show's finished."

LÉOPOLD Aw aye, it's always ma fault ...

MARIE-LOUISE Uv coorse it's always your fault!

LÉOPOLD It disnae maitter what kinda shite faws oan oor heids, it's always ma fault!

MARIE-LOUISE Yes ... always ...

LÉOPOLD ... niver yours ...

MARIE-LOUISE It's always your damned fault, always! Time and again ah've tried ma best tae git oor heids oot the slabber, and time and again we always fund oorsels sinkin further in ...

LÉOPOLD If that wiz an example ae you tryin yir best with the crunchy peanut butter, ah'm no surprised we sink further intae the shite!

MARIE-LOUISE Ah put ma fit in the shite the day ah said 'yes' tae you, but before ah die ah'm gaunnae say 'no' once and for all, Léopold ...

MANON "Go back tae yir bed, you, the show's finished."

CARMEN And that's it?

MANON If you'd seen thum, Carmen! If you coulda seen thum! They looked ugly – revoltin!

CARMEN That's because they didnae know how tae dae it.

MANON   Carmen!
CARMEN Well, it's true.
MANON   You'll niver understand! … Ah don't know why ah told you aboot it!
CARMEN Fine well you know, Manon … tae feel sorry fur yirsel! Surely ye don't think you wur the only wean in the world seen its mum'n dad daen that? Come on!
LÉOPOLD Anither wean?! She's not on!
CARMEN You like nothin better than sittin here scarin yirsel, don't ye? Ye should stoap livin in the past … the past is dead and gone. Ye sit thair in yir chair rakin ower stories aboot your Big Bad Daddy and how he made yir life miserable … ye might as well tell yirsel stories aboot the man-in-the-moon! Come on!
MANON   So it's no true he made oor lifes miserable?
CARMEN It is true, but ye cannae live in the past aw the time! Ye shut yirsel away in here, rakin ower the past, tryin tae mind ivrything oor faither said an did … you're jist moochin fur sympathy! But ah don't feel wan bit ae sympathy fur ye, Manon!
LÉOPOLD Back tae fuckin drudgery: dummy tits, greetin, broken sleep, durty nappies … Christ-all-fuckin-mighty!
CARMEN You need tae take a good shake tae yirsel! Forget aw that wance'n fur aw! Make a fresh start!
MANON   Like you, ah suppose …
CARMEN How no?
MANON   Ah'm no heartless …
CARMEN It's no a question ae bein hertless … It's a question ae makin a life fur yirsel …
MANON   How kin anybody make a life fur thirsels wi things like that gaun roond and roond in thir heid?
CARMEN Well, stoap it gaun roond in yir heid? If ah've tellt ye wance, ah've tellt ye a hundred times! … Take a guid look at yirsel! Actin like this at your age! You've still goat Mum's photie oan tap ae the tv … ah bet ye anythin ye sit starin at it mair than ye look at the set! Ye should chuck it oot, or at least pit it away in a drawer ben the hoose! Okay, oor faither wis a bastard sometimes, but he wisnae aw bad! You make him oot tae be a pure bastard full-stoap! You jist waant tae believe Mum wis a saint!

MANON   She wis a saint!
CARMEN Fur-the-love-ae-God, Manon! Don't be stupit!
MANON   Wheesht! If she hears you sayin that, she'll start greetin …
CARMEN Oh, aye, up in heaven, ah suppose? Manon! Yur no gaunnae tell me ye still believe in aw this heaven stuff, surely? Don't tell me ye hivnae worked that oot yir system either?! You really are away wi the fairies! Christ Almighty, Manon, jist accept oor Mum wisnae a martyr and oor Dad wisnae the devil, okay?!
LÉOPOLD We're too auld tae start this cairry-oan again … You take it fae me, torn face, you'll be eatin smoothy peanut butter fae noo oan! If you're waantin tae feed that wean's face, you better start savin the cents!
MANON   (*In a low voice.*) Ah'm marked fur life … Ah know ah um … Ah don't care whut you say … That marked me fur life … Nothin you kin dae kin change that … It wisnae you seen thum …
MARIE-LOUISE Your boss is due you a rise … Jist ask him fur it … Yiv anither mooth tae feed …
CARMEN Fat chance ae changin you!
LÉOPOLD Oor factory's no unionised! They dinnae shell oot rises jist like that!
CARMEN (*Laughing.*) Ah know the change you need, Manon … a man!
MARIE-LOUISE Yese're aw too yellie-belly tae jine a union, an it's us his tae suffer!
CARMEN You need a man, Manon! That wid settle yir nerves! If ye tried it yirsel instid ae jist rememberin what ye saw … Hiv ye iver tried it, Manon?
MANON   Shut yir mooth! You know nuhin!
CARMEN How d'ye mean ah know nuhin?
MANON   You've nae conception ae what ah've been talkin aboot.
CARMEN Oh, ah understand what you've been talkin aboot aw right … And ah'll tell you this … ah'm fed up tae the back-teeth hearin aboot it!
MARIE-LOUISE He owes it ye, Léopold! … He's owed ye it fur a year noo but yur too shit-scared tae ask him … It's money you're due bi right!
CARMEN It sickens me tae see somedy your age … ma ain sister … ruinin her life fur nothin …
MARIE-LOUISE Every time ah ask you fur money, ye pick a fight … but ye'll no stand up'n fight fur money yir boss owes ye, wull ye?! Yir gutless …

CARMEN   Fur nothin ... It's aw in your heid!

MARIE-LOUISE   Yese're aw the same! Yese let them treat yese like shite, then yese turn roond an shite oan us! How come yese don't take yir revenge oot oan thaim?! How come you don't stand up tae him instid ae gien us a hard time?!

CARMEN   Thair again, mebbe you're happiest that wey. It's hard to believe but some folk like tae be miserable.

LÉOPOLD   Twenty-seven year ah've worked fur that bastard ... an ah'm jist forty-five ... started work fur the bastard when ah wis eighteen ... hated him even then ... and here ah um still sweatin ma balls aff fur him ... funny ha-ha, eh? ... No that ah'm the only wan. Most ae us ma age feel the same wey ... but young yins the dae hiv thir heids better screwed oan ... they'll no faw intae the same trap ... Fuck'n sure! Ye spend yir haill fuckin life workin the same fuckin machine makin the same fuckin thing! ... Yir haill life! ... Aw, but, laddie, you've hid special trainin, thank Christ you're no a part-timer, you've goat a steady joab ... The be-all and end-all, eh, a steady joab! ... Is thur anyhin mair fuckin awful in this world than a steady fuckin joab? ... Ye git tae know yir joab ootside in an back tae fuckin front! ... Ye get so's yur jist a cog in the wheel, a cog in yir machine ... The machine's your gaffer an you're its worker ... You dae whit it tells ye ... Turn yir back fur a minute an it grinds tae a fuckin halt ... You're at its ivry beck and fuckin call ... It's as if it's yir twin ... it knows ivry move ye make ... and you know aw its tricks ... Man and boy ah've knew that fuckin machine ... Christ, anither twenty year yoked tae it an ah'll be ready fur ma boax ... awready ah look clapped-oot ... Oh, but ah'm a trained operator, they'll no waant tae loass me ... they'll retire the machine furst ... Ah'm a trained operator! ... a trained nothin! God Almighty, thank you very much! Bi Christ, ah'm fucked. An as if that wisnae enough ae a bastardin scunner, it's no you's gittin any benefit oot ae slavin yir guts oot ... it's yir faimly ... yir ain Holy Faimly ... anither ae God's blessins ... Afore yur even ower the door oan peynight, yir faimly's greedy paws're oan yir pey packet ... An if ye furst happen tae go a wee detour fur a drink or two wi yir mates, aw hell lets loose wance yur hame ... In five minutes thir thievin hauns've emptied yir pey-poke ... Dare ye open yir mooth, they scream holy murder an caw you a drunken swine ...

tell the neebors yur a heartless bloody gett, oh aye, thurs nae point denyin it ... yur a heartless bloody gett!

CARMEN If it hidnae been ma dad, you'da fund somehin else tae ruin yir life. Dad's jist a good excuse ... same's it's easier tae hate men so's ye kin keep thum at a distance fae ye! "My Daddy was a twisted gett so you rest keep well away!" Easy-peasy, eh? That wey yir conscience is clean! When we wur wee an ah could still talk tae ye, wan time ah asked ye what ye wanted tae be when ye wur big ... D'ye mind yir answer? ... "When ah grow up ah want tae suffer so's ah kin die a martyr!"

MARIE-LOUISE Ah'm feelin sick again ...

LÉOPOLD Gie it a brek, wull ye!

CARMEN If ah'da knew then what ah know noo, ah'da martyred ye there and then!

MARIE-LOUISE This sickness'll last six month, ye better git yaised tae it! Ah'm hivin a wean, Léopold!

LÉOPOLD Well, keep me oot ae it!

MARIE-LOUISE So that's wan mair thing ah'm supposed tae keep tae masel, eh! That wid suit you jist fine, widn't it, Léopold, knowin nothin!

MANON Say as much as ye like, it's watter aff a duck's back!

CARMEN That's jist exactly your problem, wee sister ... you bother yir ginger aboot nothin except things 'at happened ten-fifteen year ago! The present's jist a time fur you tae act the martyr! Nae wonder he's cawed "sufferin Jesus", fur he's tae suffer you pesterin him wi yir sufferin mornin, noon and night! ... But then, he's a man, uv course – mebbe ...

MANON That's jist gaun ower the score ... Cut that oot!

CARMEN Ah don't suppose ye could go very far wi a stookie, though!

MARIE-LOUISE When you come in fae work, the tea his tae be oan the table, the kids sittin up straight in thir chairs, me standin tae attention at the stove! Then eftir yir tea, you've goat tae hiv your livin-room aw tae yirsel, your television aw tae yirsel, your beer an crisps aw tae yirsel. Then it's away tae your big bed wi naebdy else in it tae see ye spew yir ring up when yur sick! Oh, aye, it's a great life bein the king ae the castle, eh!

CARMEN Last time ah came here, Manon, ye made me that depressed ah vowed ah'd niver return. Is yir bedroom still stowed wi stookies ae Jesus an pictures ae saints an stuff?

MARIE-LOUISE   But the king ae the castle disnae ayeways git whit he waants ... sometimes the tea isnae oan the table, sometimes the kids are bawlin, sometimes thurs no a cent left fur tae buy your stinkin beer!

CARMEN   Dae you know what year yur livin in? Sometimes ah talk aboot you doon at the Rodeo Club ... they think it's ma Mum ah'm talkin aboot ... they cannae credit ah've a twinty-five-year-auld sister behaves the wey you dae ... dosin yirsel wi religion 'cause yur feart ae yir body ...

MARIE-LOUISE   Then ye go berserk an start lashin oot ... Disnae maitter who's in the road, you take yir spite oot oan thum ... The world's against ye an you're bealin ... Somedy's goat tae be the punchball, innocent or no ... An when yuv done, ye crawl intae yir scratcher an snore away 's if ye'd nuhin oan yir conscience!

LÉOPOLD   Shut it! You know nuhin!

MARIE-LOUISE   Oh, if you but knew how much ah'd gie tae know nuhin! Ah wish ah wis away wi the fairies and knew nothin aboot nothin!

CARMEN   She's been deid ten year and you still try tae act like her ... right doon tae the candles an holy water! Yur doowally!

MARIE-LOUISE   They must be happy tae be doowally!

CARMEN   Hiv you iver thoat ae this? – when you act that wey, yur mair like him!

MANON   That's no true!

CARMEN   It is, Manon ... You're daft, jist like him and his faimly!

MARIE-LOUISE   That no right, Léopold, they must be happy tae be daft?

LÉOPOLD   Don't you start castin up ma faimly!

MARIE-LOUISE   (*Laughing.*) If the glove fits! You certainly didnae need any clues! Noo yuv raised the subject, let's bring thum intae the discussion ...

CARMEN   Insanity's hereditary, Manon ...

MANON   If it's hereditary, then it's you's inherited it, no me ...

CARMEN   Yiv only tae ask yirsel, which wan ae us lives thir life in the past an rants oan aboot hatin a ghost? You or me?

MANON   Which wan ae us is a hoor oan Saint-Lawrence Main?

CARMEN   (*Laughing.*) Me a hoor oan Saint-Lawrence Main? A hoor? Me? Jesus, Manon, you shoulda been a nun! The only life you know aboot is in thur four waws. You've nae conception ae what happens ootside here ... worse still, you dinnae waant tae understand it ... yit that disnae stoap ye fae passin judgement!

MARIE-LOUISE   Dae ye iver ask thaim if thur happy, Léopold? Hiv ye iver asked thum how thur feelin inside?

LÉOPOLD   Ah told you tae shut it, Marie-Louise!

CARMEN   And even supposin ah wis a hoor oan Saint-Lawrence Main, that widnae be as stupid as livin the life ae an auld maid oan Visitation Street!

MARIE-LOUISE   When they take thir crazy fits, d'ye suppose thur feelin anythin, Léopold, eh? Well, eh? When yir auld man goes skelly-eyed and his tongue hings oot his mooth dribblin, ye iver asked him if he's feelin anyhin?

LÉOPOLD   Shut it, Marie-Louise!

MARIE-LOUISE   Ah hink you should fund oot, Léopold ... Eftir aw you could finish up like that! Look at yir faither, yir two sisters, yir aunties ... it widnae jist be unexpected, wid it?

LÉOPOLD slams a beer bottle on the table.

LÉOPOLD   Shut it!!!

Long silence.

Ah don't waant tae hear anither word aboot that!

MANON   So how wid you prefer if ah lived ma life, eh? Come oan! If you're so smart, let's hear ye!

CARMEN   Ah've tellt ye a hunner times ...

LÉOPOLD   Ah don't waant even tae think aboot it!

MANON   Ah've niver hid any friends ... Ah wis too shy.

CARMEN   Shy?! That's the last word ah'd yaise tae describe you! You bit the nose aff anybody tried tae make pals wi ye!

LÉOPOLD   Ah don't waant tae finish up like thaim ...

CARMEN   You preferred steyin in the hoose ... hidin in a coarner, spyin oan what wis gaun oan!

MARIE-LOUISE   When you go berserk an throw yir fits, yur jist like thaim.

LÉOPOLD   That's no true! When ah take a maddie, it's no a fit ... it's 'cause ah'm steamin wi drink!

MARIE-LOUISE   That's jist the trigger.

CARMEN   You preferred hingin aboot wi yir Mammy so's ye could watch her an copy how tae suffer like a true saint!

MARIE-LOUISE   You know yur no supposed tae drink! No even a swallie!

CARMEN   That's whey you've kept aw her religious junk, so's ye kin kid oan yur her and go roond dustin an polishin thum same's she did! But you're no oor mum, and Dad's no here tae make ye suffer, so ye sit in this kitchen an rake ower deid history. Int that true?

LÉOPOLD   Ah go ower the score wi drink, but that disnae mean ah'll turn oot like thaim …

MARIE-LOUISE   Ah've said it tae ye before …

LÉOPOLD   Ah jist cannae help loassin the rag sometimes, that's aw …

CARMEN   Kin ye no see that's no normal behaviour? Ivry time ah come in here you're sittin coontin yir rosary! Ah'm scarce five minute in the door an you're askin me, "D'ye remember this, d'ye mind that?" How kin ah forget? Ah lived through thae things, tae, Manon. They hurt me as well. But ah don't go oan and oan aboot thum! Ah hid tae live in this same shite-hole as well, Manon, but at least ah've tried tae git oot ae it! At least ah've tried!

MANON   Bi singin Country'n Western songs at that Rodeo Club?!

CARMEN   Yes, bi singin Country'n Western songs at that Rodeo Club! That's my idea ae freedom, Manon, singin Country'n Western songs at that Rodeo Club! Far better that than festerin here … livin in the past wi a rosary glued tae yir haund an yir eyes starin intae space!

MARIE-LOUISE   You don't jist "loass the rag" sometimes, Léopold … You hiv an actual fit … Don't try an kid yirsel …

LÉOPOLD   Ah go berserk an …

MARIE-LOUISE   A actual fit – like a loonie!

LÉOPOLD   Aye … yur right. Eftir it's over, ah cannae mind anythin. Nothin. It's as if it niver happened.

CARMEN   Ah've burnt aw ma bridges, Manon, 'cept fur you …

MARIE-LOUISE   Your fits're like yir faither's jist afore he went right ower the edge! You'll remember how he went, eh? You'll remember that surely? And what had the doactir tellt him? The selfsame thing he's tellt you: no drink! Not a drop! And what did your faither dae? The same as you: he drank it through a shitey cloot! Oh, but ah've goat the telephone number aff bi hert, Léopold, and soon's ah see your tongue hingin oot dribblin an yir eyes gaun skelly, ah'll be liftin that phone, then ah'll be shot ae you fur good! Ah'll be free at last! Peace, perfect peace! Sweet heavenly peace! Peace, at last!

MANON   Well, burn that bridge an aw, an lea me in peace, Carmen …

LÉOPOLD   Ah'm feart ah'll end up like that. (*He drinks*.) Thurs no a day passes ah don't think aboot it … It's in the faimly … Mental cases runs in the faimly … Ivry last fuckin wan ae thum, touched in the heid … They shoulda been banned fae hivin weans … Mebbe ah shoulda been banned fae hivin weans … (*He drinks*.) … It's true ah shouldnae drink … But what the fuck else pleasure dae ah hiv left in ma life? What the fuck else? Nae wey ah'm gauntae the pub jist tae drink ginger! Some laughin-stock ah wid be! Ma pals … ma pals … ma pals …

MANON   Mebbe ah'm happy the wey ah am …

MARIE-LOUISE   Ah wid sit doon on ma ownsome in the livin-room, in front ae the telly wi the wean oan ma lap … And ah wid knit and knit and knit … till the end ae ma days, ah wid knit tae ma heart's content … Peace, perfect peace! Sweet heavenly peace!

MANON   Ma mum used tae say …

LÉOPOLD   Ah don't hiv pals … ah always sit on ma ownsome … in a coarner … at an empty table …

MANON   Ma mum used tae say, "If wan day yir Dad walks oot, ah'll sit here on ma ownsome in peace and quiet … and ah'll be happy."

LÉOPOLD   Not one ae the bastards iver comes ower an sits aside me … Not one! … Niver! … Ah ignore thum! … Ah wance made the effort tae be pally, but that wis a long time past …

MARIE-LOUISE   Ah'd be heart contented …

LÉOPOLD   Ah've nuhin tae say tae emdy … nuhin.

MARIE-LOUISE   Ah'd be heart contented … oan ma ownsome, wi ma knittin …

LÉOPOLD   Ah settle masel doon at an empty table … ask the barman set the drinks up … and ah start downin thum … when ah'm done an the glesses ur empty … ah see nothin … naebdy … ah'm sat thair on ma tod, the haill bar tae masel … in a fog … seein nothin, hearin nothin … Peace, perfect peace! … Ah'm a picture ae contentment! … Ah close ma eyes an ivryhin birls! … Magic! … "Set the drinks up again, pal!" … An when ah open ma eyes, abracadabra, the table's heavin wi drink! … But this time ah don't drink … Ah jist sit back an admire the display … Ma beer! … The haill tablefùll – ma beer! … Mines, aw mines! … Tae drink or tae leave! … the choice is mines! … This is what it's like tae be loaded!

MARIE-LOUISE   Folk will come an visit me an ah'll tell thum, "My husband? He's in the mental asylum … My husband? He's a lunatic … He wis past puttin up wi so they loacked him up … Ye'd hardly credit the things he did …" Then ah'd tell thum aw kinnae things … While daein ma knittin ah wid tell thum true stories aboot ye … and made up wans … And they'd feel sorry fur me … Ah'd knit away tae ma heart's content an they'd feel sorry fur me … Léopold … Léopold …

LÉOPOLD   Whut?

MARIE-LOUISE   Gaunnae hurry up an crack?

CARMEN   Ma poor Mum! … She always wished he wid die.

MANON   No, she didnae … Ah know what she wanted tae happen …

MARIE-LOUISE   (*Laughing.*) If you could see your face! If you could see your face! You know ah'm no kiddin, don't ye?

LÉOPOLD   (*Smiling.*) Ah know.

MARIE-LOUISE   Don't come smarmy wi me! Switch aff the smile! Ah know yur jist actin it! Ah know yur gittin niggled! Yur boattlin it in but ah know yur gittin niggled …

MANON   Ah know what she wanted tae happen …

LÉOPOLD   And if ah waant tae ah kin even gie the table a shove wi ma feet an skail aw the beer! Fur it's mines, ah've peyed fur it, ah kin dae whit ah waant wi it, an maist ae the time ah dae … Ah jist lift up ma fit, gie a pùsh, and …

The lighting changes suddenly.
MARIE-LOUISE *lets out a little cry.*

MARIE-LOUISE   Jesus Christ! Ya stupit fool! What did ye dae that fur?! Yuv cowped the table!

MANON   Hear that, Carmen! We'd better go see.

CARMEN   Stey here, you!

MARIE-LOUISE   Carmen! Manon! Come'n help me!

MANON   We'd better go see!

MARIE-LOUISE   Quick! Come'n help me!

MANON   She's shoutin fur us!

MARIE-LOUISE   Yir dad's thrown anither fit!

CARMEN   You jist waant tae watch thum!

MARIE-LOUISE   Help me! He's gaunnae murder me!

CARMEN   You jist waant tae watch thum fightin!

MARIE-LOUISE   He's gaunnae murder me! The bastard!

CARMEN   Okay, lit's go an watch thum then!

LÉOPOLD   (*Slowly.*) An then the fog disappears.

MARIE-LOUISE   Dinnae be feart ...

LÉOPOLD   ... hands take a grip ae me.

MARIE-LOUISE   He disnae see us.

MANON   (*Very slowly.*) Did he hurt ye, Mammy?

MARIE-LOUISE   No, he didnae touch me ...

CARMEN   (*Very slowly.*) Then how wur ye screamin he wis gaunnae murder ye?

LÉOPOLD   Then they chuck me oot oan ma arse ...

MARIE-LOUISE   Carmen, come'n help us! Dinnae jist stand in the door like that, gawpin!

LÉOPOLD   Ah land oot in the street, ma mooth bleedin ...

MARIE-LOUISE   Manon, gaither up the dishes an the tablecloath ...

LÉOPOLD   Ma mooth bleedin ...

MARIE-LOUISE   Carmen, take a shake tae yirsel! Help us pit the table oan its legs again.

LÉOPOLD   And then ivryhin turns red ... ivryhin turns red! Ah waant tae take the world an smash it!

A very long silence.

MARIE-LOUISE   Ye kin go back tae yir room noo ... Go'n, back yese go ... He'll settle doon noo ... Ah'm no very shair he knew whit he wis daein ... Ah'll pit some cauld watter oan a flannel 'n pit it oan his foreheid ...

CARMEN   She wis screamin he wis gaunnae murder her, but he wis jist sat thair in his chair ... He'd come naewhere near her ... She wis lyin!

MANON   He's crazy, Carmen! He's crazy! Really crazy!

CARMEN   That wid make ye baith happy, widn't it?

The lighting returns to normal.

MARIE-LOUISE   Here, let me pit this oan yir foreheid ... That better? ... Are ye hearin me?

LÉOPOLD   Aye, aye, ah hear ye.

MARIE-LOUISE   D'ye know what ye did?

LÉOPOLD   (*Laughing.*) Ah knoacked ower the jar ae peanut butter!

MANON Ivry moarnin when ah wake up, ah always expect tae hear thum rowin ... It's like ah'm a wee lassie again an ah'm lyin in oor auld bedroom ... Ah'm certain ma Mum's gaunnae start screamin ... But when ah open ma eyes ...

CARMEN You're disappointed ...

MARIE-LOUISE That's the first time you've taen a turn in the moarnin ... If yur gaunnae start smashin up the hoose at breakfast-time even, when yur sober ...

LÉOPOLD You'd like that, widn't ye, if ah smashed up the hoose wance an fur aw?

CARMEN So ye kneel aside Mum's bed, her rosary in yir haund, and ye say the same prayers she used tae say ...

MANON Ah niver look at his side ae the bed ... Ah'm feart he's still lyin thair ...

LÉOPOLD Any excuse tae hiv me loacked away, eh?

CARMEN Ach, you'd love tae see him thair fur real.

LÉOPOLD Well, you'll hiv tae wait a bloody lang time, Marie-Louise, hen! Ah widnae start plannin a quiet auld age all on yir ownsome jist yet, Marie-Louise, ma darlin ... ma ain wee darlin, Marie-Lou ...

CARMEN You'd love it if he leant ower an tore that rosary oot yir hands, same's he used tae dae wi her ...

LÉOPOLD Hey! Hey! D'ye mind? D'ye mind, Marie-Louise, when ah used tae caw ye that – "Marie-Lou"?

MANON Mum wis a devout Catholic ... It really hurt her when he insulted her religion ...

MARIE-LOUISE How kin ah forget it! Ivry time you hiv wan ae yir turns, ye start slaverin oan aboot when ye used tae caw me "Marie-Lou" ... But that's ancient history, noo, Léopold ... ancient history ...

CARMEN Och, Manon, yur that simple! Mum yaised her religion the same wey you yaise yours!

LÉOPOLD But you hivnae forgoat ...

MARIE-LOUISE How kin ah, when you bring it up ivry time ye start slaverin an greetin an makin oot yur sorry!

CARMEN Mum wis nae mair religious than me, Manon! It wis jist an act! She yaised it tae make folk feel sorry fur her!

MANON How you kin talk aboot her like that ...

LÉOPOLD We hid good times ...

MANON Ah don't know how you kin say somethin like that ...
MARIE-LOUISE Oh, Christ, aye, we hid good times!
CARMEN Fine well you know how ah kin say somethin like that! Don't come the hypocrite!
LÉOPOLD Dae you no think sae?
MARIE-LOUISE Oh, aye, ah think so.
CARMEN Religion wis like a bag ae sweeties fur her. She went doon oan her knees an said her Hail Marys but she didnae actually believe in it – it wis jist a wey ae copin wi her frustration. When she said her prayers at night, it wis jist so's she could pit aff gittin intae bed ...
MARIE-LOUISE You'd gie me presents ae sweeties – love-hearts, cherry lips, chocolate honeymoons – cotton candy at the shows ... Good times like that stick wi ye a lang time ...
MANON That's no true! Sometimes ah seen her prayin beside her bed in the middle-ae-the-efternins!
CARMEN But ye didnae know what wis gaun through her heid, though, did ye? When you're oan your knees aside yir bed, what goes through your heid, eh? God in His Heaven? The angels? The saints? Ah somehow don't think so! You jist like tae imagine you're oor Mum and thit Dad'll come an rip your precious rosary oot ae yir hands! Fur you'd love that, widn't ye? Religion's goat damn-all tae dae wi it!
MARIE-LOUISE Last week thair, when ah wis reddin up the boattom drawer ae your chest-ae-drawers, ah came acroass a photie ... an auld photie fae back in the forties ... Mind the wan ah mean? ... Ma mither took it ... me an ma three sisters ootside oor hoose ...
LÉOPOLD Aye, ah remember ... You wur aw wearin troosers, ah think, and at the boattom you'd wrote, "Forever Yours, Marie-Lou" ... "Yours" ...
MARIE-LOUISE ... "Forever" ... "Forever" ... If only ah'd knew what ah know noo ...
MANON You know nothin aboot it, Carmen.
LÉOPOLD You're no the only wan wi regrets! If only ah'd knew, tae, ah'd niver've merrit you! Mebbe ah'da been a loat happier noo ... Even supposin ah'd endit up in the army, or in the jile even ... Any place but fuckin here!
MARIE-LOUISE That's right, start yir bawlin again an ye'll hiv anither fit!

MANON When yiv been oan yir knees fur a while, prayin as hard as ye kin, ye git dizzy … Yir brain seems tae git bigger … Things yiv been thinkin aboot git magnified … Sometimes, Carmen, ah start tae shake … Shake aw ower … Like ah'm in a trance … It's amazin! … Ah seem tae … tae float! Eventually, ah git up an come'n sit here … Ah start rockin back'n forrit … Then ah begin tae loass masel again … Ah lean ma heid oan the back ae the chair and ah'm away … You cannae imagine whut it's like …

MARIE-LOUISE Some happy hoose this'll be when the new wean arrives! When Roger wis jist a wean an wis greetin durin the night, you vernear murdered him when he widnae settle doon … Sir hid tae git his sleep … God knows whut'll happen wi this wan …

LÉOPOLD If you could hear yirsel … It's comical the wey you exaggerate …

CARMEN What ah'd like tae know is what is it ye think aboot tae make ye feel like that?

MARIE-LOUISE Ah don't exaggerate …

CARMEN But you couldnae even admit tae yirsel what ye think aboot tae help ye float away in yir balloon like that? But I know it's goat bugger-all tae dae wi God!

LÉOPOLD She disnae exaggerate! When did ah iver "vernear murder" Roger when ah couldnae git tae sleep? Ah mebbe sometimes said ah wid kill him if he didnae stoap girnin, but ah niver laid a finger oan him!

MARIE-LOUISE No when he wis wee … But when he goat bigger, then you started batterin him!

CARMEN You saw Mum prayin' cause she waanted you tae see her. And you dae exactly the same, Manon. You're hopin somedy'll "catch" you wi yir rosary, tae … Somedy like Dad …

LÉOPOLD Aw, aye, that's right, pile it aw oan, say ah'm a child-murderer …

MARIE-LOUISE You're no a child-murderer, Léopold, you're jist …

LÉOPOLD Ah'm jist whut?

MARIE-LOUISE Och, ah don't know …

MANON How kin Dad "catch" me? He's been deid fur ten years …

CARMEN No inside your heid he hisnae …

MARIE-LOUISE You're jist somedy took a wrong turnin … yuv buggered up yir life an ye blame it oan yir family … ye take it oot oan us when ye should be lookin in the mirror …

LÉOPOLD   As simple as that, eh?
MANON   Ah pray fur him ... fur mebbe ... mebbe he's in Hell ...
LÉOPOLD   D'ye waant me tae tell ye somethin aboot yirsel, Marie-Louise?
CARMEN   If you actually dae pray fur him, Manon, it's so's he'll stey in Hell, no so's he'll git oot!
MARIE-LOUISE   This'll be good! Jist keep it shoart!
MANON   Ye niver git oot ae Hell.
LÉOPOLD   You shoulda been an auld maid. That shoart enough fur ye?
CARMEN   So how pray fur him, then?
MARIE-LOUISE   It's shoart right enough but it disnae take us very far, dis it?
MANON   Fur ye kin niver be certain somedy's thair or no ...
LÉOPOLD   Oh, but it dis ... it takes us ivrywhere ...
CARMEN   So how bother prayin in the furst place!
MARIE-LOUISE   Okay, so ah shouldnae've goat merried, but evrubdy knows that ...
LÉOPOLD   Aye, but evrubdy disnae know why, do they?
MARIE-LOUISE   No, but you'll know ...
LÉOPOLD   Indeed ah dae ...
MARIE-LOUISE   (*Laughing.*) Aw right, then, spill the beans ...
MANON   Carmen, Dad killed himsel, and he killed Mum'n Roger ...
CARMEN   Wull you stoap sayin that! Stoap twistin things roond aw the time! It's only you thinks he killed himsel ... you made it up in that twisted heid ae yours and ye'll no believe anythin different!
MANON   It's the truth, Carmen! Ah know it's true! Ah heard thum that Saturday moarnin!
CARMEN   Always ye come back tae that! It wis a fùll ten year ago ... no tae mention yuv likely made up mair things since then ...
MANON   Ah've made up nuhin!
CARMEN   So what is it ye dae when ye float away in yir balloon? Ah bet ye make up things that niver happened ... and ah bet each time ye float away ye make up even mair things. Listen, ah wis thair that Saturday moarnin as well ... ah heard thum same's you! And ah know thit ivry time you rehash the story, you leave oot somethin ... Thurs things they said you don't waant tae remember ... You exaggerate bits 'at make ye feel sorry fur Mum, but ye keep quiet aboot Dad ...
MANON   Thurs nothin tae feel sorry aboot him fur. Nothin!
CARMEN   He deserved as much sympathy as her, Manon! Don't ye

FOREVER YOURS, MARIE-LOU

remember the time when you dragged me alang wi ye tae spy oan them 'cause ye wur too feart tae hide behind the door yirsel?

MANON Aye, ah mind ... And he didnae deserve any sympathy then ...

LÉOPOLD You kin laugh yir arse aff at me, caw me a pig, a fat lazy gett, a basket case, anyhin ye like ... But ah've only tae say wan word an you'll shut yir trap fast, you'll see!

MANON You always bring things doon tae that ... As if that wis the maist important thing in life ...

CARMEN It's no the only thing in life, but it makes life a loat mair fun!

MARIE-LOUISE Spit it oot, then ... let's hear yir word ...

LÉOPOLD Ye waant tae hear it in front the weans? Thur hidin at the back ae the door, aw three ae thum.

The lighting changes.

CARMEN He knows wur here! Let's git!

MARIE-LOUISE Ah've nothin tae hide fae ma kids. They kin come in and hear as far as ah'm concerned.

MANON No, stey!

LÉOPOLD Fine, tell thum tae come straight in, then ...

CARMEN You waant a batterin, don't ye? You actually waant wan ...

MARIE-LOUISE No, you'll say somethin fulthy jist so's tae rile me ... Yir mind's that twisted ...

LÉOPOLD So, yur feart, eh?

MARIE-LOUISE Ah'm no feart fur masel ...

LÉOPOLD Oh, aye, you ur feart fur yirsel ...

MARIE-LOUISE Ah'm no!

LÉOPOLD You're feart fur yirsel, no the weans ... You guessed right, Marie-Louise ... You hit the nail oan the heid ... Somethin fulthy!

MARIE-LOUISE It is that then ... the same auld thing ... aw you iver think aboot ...

MANON Carmen, lit's go.

CARMEN bursts out laughing.

LÉOPOLD That's right, the same auld thing ... Listen tae this, you nosey wee bastards ... You, an aw, Carmen, see if ye think this is sae funny ... Yir mother's always hid the same problem and she always will: her hole!

CARMEN *stops laughing.*

MARIE-LOUISE Léopold! Roger's too wee fur that kinnae talk!

MANON Carmen, ah don't waant tae hear this! Ah don't waant tae hear this!

CARMEN You're the wan waanted tae come, so stey! And listen!

LÉOPOLD Naw, Roger isnae too wee fur that kinnae talk! Kids nooadays know more aboot it than us! You're the wan 'at's too wee, Marie-Louise! How should they no learn aboot it anyhow? It's time they knew. It's time they stoapped seein me as the bad wan jist cause you scream blue bloody murder ivry piggin time ah touch ye!

MARIE-LOUISE Jist droap it!

LÉOPOLD Ah'm no ashamed ae what ah've tae say, Marie-Louise!

MARIE-LOUISE Don't ah know it! Look, if yur gaunnae say somethin, jist git it ower and done wi! Spit it oot wance an fur aw in front ae aw ae us! Tell the kids how you force yirsel oan me like a pig!

LÉOPOLD See, ye try an pit me doon afore ah've even opened ma mooth! Thurs wan thing you've niver iver understood, Marie-Louise … Wheniver ah try tae come near ye in bed … Wheniver ah ask ye nice-like how ye'll no lit me touch ye … And you know ah've tried bein nice wi ye … Ach, ah don't know how tae say this …

MARIE-LOUISE Then shut yir gub, ya durty pig!

LÉOPOLD *slams his fist on the table.*

LÉOPOLD Christ-almighty! If the only wey you'll listen is if ah bawl, ah'll bastardin bawl! If you hidnae been terrified ae fuckin, if you'd let yirsel go a bit sometimes, jist a wee bit, things wid mebbe've been better in this hoose!

MARIE-LOUISE Léopold!

LÉOPOLD If you couldae relaxed a bit … no been like an auld maid wi her legs tight croassed … if you could've enjoyed a fuck … things wid've been mair bearable in here!

MARIE-LOUISE Please! Droap it! Droap it! … Don't talk like that in front ae the kids, ya durty pig!

LÉOPOLD Didn't ah no say ah'd only tae say wan word an you'd shut yir trap fast? Aye, your facts wur right: twinty years merrit an ah've only managed tae git yir legs open four times … and four times we hid weans … D'you think that's normal behaviour? … D'you think that makes me some kinnae fulthy pervert? ... D'you actually think it's normal fur mairrit couples tae've done it jist four times in twinty years?

MARIE-LOUISE If you hid yir wey, ye'd be daein it ivry chance ye goat – animal that ye ur! It's no a wife ye waant, it's a hoor!

LÉOPOLD (*Quietly.*) Whut's wrang wi that?

MARIE-LOUISE Yur a mental case! A mental case! You really are!

LÉOPOLD It's no me's the mental case, Marie-Louise ... if ye hadnae been so hard, you, yir sisters, yir mother ...

MARIE-LOUISE Ma mother had fourteen weans, nae wey wis ah makin that mistake ...

LÉOPOLD Jist because your mother hid fourteen weans disnae mean tae say she liked it ... It disnae mean she did it wi yir auld man fur pleasure ... Though, mind you, she musta let hersel go a bit mair than you ...

MARIE-LOUISE Pleasure?

LÉOPOLD Yes, pleasure, Marie-Louise, pleasure! Folk don't git merried jist so's tae hiv weans – or did ye no know that?! And don't start comin oot wi aw that religious shite – fur ah kin see it comin! Jist you ask yoursel whey that Good Lord ae yours put pleasure in it! He didnae put it thair fur nothin!

MARIE-LOUISE Leave the Good Lord oot ae it, Léopold! You know nothin aboot Him! If He did put pleasure in it, it wis only fur the man!

LÉOPOLD Wimmun kin git pleasure tae!

MARIE-LOUISE Ah'm no a pig, Léopold!

LÉOPOLD Jesus Christ, you're thick! Ah'm no askin ye tae be a pig!

MARIE-LOUISE Yes you are! Fur me tae dae that is tae lower masel tae the level ae an animal! That's what you ask me tae dae, Léopold, and ah could niver fund pleasure in that! Never!

The lighting changes.

CARMEN You ran back tae oor bedroom, shut the door an hid under the covers ... You knew he wis right ... Fur wance, ah steyed listenin ... And ah made a vow tae masel ...

LÉOPOLD It's jist as well thurs no many left like us, Marie-Louise ... jist as bloody well ...

MANON If ye vowed you'd make your husband happy, ye better git a move oan!

MARIE-LOUISE   Ye think thaim ur happier 'at start daein it at fourteen-fifteen years ae age?
MANON   The wey you've startit gaun aboot it, you'll niver find wan!
LÉOPOLD   Aye, ah dae think thur happier ...
CARMEN   Don't you worry, ah niver made any vow ah'd make a man happy ... Ah like hivin ma independence too much ...
LÉOPOLD   If ye'd been jist a wee bit mair willin, we widnae hiv rows ivry moarnin like this.
CARMEN   The only vow ah made wis tae clear oot ae this cesspit the faster ...
MARIE-LOUISE   No, but we'd still be in bed ...
CARMEN   Tae git far away!
MARIE-LOUISE   And ah'd raither hiv a row, Léopold.
CARMEN   As far as ah could!
LÉOPOLD   See, you cannae even talk aboot it, far less dae it ...
MANON   You only goat as far as Saint-Lawrence Main, though ...
CARMEN   Far in ma heid, Manon. Ye don't hiv tae travel far tae escape ... Ye jist hiv tae cut yirsel free fae aw this shite ...
MARIE-LOUISE   Ah might've been able tae dae it, Léopold, if ...
LÉOPOLD   If what?
MANON   So the very day they died, you wur plannin tae leave ...
CARMEN   Oan that Saturday moarnin ah seen the same thing ma Dad did ... Ah seen they'd niver cheynge ... Ayeways be dragged doon in thir ain shite ... So ah made up ma mind tae clear oot ...
MARIE-LOUISE   Ah might've been able tae dae it, and ah might, might, even've been able tae've goat pleasure fae it, if you'd knew how tae dae it, Léopold.
CARMEN   Ah seen they'd be at each ither's throats aw thir lifes ... wan blamin the ither and niver seein they wur baith tae blame! It wisnae jist Dad wis tae blame, Manon ...
MARIE-LOUISE   Ah've goat ye there, eh? If only you'd knew how tae dae it. What pleasure could a woman iver git fae the wey you dae it wi me, eh?
CARMEN   They spent twinty year ae thir lifes fightin like cat'n dug, an if they'da lived anither twinty year, they'da cairried oan the same wey ... until they snuffed it! And aw because they couldnae touch wan anither ... couldnae stoap believin thit wan waanted tae hurt the ither wan ...

MARIE-LOUISE Ma mother said tae me: "Ah dinnae ken if he's richt fur you ... He's goat funny een. If we wur hame in the country ah widnae lit ye mairry him, but here in the city ye've met that mony, ye must ken whut yir eftir ..."

Silence.

"Ye must ken whut yir eftir ..." Oh, aye, ah knew what ah wis eftir – tae clear oot that hoose as fast as ah could ... It wis that crowded ye hidnae room tae breathe ... And it wis embarrassin how hard-up we wis ... Ah felt ashamed ... Ah jist waanted away ... It's true ah'd hid a loat ae boyfriends, but he wis the nicest ... Ah jist thoat, well, we could git a hoose an it'd be emptier ... cleaner ... quieter ... Ah niver knew what ah'd hiv tae dae fur it ... Ma mum ... Ah'll never forgive her fur no warnin me ... Aw she said wis, "When he starts touchin ye, jist shut yir een an lie thair stiff! Ye jist hiv tae thole it, fur it's yir duty as a wife!" Well, by the Christ, I did my duty! And you pig that ye are, you hurt me! You hurt me that much ah waanted tae scream, but ma mum hid told me tae grit ma teeth! Uv coorse, you noticed damn all! You wur embarrassed so ye goat drunk ... then thur wis nae haudin ye back ... ye soon loast yir shyness then eh?! Ah said tae masel, if that's sex, never again! Never! Never! When you'd finished takin yir pleasure, ye jist turned ower, rifted, then fell asleep straight aff like a wean. It wis the first time a man hid iver slept beside me. He hid his back turned tae me, he wis snorin, and he wis stinkin! Ah waanted tae die thair and then! When you goat up nixt moarnin, you talked aboot it like it wis somethin tae laugh aboot, somethin tae crack stupid jokes aboot ... Ignorant swine! Nae wey did you iver try bein nice, bein gentle ... You act nice when yir tongue's hingin oot fur it, but two seconds later yuv crashed an yur deid tae the wurld! Mebbe if you'd knew how tae dae it nice, mebbe then ... But at ma age ah'm past any regrets noo ...

CARMEN How could things iver've goat better in here when wan person screamed blue murder wheniver the ither tried tae touch thum!

MANON You must be happy noo, then, thit ye kin dae it wi any man that takes yir fancy!

CARMEN Aye, ah dae it as much as ah waant tae ... it proves ah'm no deid, unlike some!

MARIE-LOUISE You're ayeways tanked up wi beer when you come near me, Léopold! ... Stinkin wi it! ... Yir breath rancid! ... Ah'm a human bein as well, y'know! You tell me wimmun kin get pleasure fae it, but hiv you iver tried even once ... jist one single time in yir life, tae ...

LÉOPOLD Ah-ha, see! You say yur no a pig, Marie-Louise, but there yiv just admitted ye'd like tae try! That no right, Marie-Lou, doll? Ye don't know how? If ah kin git pleasure fae it, how come you cannae?

MARIE-LOUISE stops knitting.
She puts down her knitting.

MANON If you've fund your happiness, then lea me in peace ... Ah've fund mines as well ...

CARMEN Your happiness stinks, Manon! Your happiness reeks ae daith! Fur ten years you've hid yir nose stuck in this foosty hoose 'at stinks ae the smell o' death! They're dead and gone, Manon, and a bloody good thing tae!

MARIE-LOUISE "If ah kin git pleasure fae it, how come you cannae?" Ah read in the Reader's Digest the ither day thit a family is like a cell, a livin cell, and ivry member ae the family's supposed tae contribute tae the life ae the cell ... Cell my arse! ... It's a cell awright – but no that kind! When folk like us git mairried, aw ye dae is end up bein alone ... each ae ye alone. You're alone, yir man's alone ... and when weans come, they end up alone tae ... each ae us fightin like cats and dugs ... alone in oor cell, each tae oorsel! (*She laughs.*) When yir young, ye dream aboot escapin ... ye dream aboot freedom! ... Freedom! ... So ye leave wan cell an start up anither wan ... "If ah kin git pleasure fae it, how come you cannae?" Sufferin Jesus! (*She laughs.*)

LÉOPOLD What's sae funny?

MARIE-LOUISE Ah'm feelin pleasure, darlin ...

CARMEN The mair you bury yirsel in yir scunnerin memories, the happier you are ...

MARIE-LOUISE And when ye take a look aroond, ivrubdy's in the same boat ... Your brithers an sisters aw merried fur love but whit dae they look like eftir twenty years? Corpses!

CARMEN You look like a corpse, Manon ...

LÉOPOLD Know whut ah'd like tae dae sometimes, Marie-Lou, doll? Chuck you an Roger in the caur and ram it intae a fuckin pillar oan

Metropolitan Boulevard! Carmen and Manon are big enough tae fend fur thursels ... Us wans ... us wans are a waste ae fuckin space!

CARMEN   Right eftir the accident, ah went oot that front door, took a deep braith, and said tae masel, "Carmen, hen, thurs nothin mair tae regret! It's finished! Forget it and start yir life over again as if nane ae that hid iver happened!"

LÉOPOLD   We're jist wee cogs in a big wheel ... feart tae cause ructions 'cause we coont fur nothin ...

CARMEN   It worked fur a while ... ah wiped oot ma past ... blanked it oot in ma mind ... waanted tae believe yese niver existed ... that wey, ah wis able tae git what ah wis eftir ... Ah'd niver dared tell emdy ah waanted tae be a singer ... but noo ah wis free tae gie it a go ... ah tellt masel, "Thurs nothin mair tae regret" ... Go fur it! ... Ah'm no sayin it wis aw plain sailin ... but ah've niver regretted ma decision ...

LÉOPOLD   But if wan cog rebelled, who knows? Mebbe the wheel wid jist grind tae a halt ...

CARMEN   Some might think it's stupid tae sing Country'n Western songs ... But if that's what ye want tae dae, an ye make a go ae it, who's the stupid wans? ... Even supposin yur starvin half the time and wid eat a scabby dug if ye goat the chance, yur daen what ye waant tae dae ... And ah love it, Manon ...

LÉOPOLD   Who knows, mebbe the wheel wid jist grind tae a halt ...

CARMEN   But that's beyond you ... you could niver understand somehin like that ... You prefer tae loack yirsel away in here wi yir unhappy memories raither than try tae escape ...

LÉOPOLD   But it's wan fuckin big wheel ...

CARMEN   It's aboot time you wur snappin oot ae it ... time you turned yir back oan rosary beads and aw that religious stuff ... time ye turned the key in the door and walked oot ae here once an fur all! Open yir mind, Manon! Make a move! What've ye goat tae lose!

MARIE-LOUISE   It's no true ah don't waant this wean ...

CARMEN   Open yir mind! Forget the past!! Git oot this prison! Dinnae jist sit thair daein nothin! MAKE A MOVE!

MANON   Ah cannae ... It's too late ...

CARMEN   Ah'll help ye ...

MANON   Naw! You disgust me! Yur durty!

MARIE-LOUISE   It's no true ah don't waant this wean ... Ah dae waant it!

Ah waant it bad! Ah wisnae a good mither tae the ither wans ... ah didnae know enough ... didnae know how tae gie thum affection ... ah wis aye cawin ma pan oot workin ... But this wan'll be different ... This wan ah'll love ... It's the only wan ah'll hiv loved ... Ah'll shower it wi love ... And naebdy else'll git tae touch it ... It'll be mines alane ... Mines alane tae bring up ... And naebdy'll git tae touch it ... It'll be mines alane ... Mines alane ... Ah'll finally be able tae love somedy!

CARMEN   It's you's the durty wan, Manon ...

MARIE-LOUISE   And as fur him, he'll niver lay his hauns oan this wan! Niver!

CARMEN   (*Very slowly.*) Ah'm free, Manon ... Hear that? ... Ah'm free! When ah go oot oan the stage at nights and the music begins, ah grip the microphone and think tae masel, "If they hidnae died, ah wouldnae be up here like this" ... An when ah launch intae ma first song, ah feel that happy they're deid!

MANON   Git oot!

CARMEN   Ah'm that happy tae've escaped fae this damn prison ... The men in the audience look at me ... And they like what they see ... Different men ivry night, but ivry night, ah've goat thum!

MANON   Git oot!

CARMEN   Ah think ... ah'm a good singer, Manon!

MANON   Git oot!

CARMEN   And ... Ah'm ... happy.

MANON   Git oot!

CARMEN gets up to leave.

CARMEN   You're gaunnae end up like thaim, Manon ... ye hear?! But ah'll no be greetin fur ye ... try as much as ye might tae make me feel sorry fur ye! Ah've nae sympathy fur you, Manon! When ah walk oot that door, ah'm burnin ma last bridge – ah'm wipin you fae ma memory as well!

She leaves.
MANON falls to her knees.

MANON   Dear God above, thank you ...

MARIE-LOUISE   (*Looking at* LÉOPOLD *for the first time.*) Léopold ...

MANON   Dear God above ... thank you ... thank you.
LÉOPOLD   Whut ...
MARIE-LOUISE   You'll niver know how much ah hate you!
LÉOPOLD   (*Standing up, looking at* MARIE-LOUISE.) How about we go fur a run in the car the night, Marie-Lou?

After a long silence, MARIE-LOUISE *gets up.*

Blackout.

Select Bibliography

Doug Babington, 'The Shared Voice of Michel Tremblay', *Queen's Quarterly* 99:4 (1992), pp. 1074–81.

Jean-Marc Barrette and Serge Bergeron, *L'Univers de Michel Tremblay: Dictionnaire des personnages*, 2nd ed. (Montreal: Leméac, 2014).

Martin Bowman, 'Joual/Scots: The Language Issue in Michel Tremblay's *Les Belles-Sœurs*', in Ian Lockerbie (ed.), *Image and Identity: Theatre and Cinema in Scotland and Quebec* (Stirling: John Grierson Archive and Department of French, University of Stirling, 1988), pp. 42–55.

Martin Bowman, 'Traduire le théâtre de Michel Tremblay en écossais', *L'Annuaire théâtral* 27 (2000), pp. 90–99.

Martin Bowman, 'Michel Tremblay in Scots Translation: The Critical Response', *New Comparison* 29 (2000), pp. 122–38.

Martin Bowman, 'Scottish Horses and Montreal Trains: The Translation of Vernacular to Vernacular', in Carol-Anne Upton (ed.), *Moving Target: Translation and Cultural Relocation* (Manchester: St. Jerome, 2000), pp. 25–33.

Martin Bowman, 'Michel Tremblay in Scots: Celebration and Rehabilitation', in Sherrill Grace and Albert-Reiner Glaap (eds), *Performing National Identities: International Perspectives on Contemporary Canadian Theatre* (Vancouver: Talonbooks, 2003), pp. 38–50.

Martin Bowman, 'From Rouyn to Lerwick: The Vernacular Journey of Jeanne-Mance Delisle's "The Reel of the Hanged Man"', in Gunilla Anderman (ed.), *Voices in Translation: Bridging Cultural Divides* (Clevedon: Multilingual Matters, 2007), pp. 16–31.

Martin Bowman and Bill Findlay, 'Québécois into Scots: Translating Michel Tremblay', *Scottish Language* 13 (1994), pp. 61–81.

Martin Bowman and Bill Findlay, 'Translating Register in Michel Tremblay's Québécois Drama', in Bill Findlay (ed.), *Frae Ither Tongues: Essays on Modern Translations into Scots* (Clevedon: Multilingual Matters, 2004), pp. 66–83.

Bill Findlay, 'The Scots Language Context to Translating *Les Belles-Sœurs*', in Ian Lockerbie (ed.), *Image and Identity: Theatre and Cinema in Scotland and Quebec* (Stirling: John Grierson Archive and Department of French, University of Stirling, 1988), pp. 24–39.

Bill Findlay, 'Translating Tremblay into Scots', *Theatre Research International* 17:2 (1992), pp. 138–45.

Bill Findlay (ed.), *A History of Scottish Theatre* (Edinburgh: Polygon, 1998).

Bill Findlay, 'Translating Standard into Dialect: Missing the Target?', in Carol-Anne Upton (ed.), *Moving Target: Translation and Cultural Relocation* (Manchester: St. Jerome, 2000), pp. 35–46.

Bill Findlay, '*Gallus* meets *joie-de-vivre*', in Bill Marshall (ed.), *Montreal-Glasgow* (Glasgow: University of Glasgow French & German Publications, 2005), pp. 179–95.

David Kinloch, 'Le chant de la flûte en os. Traductions en écossais des pièces de Michel Tremblay', in David Kinloch and Richard Price (eds), *La Nouvelle Alliance: Influences francophones sur la littérature écossaises moderne* (Grenoble: Ellug, Université Stendhal, 2000), pp. 211–40.

Rachel Killick, 'En écossais dans la traduction de Martin Bowman et Bill Findlay; La réception d'Albertine en Écosse' in Rachel Killick, *Michel Tremblay Albertine, en cinq temps Genèse et mise en scène (*Montreal: Les Presses de l'Université de Montréal, 2018), pp. 445–53.

Ian Lockerbie, 'La réception de Michel Tremblay et de Robert Lepage en Écosse', *L'Annuaire théâtral* 27 (2000), pp. 221–28.